Michael Lüders

Moral über alles?

GOLDMANN

MICHAEL LÜDERS

MORAL ÜBER ALLES?

Warum sich Werte
und nationale Interessen
selten vertragen

GOLDMANN

FSC
www.fsc.org
MIX
Papier | Fördert gute Waldnutzung
FSC® C014496

Penguin Random House Verlagsgruppe FSC® N001967

3. Auflage
Originalausgabe 2023

Karten (S. 209, 216): © Sabine Timmann
Umschlag: Uno Werbeagentur, München
Redaktion: Peter Hammans
Satz: Uhl + Massopust, Aalen
Druck und Bindung: GGP Media GmbH, Pößneck
Printed in Germany
EB · CF

ISBN 978-3-442-31731-8

Für meinen Sohn Marlon

Wer gegen den Strom schwimmt, kann ertrinken.
Wer mit ihm schwimmt allerdings auch.

»Man kann das ganze Volk eine Zeit lang täuschen, und man kann einen Teil des Volkes die ganze Zeit täuschen. Aber man kann nicht das gesamte Volk die ganze Zeit täuschen.«

Abraham Lincoln, 16. Präsident der USA (1861–1865)

»Angreifer ist immer der andere.«

Georges Clemenceau, französischer Ministerpräsident (1906–1909, 1917–1920)

»Wenn ein Politiker anfängt, über Werte zu schwadronieren, anstatt seine Interessen zu benennen, wird es höchste Zeit, den Raum zu verlassen.«

Egon Bahr (1922–2015), SPD-Politiker, Weggefährte von Willy Brandt, Mitarchitekt und Vordenker der Ostpolitik in den 1960er und 1970er Jahren

»Die Politik sagt: ›Seid klug wie die Schlangen!‹
Die Moral setzt hinzu: ›Und ohne Falsch wie die Tauben!‹«

Immanuel Kant

INHALT

Vorwort

Der Moralismus ist das Schwert der Unvernunft, das die Welt in Gut und Böse teilt. Dieses Buch handelt nicht vom Krieg in der Ukraine – und doch zieht er sich wie ein roter Faden durch fast alle Kapitel. Das liegt vor allem an den Folgen einer Sanktionspolitik gegenüber Russland, die nicht allein die Wirtschaft in Deutschland massiv schädigt und diesem Land einen seit 1949 nicht erlebten Wohlstandsverlust beschert, begleitet von einer zügig an Fahrt aufnehmenden Deindustrialisierung. Und die darüber hinaus die ersten Umrisse einer neuen Weltordnung erkennen lässt, die nicht länger vornehmlich die USA und der Westen bestimmen werden. Der große Gewinner der »Zeitenwende«, die Kanzler Scholz nach Kriegsbeginn postulierte, ist geopolitisch allen voran China.

Doch der Reihe nach. Unmittelbar nach dem russischen Angriff auf die Ukraine hagelte es westliche Sanktionen gegen Moskau. Das ist einerseits verständlich – den völkerrechtswidrigen Überfall lediglich zur Kenntnis zu nehmen wäre kaum die Alternative gewesen. Doch was genau wollten die Sanktionen erreichen? Außenministerin Baerbock zufolge ging es darum, »Russland zu ruinieren«, EU-Kommissionspräsidentin Ursula von der Leyen suchte »Stück für Stück die industrielle Basis Russlands abzutragen«, US-Präsident Joe Biden sprach davon, »die russische Wirtschaft zu zerschmettern«.

Große Worte, die weit über die Ukraine hinausreichen und deren Folgen längst jeder Einzelne spürt. Am sichtbarsten in Gestalt einer dauerhaft hohen Inflation. Hinzu kommen eine grassierende Staatsverschuldung und eine fragile Energieversorgung. Wer Russland dauerhaft zu sanktionieren sucht, sollte eine naheliegende Frage stellen: Kann es gelingen, den größten Flächenstaat der Welt und einen der wichtigsten Energielieferanten wirtschaftlich in die Knie zu zwingen? Die sachliche Antwort lautet kurz und bündig: Nein. Allein schon deswegen nicht, weil sich der Globale Süden an den Sanktionen nicht beteiligt, abgesehen von einigen wenigen pro-westlichen Staaten. Es verwundert daher nicht, dass die Folgen der Boykottmaßnahmen Deutschland härter treffen als jedes andere westliche Land und, wie es scheint, auch mehr als Russland selbst.

Vor allem die Aufkündigung der Energiepartnerschaft mit Moskau, die länger als ein halbes Jahrhundert Bestand hatte und die hiesige Industrie zuverlässig mit billiger Energie versorgte, erweist sich zunehmend als fatal. Umso mehr, als es keinen bezahlbaren Ersatz gibt und auf lange Sicht auch nicht geben wird. Anstatt eigene nationale Interessen in den Vordergrund zu rücken, gefielen sich Politik wie auch Medien in einem alles überragenden Moralismus, einem entfesselten Gutmenschentum*, das sich anschickte, dem Bösen in der Welt den entscheidenden Dolchstoß zu versetzen. Ohne Rücksicht auf die Folgen für Deutschland.

Wirtschaftsminister Robert Habeck formulierte es im Mai 2022 mit Blick auf das Embargo russischen Erdöls so: »Natürlich schaden wir uns damit selbst. Das ist ja völlig klar. Der Sinn von Sanktionen ist, dass eine Gesellschaft, in diesem Fall die europäische Gesellschaft, Lasten trägt. Die Wirtschaft, die Verbraucher, die Konsumenten. Alle werden einen Beitrag leisten müssen. Es ist undenkbar, dass Sanktionen ohne Folgen für die eigene Volkswirtschaft

* »Gutmensch« versteht sich hier wie auch im Folgenden im Sinn der Duden-Definition: »(Naiver) Mensch, der sich in einer als unkritisch, übertrieben, nervtötend oder ähnlich empfundenen Weise für die Political Correctness einsetzt.« Gemeint ist ausdrücklich nicht der rechtskonservativ besetzte Kampfbegriff.

beziehungsweise die eigenen Preise sind. Wir werden höhere Inflation, höhere Energiepreise und eine Belastung der Wirtschaft haben, und wir sind als Europäerinnen und Europäer bereit, die zu tragen, um der Ukraine zu helfen. Aber kostenlos ist es nicht möglich, das hinzubekommen. Es wird Härten geben, und die Härten werden getragen werden müssen.«

Eine vorsätzliche und bewusste Zerstörung des eigenen Wohlstands, gepaart mit der elitären Vereinnahmung eines Großteils der Gesellschaft (»wir«): eine brisante Mischung.

Woher aber kommt diese merkwürdige Ideologie eines deutschen Gutmenschentums? Was sind ihre weltanschaulichen Wurzeln? Wie konnte die Moral Einzug halten in die Politik? Wie ist zu erklären, dass insbesondere die Grünen Bellizismus mit Werteorientierung verwechseln? Welche Rolle spielt in dem Zusammenhang »Identitätspolitik«?

Das eigene Land in nicht geringen Teilen auf dem Altar des Moralismus zu opfern, weit über die gebotene Solidarität mit der Ukraine hinaus, ist keine Politik, sondern ein Offenbarungseid. Die Entschlossenheit, mit der Brüssel wie auch Berlin den Cut mit Russland zu vollziehen suchen, führt zu neuen Abhängigkeiten, namentlich von den USA. Im Bereich der Energieversorgung, im Kontext der NATO. Gleichzeitig schwindet Deutschlands Einfluss auf globaler Ebene, weil kaum jemand außerhalb der einschlägigen politisch-medialen Blasen die Schwerpunkte hiesiger Zeichensetzung goutiert: Gender und »feministische Außenpolitik«. Das zeigt exemplarisch die Fußball-WM in Katar, der ein eigenes Kapitel gewidmet ist.

Die Welt sortiert sich neu, doch in Berlin wie auch in Brüssel hat man die Zeichen der Zeit offenbar nicht erkannt. Neue Machtzentren entstehen, in denen Deutschland nur noch eine untergeordnete Rolle spielt. Wer nie gelernt hat, in der Wirklichkeit zu lesen, geopolitisch und strategisch zu denken wie zu handeln, den bestraft das Leben.

Alles hängt mit allem zusammen: Folglich spannt das vorliegende Buch einen weiten Bogen, der geografisch von Schwedt an der Oder bis nach Taiwan reicht. Und es stellt Fragen, die gerne unter den Tisch fallen: Warum eigentlich beteiligt sich der Globale Süden nicht an den Sanktionen gegen Russland? Welche Strategie verfolgen die USA in der Ukraine? Gegenüber Russland? Kommt die Welt künftig zur Ruhe, oder zeichnet sich der nächste große Konflikt bereits ab, der zwischen Washington und Peking?

Wer übrigens bei der Lektüre den Eindruck gewinnt, dass es da eine gewaltige Kluft gibt zwischen der politisch-medialen Darstellung globaler Ereignisse und dem, was tatsächlich geschieht, meist hinter den Kulissen, liegt nicht falsch.

Übergeordnete Zusammenhänge zu erkennen ist nicht allein erhellend, es kann auch Gewissheiten zertrümmern. Das ist durchaus schmerzlich, hilft aber, die Welt so zu sehen, wie sie ist. Was wiederum die Voraussetzung dafür ist, um sie, zumindest in Teilen, in eine andere Richtung zu bewegen. Den Menschen und der Natur zugewandt. Dem Frieden verpflichtet.

Das Böse bekämpfen:

Das Drama um die PCK-Raffinerie in Schwedt an der Oder

Selten nur spiegelt sich Weltpolitik so unmittelbar in der deutschen Provinz wie zu diesen Zeiten in Schwedt an der Oder. Die dort angesiedelte PCK-Raffinerie, die Abkürzung steht für Petrolchemie und Kraftstoffe, ist seit 1963 die zentrale »Anlaufstation« für Erdöl aus Sibirien: Hier endet die »Druschba«-(Freundschafts-)Pipeline. Sie ist mit rund 5300 Kilometern eine der längsten weltweit und verbindet die russischen Ölfelder mit Raffinerien in Ost- und Mitteleuropa. In Belarus teilt sie sich in einen Nordstrang, der via Schwedt vornehmlich Deutschland und Polen versorgt, und in einen Südstrang, der über die Ukraine vor allem Tschechien, die Slowakei sowie Ungarn bedient. Ihre Transportkapazität von 2,5 Millionen Barrel pro Tag machte »Druschba« zu einer Hauptschlagader der europäischen Energieversorgung.

Jedenfalls bis zum 1. Januar 2023. Seither boykottiert die deutsche Seite alle russischen Erdölimporte über diese Pipeline. Eine folgenschwere Entscheidung, denn die Raffinerie in Schwedt, die viertgrößte in Deutschland, hält einen Marktanteil von rund elf Prozent der landesweiten Versorgung mit Kraftstoffen. In der Region Berlin-Brandenburg sind es gar 95 Prozent – Benzin, Diesel, Kerosin für Flugzeuge, Heizöl. Für Westpolen liegen die Zahlen ähnlich hoch. 11,5 Millionen Tonnen Rohöl wurden 2020 in Schwedt raffiniert, 2021 waren es 10,6 Millionen. Eine eigene Zuganbindung, auch zur Versorgung des Flughafens Berlin Brandenburg, sowie der Ausbau der Bundesstraßen B2 und B166 zwecks besseren Anschlusses an die Autobahnen unterstreicht die infrastrukturelle Bedeutung der PCK-Raffinerie.

In der Raffinerie selbst arbeiten 1200 Menschen, auf deren weitläufigem Areal sind zahlreiche Zulieferbetriebe und Subunternehmen mit zusätzlich rund 2000 Mitarbeitern angesiedelt. Die Fläche der gesamten Anlage ist größer als die der Stadt Schwedt selbst. Die Raffinerie ist der mit weitem Abstand wichtigste Arbeitgeber in der strukturschwachen Uckermark und einer der wenigen Industriestandorte von Bedeutung in Ostdeutschland.

Diese wenig spektakuläre Bestandsaufnahme lässt den sich dahinter entfaltenden Thriller kaum erahnen. Darin geht es um geopolitische Machtspiele ebenso wie um Wetten auf die wirtschaftliche Zukunft nicht allein Deutschlands. Ferner um Hybris, um den Kampf Gut gegen Böse, um Wunschdenken und Realitätsvermeidung. Und nicht zuletzt um eine Informationspolitik, die der Öffentlichkeit eher Sand in die Augen streut, statt aufzuklären. Das alles auf dem Rücken einer zutiefst verunsicherten Bevölkerung nicht allein in Schwedt, die um ihre Arbeitsplätze und ihre Zukunft bangt.

Als Reaktion auf den russischen Einmarsch in die Ukraine im Februar 2022 haben die westlichen Staaten weitreichende Sanktionsmaßnahmen gegen Russland beschlossen. Offiziellen Verlautbarungen zufolge sollen diese Moskau die finanzielle Basis für seine Kriegsführung entziehen. Sukzessive haben Washington, Brüssel und Berlin ein »Sanktionspaket« nach dem anderen verabschiedet. Zu den wichtigsten Maßnahmen gehören der Ausschluss der meisten russischen Banken aus dem US-dominierten Bankenzahlungssystem SWIFT, das Einfrieren russischer Vermögenswerte auf westlichen Banken im Volumen von rund 330 Milliarden US-Dollar, ferner ein nahezu vollständiges Exportverbot im Bereich Hightech. Hinzu kommen Importverbote russischer Waren, Einreise-, Transit- und Anlandungsverbote für russische

Transportunternehmen (zu Land, zur See und im Flugverkehr), der Rückzug westlicher Unternehmen aus Russland sowie, allen voran natürlich, die Sanktionierung sämtlicher Energieträger, der wichtigsten Ressource der russischen Volkswirtschaft: Kohle, Erdöl und Erdgas.

Bleiben wir zunächst beim Erdöl. Zu den zuverlässigen Konstanten westlicher Politik gehört in Krisenzeiten die Beschwörung gemeinsamer Werte und einmütigen Handelns, stets verbunden mit dem Hinweis, man werde sich nicht »spalten« lassen, weder von Putin noch von anderen Oberschurken. Mit der Realität hat dergleichen Rhetorik wenig gemein. Wochenlang hat die Europäische Union hinter den Kulissen mit sich gerungen, um im Juni 2022 ihr sechstes Sanktionspaket einstimmig zu verabschieden. Andernfalls hätte es nicht in Kraft treten können. Ziel war es, die russischen Erdölexporte in die EU vollständig zu unterbinden, wie zuvor schon dic Kohlccxportc.

Selbstmord? Nein danke.

Allerdings stellte sich Ungarns Ministerpräsident Viktor Orban quer. Er verwies darauf, dass ein Embargo für Ungarn, das seinen Energiebedarf zu 80 Prozent aus Russland bezieht (bei Erdgas sind es fast 100 Prozent), selbstmörderisch wäre. Die möglichen Folgen für sein Land verglich er mit dem Abwurf einer Atombombe. Er stehe dafür nicht zur Verfügung. Daraufhin verständigte man sich in Brüssel auf einen Kompromiss. Bis dato waren zwei Drittel der russischen Erdölexporte in die EU mit Tankern erfolgt, ein Drittel entfiel auf die »Druschba«-Pipeline. Die russischen Tanker-Exporte wurden nach einer Übergangsfrist im Dezember 2022 endgültig sanktioniert und eingestellt.

Der bemerkenswerte Clou: Erdölimporte via Pipeline, sprich: »Druschba«, sind von den Sanktionsmaßnahmen ausdrücklich nicht betroffen, sie bleiben erlaubt. Es gibt diesbezüglich keinerlei Verbote seitens der EU, jedenfalls nicht bis zur Drucklegung dieses Buches. Das ermöglicht vor allem Ungarn, Tschechien und der Slowakei, auch weiterhin preisgünstiges russisches Erdöl über den Südstrang der Pipeline zu beziehen. Nichts und niemand hat folglich die Bundesregierung gezwungen, zumal kein Beschluss aus Brüssel, die russischen Erdölimporte über Schwedt zu beenden. Sie hat es dennoch getan, als Ausdruck ihrer Entschlossenheit, mit dem Reich des Bösen ein für alle Mal zu brechen: politisch, aber auch wirtschaftlich. Der Preis spielt keine Rolle, denn Größeres steht auf dem Spiel: Moral und Werte. Wirtschaftsminister Robert Habeck (Grüne) räumte bereits im Mai 2022 in einem Interview ein, dass die Folgen des Erdölembargos auch für Deutschland Konsequenzen haben würden, darunter Preiserhöhungen. Dennoch trete er für die Sanktionierung ein, »weil wir uns aus der moralischen Schuld ein Stück weit befreien, (nämlich, M. L.) mit unseren Zahlungen das Regime Putin am Leben zu erhalten.«

Deutschland genießt das Privileg, als einziges westliches Land Moral höher zu bewerten als wirtschaftliche und nationale Interessen – die USA, Großbritannien oder Frankreich halten es eher umgekehrt. Gibt es also eine »moralische Schuld« im Kontext von Handelsbeziehungen? Wenn ja, warum greift diese »Schuld« nicht auch, beispielsweise, bei Rüstungsexporten in den Nahen Osten, zu deren Reduzierung Habeck und sein Ministerium bislang nicht beigetragen haben?

Die Annahme, dass »unsere Zahlungen« das politische System in Russland am Leben erhalten, zeugt gleichermaßen von erheblicher Selbstüberschätzung wie auch von profunder Unkenntnis der Machtstrukturen in Russland – unbeschadet ihrer fragwürdigen Qualitäten. Gleichzeitig lässt Habeck anklingen, dass die Sanktionen möglicherweise nicht allein dazu dienen, der Ukraine beizustehen, sondern zugleich einen Regimewechsel in Russland herbeizuführen suchen. Diese Wunschvorstellung, eben »das

Regime Putin« nicht »am Leben … erhalten« zu wollen, führt der Wirtschaftsminister indes im selben Interview ad absurdum: Das Embargo werde dazu führen, dass die globalen Erdölpreise steigen. Man müsse sehr aufpassen, dass »wir nicht eine Situation entstehen lassen, wo Putin mit weniger Importen trotzdem mehr Einnahmen hat«. Es geht vermutlich eher um »Putins« Exporte, doch hat der Wirtschaftsminister richtig erkannt, dass ein knapper werdendes Angebot den Preis der betreffenden Ware entsprechend erhöht. Und in der Tat, nicht allein die Erdölgewinne Russlands, sondern vor allem die westlicher Mineralölkonzerne sind durch die gegen Moskau gerichteten Boykottmaßnahmen nachfolgend geradezu explodiert – dazu später mehr.

Einerseits sucht der Wirtschaftsminister im Konsens mit westlicher Politik Russland also zu schwächen. Andererseits verhängen die maßgeblichen Akteure Sanktionen, die ihrerseits »dazu führen, dass die globalen Erdölpreise steigen«. Mit entsprechenden Mehrkosten natürlich auch für Deutschland. Indem Russland zusätzliche Einnahmen erzielt, konterkariert Habeck sein propagiertes Ziel, nämlich dem »Regime Putin« die ökonomische Grundlage entziehen zu wollen.

Hilft dieser ideologiegetriebene und letztendlich selbstschädigende Ansatz der Ukraine, die ihrerseits den Südstrang der »Druschba« nicht unterbricht und lieber die Durchleitungsgebühren in Rechnung stellt? Trägt er dazu bei, den Krieg zu beenden? Schadet er Russland mehr als Deutschland? Oder verhält es sich eher umgekehrt? Den Preis für diese Politik zahlen nicht zuletzt die Menschen in Schwedt, die zu Recht um ihre Arbeitsplätze fürchten.

Was also tun mit der PCK-Raffinerie, wie ihre Pleite und Schließung verhindern? Woher das Erdöl nehmen, das dort anstelle des russischen verarbeitet werden soll? Diesen für die deutsche Energieversorgung insgesamt zentralen Fragen ist das Wirtschaftsministerium mit erstaunlicher Nachlässigkeit und erkennbar ohne

Plan nachgegangen. Um das Ergebnis vorwegzunehmen: Auf absehbare Zeit fährt man in Schwedt (energie-)politisch auf Sicht. Die Produktion wurde im Januar 2023 offiziellen Angaben zufolge um 30 Prozent reduziert, die überschüssigen Angestellten arbeiten in Kurzzeit. Tatsächlich aber lag die Auslastung im Januar lediglich bei 55 Prozent. Sinkt sie unter 50 Prozent, muss die Raffinerie ihre Produktion einstellen.[1] Profitabel ist der Betrieb der PCK erst bei einer Quote von 75 Prozent. Die Versorgung mit ausreichenden Mengen Erdöls nichtrussischer Herkunft ist allerdings nicht gesichert, über das Volumen der entsprechend höheren Einkaufspreise verlieren regierungsamtliche Stellen kein Wort. Sie dürften in jene 200 Milliarden Euro eingepreist sein, die Berlin allein im ersten Jahr der »Zeitenwende« maßgeblich für zusätzliche Energiekosten bereitgestellt hat. Eine finanzielle Größenordnung, die neudeutsch keineswegs als Staatsverschuldung gilt, vielmehr als »Sondervermögen« firmiert. Dieser Euphemismus bezeichnet eine Form der Staatsverschuldung, die nicht im regulären Bundeshaushalt erscheint. Es handelt sich mithin um ein Schattenbudget, dessen Tilgungsmodalitäten offen bleiben.

Nicht allein in Schwedt geht, wie schon nach 1990, die Angst vor einer erneuten Deindustrialisierung Ostdeutschlands um. Zwar haben die Bundesregierung sowie die Landesregierungen in Potsdam und Schwerin im Mai 2022 eine »Bund-Länder-Arbeitsgruppe Schwedt« eingerichtet, an der Wirtschaftsminister Habeck indes nicht teilnehmen mochte. Dieses wenig Lorbeer verheißende Brachland zu bestellen überließ er lieber seinem Staatssekretär Michael Kellner (Grüne), der sich während seiner Besuche in der PCK-Raffinerie wiederholt einer aufgebrachten Belegschaft gegenübersah. Habeck selbst äußerte Verständnis angesichts ostdeutscher Sorgen, verstehe auch den Wunsch, der Schwedter Raffinerie mehr Zeit für den Transformationsprozess zu geben. »Ich nehme das zur Kenntnis, will es aber nicht akzeptieren, weil wir uns vom Öl aus Russland befreien wollen«, so der Minister.

Kriegskommunismus? Druschba!

Entsprechend ist die Stimmung vor Ort alles andere als gut, wie etwa die Leserbriefe im Regionalblatt *Märkische Oderzeitung* unterstreichen. So schreibt etwa ein Herr aus Frankfurt (Oder): »Wer gibt dem Staat das Recht, vorzuschreiben, bei wem eingekauft werden darf und was zu produzieren und an wen zu liefern ist? Das sieht mehr nach Kriegskommunismus aus als nach sozialer Marktwirtschaft und wird den mühsam gewonnenen Wohlstand der Region von Staats wegen mindern.« Ein Leser aus Schwedt meint: »Was hat denn die ›Arbeitsgruppe Schwedt‹ bewirkt? Die Antwort: Nichts. Die Druschba war, ist und bleibt unsere Lebensader. Nur das russische Öl sichert unser Überleben.« Ein weiterer Kommentar: »Nur weil man die jahrzehntelangen zuverlässigen Erdöllieferungen aus Russland für die PCK nicht mehr will, suchte man vergeblich nach einem Ersatz … Es ist nur die Ideologie einer krankhaften Russophobie, weshalb man kein russisches Erdöl ab 1. Januar 2023 annehmen will. Auch auf die Gefahr hin, dafür große Teile der ostdeutschen Wirtschaft zu opfern.« Und schließlich: »Nach dem Ölembargo wird es kalt und dunkel in Schwedt. Die Kraftstoffe gehen aus. Die Schwedter kaufen die Supermärkte mit Lastenfahrrädern leer. Das von Herrn Habeck gewünschte Embargo wird unsere Wirtschaft und Industrie so schädigen, dass unsere Nachfahren wieder dreißig Jahre zum Wiederaufbau benötigen. Mehr an Entgegenkommen des Wirtschaftsministers können wir nicht verlangen.«

Um den Ausfall russischen Erdöls zu kompensieren, setzt die Bundesregierung vor allem auf zwei alternative Versorgungswege. Zum einen soll eine bereits bestehende Rohrleitung von Rostock nach Schwedt saniert und ausgebaut werden. Deren Kapazität wird aber bei weitem nicht ausreichen, um die PCK-Raffinerie zu versorgen. Daher gab Ralf Schairer, Erster Geschäftsführer der PCK, im November 2022 bekannt, dass die Raffinerie den Bau einer zweiten Pipeline nach Rostock plane. Perspektivisch, genannt wird ein Zeitraum von zehn bis fünfzehn Jahren, soll über diese zweite Pipeline dann »grüner Wasserstoff« nach Schwedt gelangen.

»Grüner Wasserstoff« gilt regierungsamtlich als weitgehend CO_2-neutraler Energieträger der Zukunft, ist es aber nur eingeschränkt: Zu seiner Herstellung werden große Mengen an Erdgas oder vergleichbaren Rohstoffen benötigt, es muss also Energie eingesetzt werden, um Energie zu erzeugen. »Grün« ist dieses Verfahren nur dann, wenn Biomasse zur Herstellung eingesetzt wird, was bislang kaum geschieht. Der Transport von Wasserstoff ist äußerst energieintensiv, da er stark gekühlt und komprimiert werden muss, wie zum Beispiel auch Flüssigerdgas. Bislang ist Wasserstoff, erst recht »grüner«, daher viel zu teuer und kann noch nicht in ausreichenden Mengen produziert und vor allem nicht gelagert werden.

Laut Schairer soll die PCK-Raffinerie langfristig so weit wie möglich auf Wasserstoff umgestellt werden. Sofern sie nicht vorher pleitegeht, sollte man vielleicht ergänzen. Das alles ist Zukunftsmusik, die Finanzierung nur gewährleistet, solange der Bund den Geldhahn offen hält. Und der schließt sich offenbar schneller, als von der Geschäftsführung erhofft: Im Februar 2023 gab die Bundesregierung bekannt, dass sie den Bau einer zweiten Pipeline von Rostock nach Schwedt für nicht erforderlich hält. Im Gegenzug soll die bestehende Pipeline mit Nachdruck saniert, deren Transportkapazität deutlich erhöht werden. Allerdings werde das »frühestens in zwei Jahren umgesetzt sein, wenn wir Pech haben in zweieinhalb Jahren«, so Brandenburgs Wirtschaftsminister Jörg Steinbach (SPD).

Das Prinzip Hoffnung greift auch bei der zweiten Versorgungsvariante, einer Teilbelieferung der PCK-Raffinerie über eine Erdöl-Pipeline aus Danzig. Im November 2022 haben Berlin und Warschau einen entsprechenden Vertrag unterzeichnet. Allerdings gestattet Polen Lieferungen nach Schwedt nur im Einzelfall und will die dauerhafte Versorgung erst gewährleisten, wenn der polnische Energiekonzern Orlen Mitbesitzer der Raffinerie wird. Mit anderen Worten: Warschau erpresst Berlin. Die Polen verlangen, den russischen Ölkonzern Rosneft zu enteignen. Dessen deutscher Ableger, die Rosneft Deutschland GmbH, hielt 54,17 Prozent der Besitzanteile an der PCK-Raffinerie. Bis die Bundesregierung sie im September 2022 unter Treuhandverwaltung der Bundesnetzagentur stellte, die russische Seite also de facto teilenteignet hat.

Von einer vollständigen Enteignung hat der Bund aufgrund juristischer Risiken bislang abgesehen, bereitet aber eine entsprechende Rechtsverordnung vor – aus Gründen der Energiesicherheit. Am Ende dürfte es dann doch auf eine entschädigungslose Enteignung hinauslaufen, ganz im Sinn Polens. So jedenfalls hielt es die Bundesregierung mit der Gazprom Germania, der Zweigniederlassung des russischen Gaskonzerns Gazprom. Sie wurde im April 2022 ebenfalls zunächst unter Treuhandverwaltung gestellt, in SEFE umbenannt (Abkürzung von »Securing Energy for Europe«) und im November 2022 schließlich »in das Eigentum des Bundes« überführt, also voll und ganz verstaatlicht.

Die Brisanz solcher Entscheidungen ist den meisten nicht bewusst. Der Ukraine-Krieg, so sehr er zu verurteilen ist, rechtfertigt keine Inbesitznahme russischen Eigentums in Deutschland. Ein solches Vorgehen wäre nur dann zulässig, wenn sich Russland und Deutschland miteinander im Krieg befänden. Die Bundesregierung hat hier gefährliche Präzedenzfälle geschaffen. Wenn sie sich die Freiheit nimmt, russische Firmen zu enteignen – warum dann künftig nicht auch weitere Unternehmen missliebiger Staaten? Wo fängt das an, wo hört das auf? Und warum sollten chinesische, indische oder generell nichtwestliche Großinvestoren in Deutschland Geld anlegen, wenn sie damit rechnen müssen, jederzeit aus Opportunitätsgründen enteignet werden zu können, etwa unter

Verweis auf fehlende Menschenrechte? Wenn Deutschland zum Mittel der Enteignung als politischer Waffe greift – wieso sollten dann andere Staaten nicht ihrerseits deutsche Investoren oder Firmen enteignen? Ein Vorwand lässt sich immer finden.

Druschba forever – aber aus Kasachstan

Berlin hat die oft kritisierte Abhängigkeit von russischer Energie durch neue Abhängigkeiten ersetzt. Auf das Erdöl via Danzig kann die PCK-Raffinerie vorerst nicht verzichten, andernfalls gingen dort die Lichter aus. Polen, das selbst auch weiterhin Erdöl aus Russland bezieht[2], ungeachtet anderslautender Ankündigungen, hat nunmehr ein probates Druckmittel in der Hand. Nicht zuletzt mit Blick auf die von Warschau geforderten Reparationszahlungen Deutschlands für die Zerstörungen im Zweiten Weltkrieg. Oder um Berlin zu mehr Waffenlieferungen an die Ukraine zu »ertüchtigen«.

Wie bereits erwähnt, gibt es keinerlei Transparenz im Hinblick auf die von Deutschland gezahlten Preise für die Ersatzbeschaffung nichtrussischen Erdöls. Über Danzig soll Schwedt künftig überwiegend norwegisches Erdöl erhalten, das in nachfragestarken Zeiten dem Vernehmen nach fünf- bis zehnmal teurer ist als das russische. Normalerweise werden im Bereich der Energieversorgung langfristige Lieferverträge geschlossen, die deutlich günstiger sind als tagesaktuelle oder kurzfristige Bestellungen, auf welche die PCK-Raffinerie vorerst angewiesen bleibt. Mit Rosneft Deutschland bestanden Lieferverträge bis 2030, die Berlin nicht zu erfüllen beabsichtigt – auch das ein klarer Rechtsbruch, der ebenfalls Schadensersatzforderungen nach sich ziehen dürfte.

Wie chaotisch das zuständige Wirtschaftsministerium unter Robert Habeck die Causa Schwedt angegangen ist, illustriert die Episode um Erdöllieferungen aus Kasachstan. Monatelang hatte

Berlin darüber mit Astana verhandelt, aber offenbar versäumt, entsprechende Verträge zu unterzeichnen. So jedenfalls die Darstellung der kasachischen Regierung, aber auch des Bundestagsabgeordneten Christian Görke (Linke), der den Vorgang im Dezember 2022 nach Gesprächen in Astana publik gemacht hat. Deswegen konnte der kasachische Energiekonzern KazMunayGas im Folgemonat auch nicht mit der Belieferung Schwedts beginnen, wie ursprünglich geplant. Es mutet fast wie ein Treppenwitz an, dass die künftigen Lieferungen über Russland erfolgen – geografisch gäbe es dazu auch keine Alternative. Die Belieferung erfolgt zum einen über die – Überraschung! – »Druschba«-Pipeline. Moskau hatte hierfür grünes Licht gegeben und erhält im Gegenzug selbstverständlich Transitgebühren von deutscher Seite, indirekt über Kasachstan. Zum anderen bezieht Schwedt über den russischen Schwarzmeerhafen Novorossiysk, wo die CPC-Pipeline endet, kasachisches Erdöl. Von dort erfolgt die Weiterleitung per Schiff in Richtung Türkei und über weitere Pipelines bis in die PCK-Raffinerie. Angesichts dieses multinationalen Umwegs erhöhen sich die Transport- und Durchleitungsgebühren entsprechend. Seit März 2023 liefert Kasachstan Erdöl nach Schwedt, geplant ist ein Volumen von einer halben Million Barrel täglich.

Die Abkürzung CPC steht für »Caspian Pipeline Project«. Die größten Anteilseigner dieser Leitung sind die US-Energiekonzerne Chevron und Exxon, der kasachische Staat und Rosneft. US-Unternehmen im Reich des Bösen? Aber selbstverständlich! Anders als in Deutschland, wo die Bundesregierung die eigene Energieversorgung im Bewusstsein höherer Werte regelrecht zu sabotieren versteht, wissen die maßgeblichen Stellen in Washington (und nicht nur dort) zwischen Rhetorik und Realpolitik durchaus zu unterscheiden. Die Komplexität der Gemengelage und die Unmöglichkeit, Russland gänzlich außen vor zu lassen, was die deutsche und darüber hinaus auch die westliche Energieversorgung insgesamt betrifft, ist für ideologieaffine Volksvertreter ohne Zweifel ärgerlich. Das mag den dürren Kommentar von Habecks rechter Hand, Staatssekretär Michael Kellner, erklären: Erst wenn kasachisches Öl über die belarussische Grenze nach Polen gelange, könne man sicher sein, dass es auch wirklich in Schwedt eintreffe. Will heißen, erst dann ist es in der Freiheit angekommen.

Der Vollständigkeit halber sei erwähnt, dass die PCK-Raffinerie auf die Verarbeitung sibirischen Erdöls der Sorte »Ural« eingestellt ist, dessen chemische Zusammensetzung, nicht zuletzt ein hoher Schwefelgehalt, mit anderen Erdölsorten nicht oder nur eingeschränkt kompatibel ist. Das bedeutet, dass Investitionen in nicht absehbarer Höhe anstehen, um die Raffinerie entsprechend umzurüsten. Um schlussendlich Kraftstoffe herzustellen, die aufgrund irrwitzig hoher Beschaffungs- und Produktionskosten nicht wettbewerbsfähig sind und vermutlich dauerhaft staatlich subventioniert werden müssen. Bis irgendwer den Stecker zieht. Das dürfte eher früher als später auch geschehen – doch nicht vor der Landtagswahl in Brandenburg im September 2024 und auch nicht vor der Bundestagswahl im September 2025.

Und Schwedt ist lediglich der Vorbote einer sich vollziehenden geopolitischen »Zeitenwende«, die Deutschland als großen Verlierer zurücklassen wird. Ideologie und Moralismus setzen keine *Terms of Trade* außer Kraft.

Werte im Wettstreit:

Wie Sanktionen denen schaden, die sie verhängen

Auf dem Doha-Forum in Katar, dem nahöstlichen Davos. Drei ranghohe Politiker sitzen auf der Bühne und diskutieren im März 2022 über »Einflusszonen im Zeitalter des Unfriedens«. Die beiden Europäer, Ivan Korčok, Außenminister der Slowakei, sowie Børge Brende, Präsident des World Economic Forum, zuvor Außenminister Norwegens, geißeln vehement den »Zivilisationsbruch« des russischen Angriffs auf die Ukraine. Schließlich fragt der Moderator die Dritte im Bunde, die vormalige pakistanische Außenministerin Hina Rabbani Khar, warum Pakistan den russischen Einmarsch nicht verurteilt habe.

Ihre Antwort: Pakistan erlebe, wie auch seine westlich gelegenen Nachbarstaaten, seit Jahrzehnten die Gewalttaten und Übergriffe einer anderen Weltmacht – mit verheerenden Folgen für die Menschen in der Region. Ohne sie beim Namen zu nennen, meinte sie offenkundig die USA. Allein der Krieg in Afghanistan habe zwischen 2001 und 2021 Hunderttausende Menschen das Leben gekostet, Millionen Afghanen seien vor Krieg und Hunger nach Pakistan und in den Iran geflüchtet. Die Zerstörungen in Afghanistan überträfen die in der Ukraine um ein Vielfaches. Wenn die Entscheider im Westen nun in Russland den großen Feind sähen, sei das deren Sache. Pakistan setze stattdessen, wie auch das NATO-Mitglied Türkei, auf Verhandlungen zur Beendigung des Ukraine-Krieges.

Die beiden Europäer auf dem Podium ignorierten ihre Einlassung. Stattdessen zeigten sie sich einer Meinung, dass nämlich der russische Einmarsch in die Ukraine die wichtigste historische Zäsur seit dem Zweiten Weltkrieg darstelle. Ein durchaus verkürzendes Urteil – die Kriege in Vietnam oder im Irak beispielsweise, der Fall der Berliner Mauer, die Finanzkrise 2008/09, auch sie dürfen als wegweisende »Zäsuren« gelten. Doch stellt sich eine andere, dringlichere Frage: Wie klug ist es, die eigene Weltsicht dermaßen zu fokussieren und eine andere, nichtwestliche Perspektive, eine aus dem Globalen Süden, gänzlich zu ignorieren?

Diese Frage ist keine theoretische, sie offenbart den Kern des Problems: die stillschweigende Übertragung westlicher Sichtweisen und Interessen auf jene Teile der Welt, die nicht zum Westen zählen. Doch stehen tatsächlich alle Räder still, wenn der starke Arm Washingtons oder seiner Juniorpartner das will? Der westlichen Sanktionspolitik gegenüber Russland folgen ausschließlich die Staaten der NATO (mit Ausnahme der Türkei), die Europäische Union (die in weiten Teilen mit der NATO identisch ist), hinzu kommen Taiwan, Südkorea, Singapur, Japan, Australien und Neuseeland. Das war's. Wobei nicht alle der genannten Länder wirtschaftlich rigoros mit Russland gebrochen haben: die USA nicht, Japan nicht, Polen nicht, Italien nicht … Boykottweltmeister in diesem Umfeld ist eindeutig Deutschland – Moral verpflichtet. Zumindest wäre es die Bundesregierung vermutlich gerne, doch gelingt ihr der vollständige wirtschaftliche Bruch mit Russland ebenso wenig wie dem Westen insgesamt. Dazu gleich mehr.

Gemeinsam erzielen die westlichen Staaten mit ihren fernöstlichen Verbündeten rund 40 Prozent der Weltwirtschaftsleistung. Zehn Jahre zuvor waren es noch 60 Prozent. Der Rest der Welt, darunter die Schwergewichte China und Indien, Lateinamerika, der gesamte afrikanische Kontinent und Asien jenseits der genannten Ausnahmen haben keinerlei Sanktionen gegen Russland verhängt und beteiligen sich daran auch nicht. Außerhalb der westlichen Hemisphäre hat man offenbar erkannt, dass die USA ihren historischen Zenit als alleinige Weltmacht überschritten haben. Nibelungentreue gegenüber Washington, wie sie innerhalb der EU prägend ist, ergibt aus Sicht des Globalen Südens wenig Sinn. Die dortigen Regierungen suchen einen Mittelweg zwischen den USA auf der einen, der künftigen Weltmacht China und Russland auf der anderen Seite. Oder sie warten ab, spielen auf Zeit, bis die Fronten geklärt sind.

Hinzu kommt das von der Pakistanerin Hina Rabbani Khar zum Ausdruck gebrachte »kulturelle Unbehagen« gegenüber dem Westen, der gerne Moral und Werte predigt, rhetorisch offensiv für Freiheit, Demokratie und Menschenrechte eintritt, damit aber in erster Linie die Durchsetzung hegemonialer Machtansprüche meint. Angesichts eigener historischer Erfahrungen mit den USA, darunter Kriege, Interventionen, Ausbeutung, angesichts auch der keineswegs vergessenen, jahrhundertelangen europäischen Kolonialherrschaft und imperialen Anmaßung, ist die Bereitschaft, sich vor den Karren westlicher Interessen spannen zu lassen, im Globalen Süden wenig bis gar nicht gegeben – ungeachtet deutlicher Kritik am russischen Angriff auf die Ukraine auch dort.

Sollte es in Berlin, in Brüssel oder Washington nicht zu denken geben, dass sich selbst miteinander verfeindete Staaten wie Pakistan und Indien oder der Iran und Israel der westlichen Sanktionspolitik gegenüber Russland nicht angeschlossen haben?

Apropos Pakistan: Enthüllungen des US-Online-Nachrichtenportals *The Intercept* zufolge hat das Außenministerium in Washington massiven Druck auf das pakistanische Militär ausgeübt (hinter den Kulissen ist das der eigentliche Machthaber), um den populären und demokratisch gewählten Premierminister Imran Khan im April 2022 mit Hilfe eines Misstrauensvotums im Parlament zu stürzen und anschließend zu inhaftieren. Grund war dessen meinungsstark vertretene Neutralität im Ukraine-Krieg. Seine bislang, bis Ende 2023, zwei Interims-Nachfolger gelten als pro-amerikanisch und haben beide Waffen an die Ukraine geliefert, ohne sich jedoch an den Sanktionen gegen Russland zu beteiligen. Im Gegenzug erhielt Islamabad milliardenschwere Kredite des Internationalen Währungsfonds zu Vorzugsbedingungen, mit freundlichen Empfehlungen aus Washington.[3]

Wer hat die besseren Karten?

Der russische Einmarsch in die Ukraine und die westlichen Reaktionen darauf ähneln einer Pokerpartie auf globaler Bühne – mit offenem Ausgang. Am Ende wird es keinen strahlenden Sieger geben, sondern eine Vielzahl an Verlierern. Das Kräftemessen erfolgt neben der militärischen vor allem auf wirtschaftlicher Ebene. Offenbar sind den handelnden Akteuren die weitreichenden Folgen ihrer Entscheidungen nicht hinlänglich bewusst.

Natürlich haben sie die Möglichkeit, Kriege zu führen oder Sanktionen zu verhängen. In dem Moment, wo das geschieht, öffnet sich jedoch gewissermaßen die Büchse der Pandora. Egal, welche Planungen oder Überlegungen ihren Entscheidungen vorausgehen mögen, die Folgen sind meist andere als erwartet. Denn die Realität ist komplexer und vielschichtiger als jedes Planspiel. Die Entscheidung A kann die Wirkung C oder D auslösen, obwohl ihre Urheber damit möglicherweise gar nicht gerechnet haben oder eine solche Konsequenz ihres Tuns unterschätzt, vielleicht ganz anderes im Sinn hatten, nennen wir es B.

Und was, wenn ein Schlüsselsatz der Chaos-Theorie tatsächlich zuträfe, demzufolge der Flügelschlag eines Schmetterlings über Hongkong einen Wirbelsturm in New York auslösen kann?

Seit dem Ersten Weltkrieg setzen die USA Sanktionen gegen missliebige Staaten, Institutionen oder Personen systematisch als Druckmittel ein. Die am längsten sanktionierten Länder sind Nordkorea (seit 1950), Kuba (seit 1962) und der Iran (seit 1979).

Bezeichnenderweise legitimierte Washington seine Boykottmaßnahmen Ende der 1960er Jahre in nur 20 Prozent der Fälle mit Demokratiedefiziten oder Verstößen gegen Menschenrechte, 2019 lag die Quote bei 42 Prozent.[4] Dieses noch immer vergleichsweise verhaltene »Werte«-Bekenntnis mag auch damit zusammenhängen, dass die USA ihrerseits nur fünf von achtzehn international anerkannten Menschenrechtsstatuten, allen voran solchen der Vereinten Nationen, ratifiziert haben. Erst nach 1990, nach dem Zusammenbruch der Sowjetunion, wurden Freiheit, Demokratie und Menschenrechte zum Mantra westlicher Werteorientierung – und zwar ausschließlich gegenüber nichtwestlich geneigten Akteuren. Dementsprechend blieben rechte Militärdiktaturen in Lateinamerika ebenso von Sanktionen verschont wie etwa die arabischen Golfstaaten oder Israel als jahrzehntelange Besatzungsmacht.

Die Sanktionsfolgen treffen in der Regel die Bevölkerung, weniger die Machthaber, und haben bislang kein einziges Mal den Sturz eines missliebigen Regimes oder dessen grundlegende Verhaltensänderung bewirkt. Das gilt im Übrigen auch für Südafrika: Die verbreitete Annahme, die 1986 von westlichen Staaten verhängten Sanktionen gegen die weiße Minderheitenherrschaft hätten zum Ende der Apartheid beigetragen, ist nicht zutreffend. Dafür waren sie zu halbherzig, enthielten sie zu viele Schlupflöcher und Ausnahmen. Auf Wunsch namentlich der USA, Großbritanniens und Deutschlands, die ihre wirtschaftlichen Eigeninteressen gefährdet sahen.[5]

Vor diesem Hintergrund spricht wenig bis gar nichts dafür, dass die gegen Russland verhängten Boykottmaßnahmen den größten Flächenstaat und größten Energieproduzenten der Welt in die Knie zwingen könnten.

Dennoch zeigten sich führende westliche Vertreter überaus ambitioniert, als sie unmittelbar nach dem russischen Angriff auf die Ukraine eine erste Sanktionsrunde gegen Moskau einleiteten. Damit wolle man »Russland ruinieren«, so Außenministerin Annalena Baerbock (Grüne), in den Worten von EU-Kommissionspräsidentin Ursula von der Leyen: »Putin den Geldhahn abdrehen« und »Stück für Stück die industrielle Basis Russlands abtragen«. Frankreichs Finanzminister Bruno Le Maire suchte »den Kollaps der russischen Wirtschaft zu provozieren«, US-Präsident Joe Biden wollte »die russische Wirtschaft zerschmettern« – offenbar mit Erfolg, denn »der Rubel ist nur noch eine Schrottwährung«, so der Senior im Weißen Haus.

Was mitnichten der Fall ist: Der Wechselkurs des Rubel zum US-Dollar hat seit Kriegsbeginn um bis zu 23 Prozent zugelegt, 36 Prozent gegenüber dem Euro. Selten hat er das Vorkriegsniveau unterschritten. Parallel ist der Wert des Euro im gleichen Zeitraum um bis zu zehn Prozent gegenüber der Weltleitwährung zurückgefallen. Der des japanischen Yen gar bis zu einem Drittel.

Die zitierten Aussagen lassen erkennen, dass die Sanktionen den Sturz der russischen Regierung herbeizuführen suchen. Das Statement Bidens in Warschau, im März 2022, räumte in diesem Punkt letzte Zweifel aus: »Putin kann nicht an der Macht bleiben.« Der US-Präsident hat die Aussage später relativiert, was sie nicht besser macht. Dahinter steckt der fromme Wunsch, dass irgendwie eine pro-westliche Fraktion die jetzigen Machthaber ablösen und am Ende die Regenbogenfahne über dem Kreml wehen möge. Was aber, wenn stattdessen ein russischer Rechtsextremist Putin nachfolgt und verstärkt auf militärische Konfrontation setzt, weit über die Ukraine hinaus? Oder die Nuklearmacht zerfällt und die Kontrolle über mehr als 6000 Atombomben und nukleare Sprengköpfe verloren geht? Ist Putin die schlechteste Wahl als Ansprech- und Verhandlungspartner oder aber unter vielen schlechten Optionen möglicherweise noch die am wenigsten schlechte? Und welcher russische Normalbürger oder auch Putin-Gegner könnte sich mit westlichen Zerstörungsfantasien der Sorte »die russische Wirtschaft zerschmettern« identifizieren?

Der Preis der Sanktionen

Westliche Sanktionen dienen als geopolitische Waffe, um eigene Machtansprüche gegenüber missliebigen Dritten durchzusetzen. Freiheit, Demokratie und Menschenrechte, in jüngster Zeit vermehrt Frauen- und LGBTQ-Rechte, dienen dabei als rhetorische Selbstertüchtigung. In keineswegs geringen Teilen der Öffentlichkeit verfängt dieser wohlklingende Ansatz durchaus, nicht zuletzt dank einer Medienlandschaft, die als Resonanzboden wirkt. Auch die »regelbasierte internationale Ordnung« dient der moralaffinen Eigenlegitimation, immer wieder infrage gestellt von diversen Schurkenstaaten, allen voran Russland und China. Gemeint ist weniger das Völkerrecht, gemeint sind die Spielregeln der USA.

Es ist dabei kein Widerspruch, dass diejenigen, die in Politik, Wirtschaft oder Gesellschaft für »Werte« eintreten, subjektiv durchaus überzeugt sein mögen, auf der richtigen Seite der Geschichte zu stehen. Nicht selten übersehen sie dabei allerdings die geradezu mit Händen zu greifende Doppelmoral und die machtpolitische Agenda dahinter. Ein Beispiel für viele: Warum gilt der inhaftierte russische Oppositionelle Alexej Nawalny in westlichen Staatskanzleien als Held, während man gleichzeitig den ebenfalls inhaftierten Whistleblower Julian Assange ungerührt seinem Schicksal überlässt?

Washington hat übrigens in den letzten Jahren Sanktionen dermaßen inflationär verhängt, dass die Entscheider vermutlich selbst nicht mehr durchblicken: Die offizielle Sanktionsliste umfasst, Stand März 2022, 1623 Seiten mit rund 37000 Einträgen.[6] Auch die eigentlich verbündeten Europäer sind wiederholt Ziel amerikanischer Strafmaßnahmen geworden, die in dem Fall allerdings als »Sonderzölle« firmieren.

Innerhalb der Europäischen Union wiederum sind wirtschaftliche Strafmaßnahmen der kleinste gemeinsame Nenner einer ansonsten weitgehend zahnlosen Außenpolitik – zu heterogen sind die Interessen der 27 Mitgliedsstaaten. Sanktionen etwa gegen Russland oder den Iran zu verhängen suggeriert Tatkraft wie auch Einmütigkeit und signalisiert einmal mehr, die selbstgewählte Rolle eines Juniorpartners der USA dankbar angenommen zu haben. Die Sanktionslogik fördert die Konfrontation, nicht die Konfliktentschärfung. Sie setzt nicht auf Diplomatie, geschweige denn auf Friedensverhandlungen, vielmehr auf Unnachgiebigkeit und Härte. Ihr zugrunde liegt die realitätsferne Überzeugung, jeden Widersacher niederringen zu können, allen voran Putin. Am Ende werde er einlenken und kapitulieren müssen, so der vorherrschende Irrglaube.

Sanktionen aber sind ein zweischneidiges Schwert. Selbstverständlich lösen sie Gegenreaktionen aus, die wiederum der westlichen Wirtschaft nicht nur schaden, sondern gleichzeitig die Vormachtstellung der USA mittel- und langfristig unterminieren. Eine erste Sanktionswelle erreichte Russland nach der Annexion der Krim 2014. Sanktioniert wurden insbesondere der westliche Im- und Export landwirtschaftlicher Produkte aus oder nach Russland. Moskau drehte den Spieß um und verbot seinerseits deren Import aus den USA, Kanada, der EU, Norwegen, Australien und Neuseeland. Parallel modernisierte Russland seine marode Agrarindustrie in Rekordgeschwindigkeit und entwickelte sich innerhalb weniger Jahre zu einem der größten Agrar-Exporteure weltweit. 2020 erzielte Russland Einnahmen in Höhe von 30 Milliarden US-Dollar durch den Verkauf von Agrarprodukten in den Globalen Süden – diese Summe überstieg noch den Wert der Gasexporte.[7] Für die westliche Agrarwirtschaft war der russische Markt damit verloren, gleichzeitig war ihr auf dem Weltmarkt ein sehr ernst zu nehmender Konkurrent erwachsen.

Der größte Verlierer dieser Sanktionsrunde war übrigens mit weitem Abstand Deutschland, zuvor der wichtigste Agrarexporteur in Richtung Russland. Eine ifo-Studie der Universität München im Auftrag mehrerer Industrie- und Handelskammern vom Oktober 2020 beziffert deren volkswirtschaftliche Kosten für

Deutschland auf bis dato 30 Milliarden Euro. Das deutsche Bruttoinlandsprodukt (BIP) würde demzufolge um rund 5,5 Milliarden Euro jährlich höher ausfallen, würden die damaligen Krim-Sanktionen gestrichen.[8] Im Kontext der »Zeitenwende« sind solche Summen wenig mehr als die sprichwörtlichen Peanuts, doch unterstreicht dieses Beispiel, dass der Weg der Sanktionen, den Deutschland geht, seit längerem schon ein sehr abschüssiger ist.

Seit dem Zweiten Weltkrieg ist der US-Dollar die Weltleitwährung, in der ein Großteil der internationalen Handelsströme und Geldanlagen notiert und abgerechnet wird. Das hat für die Weltmacht USA den Vorteil, sich quasi unbegrenzt verschulden zu können, weit über die Leistungsfähigkeit der eigenen Volkswirtschaft hinaus. Es kann ja niemand, so scheint es, auf den Greenback verzichten. Entsprechend sind die USA heute mit mehr als 130 Prozent ihres BIP verschuldet – das ist die höchste US-amerikanische Verschuldungsquote aller Zeiten, höher noch als gegen Ende des Zweiten Weltkrieges. Zum Vergleich: In den Euro-Staaten liegt diese Quote bei 85 Prozent. 2007 überstiegen die US-Staatsschulden die Zehn-Billionen-Dollar Schwelle, im Januar 2023 beliefen sie sich auf 31,4 Billionen US-Dollar, mit weiter rasant steigender Tendenz.

Weltleitwährung US-Dollar?

Als Reaktion auf die westliche Sanktionslust haben zunächst Russland und China entsprechende Gegen- oder Vorsichtsmaßnahmen ergriffen. Jede nichtwestliche oder zum Globalen Süden gehörige Volkswirtschaft muss potentiell damit rechnen, von den USA oder auch der EU sanktioniert zu werden. Es empfiehlt sich daher, die Abhängigkeit vom westlichen Finanzsystem wie auch vom US-Dollar zu verringern. Der erste große Aufschwung in diese Richtung erfolgte nach der Krim-Krise 2014. Sowohl Russland wie auch China haben jeweils ihre eigenen, untereinander kompatiblen Finanzsysteme auf- und ausgebaut, ebenso eigene Kreditkarten in Umlauf gebracht. In Russland heißt das Pendant zu Visa oder Mastercard Mir. Fast jeder erwachsene Russe besitzt mittlerweile eine Mir-Karte, die außerhalb der westlichen Hemisphäre (teilweise aber auch dort) international als Zahlungsmittel anerkannt ist. Als die Boykotteure in Washington und Brüssel russische Banken im März 2022 weitgehend vom US-dominierten Zahlungssystem SWIFT ausschlossen, traf diese Entscheidung in erster Linie normale Russen, deren westliche Kreditkarten über Nacht gesperrt und wertlos geworden waren. Der russische Staat dagegen konnte diese Maßnahme mehr oder weniger mit einem Achselzucken quittieren. Das russische Gegenstück zu SWIFT nennt sich »System for Transfer of Financial Messages« (SPFS, seit 2014), das chinesische heißt »Cross-Border Interbank Payment System« (CIPS, seit 2015).

Verstärkt seit 2018 hat vor allem Russland, aber auch China die eigenen Guthaben oder Staatsanleihen in US-Dollar bei westlichen Banken deutlich reduziert. Besaß Russland 2018 noch US-Staatsanleihen im Wert von rund 100 Milliarden US-Dollar, waren es Ende 2021 nicht einmal mehr vier Milliarden. China hat seinen Bestand an US-Staatsanleihen seit deren Höchststand von 1,32 Billionen US-Dollar im November 2013 bis Mitte 2022 um 25 Prozent zurückgefahren, allein seit dem Amtsantritt von Joe Biden um 10,4 Prozent. Tendenz weiter fallend.[9]

Der bilaterale Handel zwischen Russland und China wurde 2015 zu 90 Prozent auf US-Dollarbasis abgewickelt, 2020 waren es nur noch 46 Prozent. Ein Jahr nach Beginn des Ukraine-Krieges liegt die Quote bei null. Beide Länder handeln untereinander vorwiegend auf Yuan- oder Rubelbasis. Zu allem Überfluss, aus amerikanischer Sicht, wendet sich auch Indien zunehmend dem Yuan und dem Rubel zu, nicht allein im jeweils bilateralen Handel. Desgleichen Pakistan, Südafrika, Vietnam – generell Länder im Globalen Süden. Der neueste Trend geht in Richtung digitaler (Zentralbank-)Währungen.

Das bedeutet, mit anderen Worten, dass der US-Dollar seine Rolle als Weltleitwährung langsam, aber stetig verliert. Was wiederum zur Folge hat, dass sich die USA nicht mehr unbegrenzt werden verschulden können. Schwinden aber deren finanzielle Ressourcen, hat das Konsequenzen für ihren Status als Weltmacht.

Ein Blick in die Geschichte: Bis Ende des Ersten Weltkrieges diente das Britische Pfund als Weltleitwährung. Infolge des Krieges löste der US-Dollar ebenso langsam, aber sicher das geschwächte Britische Pfund in dieser Funktion ab. Nach dem Zweiten Weltkrieg, parallel zum Niedergang des Britischen Empire, war der Wechsel zum US-Dollar endgültig vollzogen – innerhalb von nicht einmal dreißig Jahren. Selbst US-Banken wie Goldman Sachs oder Citigroup gehen davon aus, dass der Yuan spätestens 2030 die drittwichtigste Währung im internationalen Handel und für Geldanlagen sein wird – nach dem US-Dollar und dem Euro.

Sollten die USA und die EU an ihrer Sanktions-Hybris festhalten, könnten die Karten allerdings auch schneller neu gemischt werden – auf Kosten der beiden westlichen Währungen. Deren Stärke verdankt sich wesentlich dem anfälligen Finanzmarkt. Russen wie auch Chinesen dagegen können ihre Währungen jederzeit mit realen Werten hinterlegen: mit Rohstoffen und Bodenschätzen, aber auch mit Gold.

Regimewechsel in Russland?

Die hiesige eurozentrische Weltsicht ignoriert weitgehend die Konsequenzen ihrer eigenen Politik für den Rest der Welt – aber auch für sich selbst. Gleichzeitig hält sie sich anderen gegenüber für moralisch überlegen und glaubt, im Alleingang globale Spielregeln festlegen zu können. Bislang mag die Rechnung aufgegangen sein, wussten sich die handelnden Akteure doch eingebettet in ein größeres, von den USA schützend flankiertes Ganzes, nennen wir es eine wohlmeinende Vormachtstellung. Was allerdings auf beunruhigende Weise fasziniert, ist die fehlende Bereitschaft der maßgeblichen Akteure, allen voran in Brüssel und Berlin, nicht etwa in der Wirklichkeit zu lesen, sondern in sie hineinzuprojizieren. Natürlich musste die westliche Seite auf die russische Anmaßung reagieren, den völkerrechtswidrigen Einmarsch in die Ukraine lediglich zur Kenntnis zu nehmen wäre kaum die angemessene Alternative gewesen. (Wenngleich, am Rande notiert, völkerrechtswidrige Kriege oder Interventionen, sofern vom transatlantischen Wertepartner getriggert, bislang selten mehr als mahnend erhobene Zeigefinger zur Folge hatten.) Und gewiss bietet es sich an, als Reaktion auf den russischen Angriff auch über Strafmaßnahmen nachzudenken: immer in dem Bewusstsein, dass sie nur begrenzt wirken und vom Ende her gedacht werden sollten.

In der Summe suchen die westlichen Sanktionen einen Regimewechsel in Russland herbeizuführen – mal verhalten, mal weniger verhalten. Das hat man im Kreml mit Sicherheit auch genau so verstanden.

Fördert dieser Ansatz die Konfliktlösung? Die insgesamt neun »Sanktionspakete« der EU, die 2022 verhängt wurden, sind jedenfalls weder an Bedingungen geknüpft noch zeitlich begrenzt und sollen offenbar auch nach einem Ende des Ukraine-Krieges beibehalten werden. Es fehlt mithin jedes Verhandlungsangebot. Die westliche wie auch ukrainische Forderung, Russland müsse zunächst alle Besatzungstruppen abziehen, danach sehe man weiter, mag zwar berechtigt sein, ist aber dennoch unrealistisch. Gleichzeitig laufen sich die »Sanktionspakete« tot. Das siebte beispielsweise, verabschiedet im Juli 2022, beinhaltet im Kern ein Importverbot für russisches Gold und russischen Schmuck. Der arabische Nachrichtensender Al Jazeera fasste die Entscheidung treffend in nur einem Wort zusammen: »Symbolpolitik«.

Ob die Sanktionen gegen Russland wirken, ist auch unter deren Befürwortern heftig umstritten. Im Juli 2022 präsentierte die renommierte Yale University im US-Bundesstaat Connecticut eine umfassende Studie, der zufolge die Sanktionen »Russland auf katastrophale Weise lahmlegen«, das Land stünde vor seinem »ökonomischen Untergang«. Der »International Monetary Fund« (Internationale Währungsfonds) IMF sah das in einer eigenen Untersuchung ganz anders: Die Sanktionen würden Russland in der Tat massiv schaden, vor allem im Hightech-Sektor. Nichts deute aber auf den wirtschaftlichen Zusammenbruch Russlands hin. Daraufhin warfen die Autoren der Yale-Studie dem IMF vor, dort seien »rücksichtslose Papageien von Putins Propaganda« am Werk.[10]

Warum aber lesen die maßgeblichen Akteure der Sanktionspolitik nicht in der Wirklichkeit, sondern projizieren munter in sie hinein? Weil sie sich von Wunschbildern leiten lassen und massive Verwerfungen der eigenen Volkswirtschaften sehenden Auges in Kauf nehmen. Auf diese Weise gefährden sie globale Versorgungsabläufe. Die konfrontative Entscheidung des Westens, Russland als geopolitischen Konkurrenten ein für alle Mal auszuschalten, egal, um welchen Preis, destabilisiert die Weltwirtschaft. Sie dürfte sich in den nächsten Jahren neu formieren, im Geist eines Kalten Krieges 2.0. Hier die USA und ihre Verbündeten, dort China, Russland und ein nicht geringer Teil des Globalen Südens. Die beiden Seiten werden sich als Systemkonkurrenten begegnen, nicht als Handelspartner.

Die westliche, auch deutsche Hybris besteht darin, diese Entwicklung gutzuheißen und sie nach Kräften zu befördern. In der irrigen Annahme einer vermeintlich gegebenen »Wertepartnerschaft«, die uns vor eben jenen Verwerfungen bewahren werde, die man selbst mit herbeigeführt hat. Hiesige Apologeten glauben offenbar, uns könne wirtschaftlich auf Dauer kein Schaden entstehen. Sind wir doch die Guten, die selbstredend keine Kompromisse mit dem Bösen eingehen. Und schon gar nicht lassen wir uns von den Mächten der Finsternis gegeneinander ausspielen, »spalten« gar. Wir sprechen mit einer Stimme!

Deutsche an die Front

Wie ausgeprägt die Neigung zur Selbstkritik oder gar zu einem Kurswechsel auf höchster Ebene ist, wusste bereits der frühere Bundespräsident Joachim Gauck recht unmissverständlich zu vermitteln. Im März 2022 erklärte er mit Blick auf die wirtschaftlichen Sorgen eines Großteils der Bevölkerung und dessen Angst vor der Zukunft: »Wir können auch einmal frieren für die Freiheit, und wir können auch einmal ein paar Jahre ertragen, die wir weniger an Lebensglück und Lebensfreude haben.« Im Juli ergänzte der Pastor, »wir« könnten nicht nur Wirtschaftswunder, sondern auch einmal »die Zähne zusammenbeißen«, um der Ukraine zu helfen. Gleichzeitig warnte er vor »falschem Pazifismus«. Nötigenfalls würde er auch selbst zur Waffe greifen.

Dergleichen Illusionen oder Anmaßungen deutscher und westlicher Selbsterhöhung wiegen schwer. Offizieller Lesart zufolge ist der »russisch geführte Angriffskrieg in der Ukraine« verantwortlich für die weltweit explodierenden Energie- und vor allem Gaspreise. Tatsächlich aber sind es vor allem die gegen Russland gerichteten Boykottmaßnahmen, die als Bumerang wirken und die globale Ökonomie erschüttern.

Bis zum Beginn des Ukraine-Krieges bezog Deutschland rund die Hälfte seines Bedarfs an Erdgas und Erdöl aus Russland, bei Kohle war es etwa ein Drittel. Die EU insgesamt importierte 45 Prozent des benötigten Erdgases aus Russland, bei Erdöl und Kohle war es jeweils ein Drittel. Ohne über vergleichbar zuverlässige und vor allem bezahlbare Alternativen zu verfügen, beschloss die EU-Kommission, diese Abhängigkeit überstürzt zu beenden.

Das entscheidende politische Instrumentarium ist das am 8. März 2022 verabschiedete Brüsseler Programm REPowerEU1. Mit dem erklärten Ziel, »Europa deutlich vor 2030 von fossilen Brennstoffen aus Russland unabhängig zu machen«. Bereits bis Ende 2022 sollten die russischen Gaslieferungen um zwei Drittel reduziert werden. Ungeachtet zahlreicher rhetorischer Verweise auf »grünen Wasserstoff«, auf Solarenergie, Windkraft und Biogas setzt das Programm in erster Linie auf den Import von flüssigem Erdgas, englisch abgekürzt LNG (Liquefied Natural Gas).

Nichts spricht dagegen, die Abhängigkeit von russischen Energielieferungen zu verringern. Das allerdings braucht Zeit und Verstand, keinen Aktionismus. Allein die Verkündung von REPowerEU1 wurde, in Verbindung mit den zahlreichen EU-»Sanktionspaketen«, von denen Brüssel allein bis April 2022 fünf verabschiedete, zum Startpunkt einer regelrechten Profitrallye. Quasi über Nacht sind die Preise für Erdgas, Erdöl und Kohle in die Höhe geschossen und haben weltweit Spekulanten auf den Plan gerufen. Schließlich sind die Boykotteure zwangsläufig auf Alternativen angewiesen. Die Ersten, die im großen Stil abkassierten, waren westliche Mineralölkonzerne. Sie konnten ihre Gewinne in astronomische Höhen treiben, zusätzlich alimentiert durch den sommerlichen »Tankrabatt« in Deutschland.

Shell, der größte Ölkonzern Europas, erzielte im zweiten Quartal 2022 einen Gewinn von 17,6 Milliarden Euro – ein Jahr zuvor, im zweiten Quartal 2021, waren es 3,3 Milliarden gewesen. Ob das britische Unternehmen BP, der französische Energiekonzern Total, die US-Konzerne Exxon oder Chevron – sie alle konnten ihre Gewinne im zweiten Quartal 2022 verdreifachen bis verfünffachen. Sämtliche Versuche, diese »Über-« oder »Zufallsgewinne« in Deutschland oder auf EU-Ebene zusätzlich zu besteuern, scheiterten bis Drucklegung dieses Buches am Widerstand konservativer Parteien, in Deutschland maßgeblich an der FDP. Am Ende werden die Energiekonzerne wohl einen zusätzlichen Obolus zu entrichten haben, mit an Sicherheit grenzender Wahrscheinlichkeit eher symbolischer Natur. Was durchaus den Spielregeln einer kapitalistisch verfassten Wirtschaftsordnung entspricht: Gewinne werden privatisiert, Verluste sozialisiert.

Das fünfte »Sanktionspaket« Brüssels vom April 2022 suchte den Import russischer Kohle EU-weit bis spätestens August 2022 zu beenden. Daraufhin schossen als Erstes die Preise in den außereuropäischen Kohle-Exportländern in die Höhe, zum finanziellen Nachteil der traditionellen Abnehmer dortiger Kohlevorkommen, überwiegend aus den ärmeren Teilen der Welt. Laut Mitteilung des »Vereins der Kohleimporteure« (VDKI) hat Deutschland 2022 acht Prozent mehr Kohle importiert als 2021: insgesamt 44,4 Millionen Tonnen. Und die Gewinner sind … Russland und die USA. Trotz Sanktionen bezog Deutschland 13 Millionen Tonnen Kohle aus Russland. Das entspricht einem Rückgang um 37 Prozent gegenüber dem Vorjahr, ist aber noch immer der Spitzenplatz. Die Importe aus den USA legten um 32 Prozent zu und beliefen sich auf 9,4 Millionen Tonnen. Gefolgt von Kolumbien (7,2 Millionen Tonnen, plus 210 Prozent) und Südafrika (3,9 Millionen Tonnen, plus 278 Prozent).

Russische Kohle gelangt überwiegend mit dem Zug in die EU und nach Deutschland. Für die übrigen Lieferanten kommt nur der Seeweg infrage. Das treibt die Kosten in die Höhe und sorgt für einen erhöhten Diesel-Verbrauch der Transportschiffe. Ein Gewinn für die Klima-Bilanz?

In Deutschland dient Kohle vor allem der Energieerzeugung in der Industrie und für den Betrieb von Kraftwerken. Aufgrund von Engpässen in der Erdgas- und Erdölversorgung ist die hiesige Kohleverstromung 2022 im Vergleich zum Vorjahr um mehr als zehn Prozent gestiegen. Ein Meilenstein im Kampf gegen den Klimawandel?

Die Weltmärkte verschieben sich

Da nichtwestliche Staaten Russland keineswegs boykottieren, kaufen namentlich China, Indien, Pakistan, die Türkei, Ägypten und die Golfstaaten russisches Erdöl preisgünstig und in großem Umfang ein. Um es anschließend oft genug am Spotmarkt etwa in Rotterdam hochpreisig an die EU weiterzuverkaufen, teils raffiniert, teils roh, wenngleich unter einem anderen als dem russischen Label. Vor allem Indien spielt laut der auf Wirtschaftsfragen spezialisierten US-Nachrichtenagentur Bloomberg eine immer wichtigere Rolle auf den Ölmärkten. Das Raffineriewesen in Indien boome wie nie zuvor. Russisches Erdöl werde dort zu Benzin und Diesel verarbeitet und anschließend nach Europa und in die USA verschifft. So habe Indien im Januar 2023 etwa 89 000 Barrel Benzin und Diesel täglich (!) allein nach New York geliefert, die Dieselexporte von Indien nach Europa beliefen sich im Januar 2023 auf 172 000 Barrel, ein bisheriger Höchststand.[11]

Durch die westlichen Sanktionen verschieben sich die Weltmärkte. Was insbesondere europäische Entscheider entweder nicht verstehen oder aus Gründen der Selbstinszenierung nicht wahrhaben wollen: Es ist unmöglich, russische Energieressourcen umfassend zu boykottieren. Auf den Weltmärkten steht kein ausreichender Ersatz zur Verfügung. Also wird russisches Erdöl neu etikettiert und erreicht beispielsweise Deutschland als indisches Benzin. Natürlich zu fantastischen Aufpreisen. Der Markt ist offenbar dermaßen lukrativ, dass laut Bloomberg große US-Energiekonzerne wie Exxon Mobil und Chevron bereitstehen, in großem Umfang in den Ausbau der indischen Öl- und Gasindustrie zu investieren, die dank der westlichen Sanktionen Russlands einen Aufschwung sondergleichen nimmt. So sehr, dass amerikanische Investoren erwägen, auch US-Erdöl in Indien raffinieren zu lassen. Washington hat übrigens keine Einwände gegen diese Umweg-Geschäfte – sie stabilisieren die Weltmarktpreise für Erdöl. Kapitalismus in Gestalt von Dadaismus: eine konsequent betriebene Irrationalität – auf Kosten der Umwelt, zugunsten eines voranschreitenden Klimawandels.

Russland schaden zu wollen, gleichzeitig aber die globalen Wirtschaftsaktivitäten aufrechtzuerhalten, erfordert die Quadratur des Kreises. So haben die Sanktionen zu einem massiven Anstieg der sogenannten dunklen Flotte oder Schattenflotte geführt, also älterer Tanker mit undurchsichtigen Besitzverhältnissen, die oft nicht regulär versichert sind und gerne ihre Standort-Meldungen abschalten. Sie dienen dem Weitertransport russischen Erdöls, das vorzugsweise auf hoher See von russischen Schiffen auf die Schattenflotte umgeladen wird, um die Sanktionen zu umgehen. Zu Beginn fanden derlei Transaktionen überwiegend im Atlantik statt, mittlerweile erfolgen sie bevorzugt vor den Küsten Westafrikas, die weniger stark überwacht werden. Diese Schattenflotte soll etwa 600 Schiffe umfassen, was zehn Prozent der weltweit zur Verfügung stehenden Rohöltanker und sieben Prozent ihrer Treibstofftanker entspricht. Den Preis zahlt die Umwelt: Normalerweise werden ältere Tankschiffe, die modernen Umweltstandards längst nicht mehr genügen oder nicht mehr betriebssicher sind, aus dem Verkehr gezogen und verschrottet. Jetzt aber bleiben sie in Betrieb, weil sie ihren Eigentümern lukrative Gewinne bescheren. Die Schattenflotte »könne als eine neue Form der Verschrottung angesehen werden«, gibt Bloomberg den CEO der Rohöltankergesellschaft DHT wieder.[12]

Die *New York Times* zitiert den Chef des maritimen Datenverwalters Windward, der in diesem Zusammenhang von »Hunderten Fällen« spricht, in denen Geschäftemacher etwa aus den Vereinigten Arabischen Emiraten, China, Pakistan, Indonesien oder Malaysia Schiffe aufkaufen, um ein »nicht-westliches Netzwerk« für den Handel mit Russland aufzubauen. Das Volumen von Tankerumfüllungen auf hoher See »explodiert geradezu, das hat mittlerweile industrielle Dimensionen angenommen«, so der Experte. Damit nicht genug. Zahlreiche Produkte, die auf westlichen Sanktionslisten stehen, erreichen Russland auf Umwegen. Laut *New York Times* hat sich etwa der Export von Mobiltelefonen in das kleine Armenien 2022 verzehnfacht. Gleichzeitig hat sich der Import Russlands von Mobiltelefonen aus Armenien ebenfalls verzehnfacht. Vor allem die Türkei und China, aber auch Belarus, Kasachstan oder Kirgistan sind mittlerweile wichtige Drehscheiben für den Zwischenhandel sanktionierter Waren mit Russland. Offiziell beteuern die jeweiligen Machthaber bei jeder sich bietenden Gelegenheit, man unterlaufe keine westlichen Sanktionen – das aber ist in erster Linie Rhetorik. Westliche Versuche, einen Preisdeckel für russisches Erdöl und Erdgas durchzusetzen, sind vor diesem Hintergrund wenig mehr als Wandmalerei. Der Internationale Währungsfonds erwartet für 2023 ein russisches Wirtschaftswachstum von 2,2 Prozent. Deutschland, zum Vergleich: minus 0,5 Prozent. In den Worten von Sergej Aleksashenko, vormals stellvertretender Finanzminister Russlands: 2023 werde »ein schwieriges Jahr« für die russische Wirtschaft, aber es werde »keine Katastrophe, keinen Kollaps« geben.[13]

Die größte Ironie aber ist diese: Zum Ende des dritten Quartals 2022 war die EU der zweitgrößte Importeur russischer Energie nach China, Sanktionen hin oder her. Innerhalb der EU lag Deutschland mit weitem Abstand auf Platz eins. Zwar waren die Importe quantitativ deutlich zurückgegangen, doch verdiente Russland dank explodierender Energiepreise in den ersten drei Quartalen je nach Quelle zehn bis 30 Milliarden Euro mehr als im gleichen Vorjahreszeitraum. Gleichzeitig ist der Handel Russlands mit Indien in der ersten Jahreshälfte 2022 um 45 Prozent gestiegen, der mit China um ein Drittel.

Irrsinn als Methode

Aus ideologischen Gründen in weltweite Lieferketten und Versorgungsabläufe einzugreifen, ähnelt einem Griff in die Speichen bei laufendem Rad. Der angegriffenen Ukraine beizustehen – gut und richtig. Dabei ein gewaltiges Chaos anzurichten, auf Kosten des eigenen Wohlstands, auf Kosten aber auch der Ärmeren in der Welt, unter Berufung auf »Werte« – das allerdings grenzt an Irrsinn.

Realitätsverleugnung gilt dabei, so scheint es, als Ausweis politischer Korrektheit. Auf Elitenebene spielt die Faktenlage erkennbar weniger eine Rolle als das eigene Hochgefühl. Die dabei beschworene »Moral« ist wenig mehr als pure Heuchelei. So preschte EU-Kommissionspräsidentin Ursula von der Leyen im März 2022 mit folgenden »strategischen Überlegungen« vor: »Als Demokratien wollen wir die Welt von morgen gemeinsam mit Partnern gestalten, die unsere Vorstellungen teilen.« Und nannte in dem Zusammenhang als künftige Energiepartner neben den USA ausgerechnet Aserbaidschan, Ägypten sowie Katar.

Aserbaidschan führt seit Jahren de facto einen Angriffskrieg gegen Armenien, der im September 2022 erneut eskalierte, als Baku Armenien großflächig unter Artilleriebeschuss nahm. Nicht anders als Russland in der Ukraine vorgeht, wenngleich auf kleinerer Flamme. Kritik seitens der EU an Aserbaidschan, dessen Führung offenbar zahlreiche Politiker im Europarat in Straßburg bestochen hat, darunter auch deutsche, ist nicht bekannt.[14] Im Juli 2022 reiste von der Leyen persönlich nach Baku und unterzeichnete dort ein Lieferabkommen für Erdgas zwischen Aserbaidschan und der EU. Nach neunmonatiger Belagerung der in Aserbaidschan gelegenen Region Bergkarabach, die fast ausschließlich von Armeniern bewohnt wurde, erzwang Baku im Zuge einer nur eintägigen militärischen Operation am 20. September 2023 die Kapitulation der Karabach-Armenier. Zwei Wochen später hatten fast alle der 120 000 Armenier dort ihre Heimat in Richtung

Armenien verlassen. Die vorangegangene Einkesselung, in dessen Verlauf Baku die einzige Verbindungsstraße nach Armenien, den Latschin-Korridor, blockiert und jedwede Versorgung vor allem mit Lebensmitteln und Medikamenten verhindert hatte, ließen wenig Zweifel an den Absichten Bakus. Die Menschen hatten schlichtweg Angst, auch vor einem Genozid. Aussagen wie die des Bürgermeisters von Baku sprechen für sich: »Unser Ziel ist die vollständige Auslöschung der Armenier«.

Die russischen Friedenstruppen, so ihre offizielle Bezeichnung, die seit den 1990er Jahren zwischen Armenien und Aserbaidschan als Puffer dienen, verhielten sich passiv – der Krieg in der Ukraine bindet die Ressourcen Moskaus, an einem weiteren Konflikt, dieses Mal im Südkaukasus, war der Kreml offenbar nicht interessiert. Der aserbaidschanische Machthaber Ilham Alijev war sich dessen zweifelsohne bewusst. Der Unterstützung seines Verbündeten Erdogan in Ankara konnte er sich ohnehin sicher sein.

Und wie reagierte die vermeintlich wertegeleitete Außenpolitik der EU wie auch Deutschlands? In erster Linie mit Zurückhaltung und Schweigen. Weder haben Brüssel und Berlin das Vorgehen Bakus verurteilt, geschweige denn eine Sanktionierung Alijevs betrieben – was angesichts der Auslöschung von 3000 Jahren armenischer Kultur in Bergkarabach innerhalb weniger Tage immerhin eine Option gewesen wäre, gemessen an der sonstigen westlichen Sanktions-Logik. Einmal angenommen, Russland hätte …

Doch geostrategisch wie auch als Gaslieferant ist Aserbaidschan von weitaus größerer Bedeutung als Armenien: vorgesehen ist die Verdoppelung der Gasexporte Bakus in die EU bis 2027. Folglich beließ es Kanzler Scholz bei dem Appell, beide Konfliktparteien mögen eine Verhandlungslösung anstreben. Ranghohe Vertreter in Brüssel plädierten ihrerseits für »Dialog und Diplomatie«. Die Causa Bergkarabach ist ein weiteres erhellendes Beispiel für die hohle Rhetorik rund um jede »Werteorientierung«, falls es dessen noch bedurft hätte.

Ägypten wiederum ist ein Land weitgehend ohne Meinungs- und Versammlungsfreiheit, Tausende sind dort wegen Regimekritik unter unsäglichen Bedingungen willkürlich inhaftiert. Von Katar wird noch die Rede sein.

Das eigentliche ökonomische Desaster für Deutschland und die EU lauert mittel- und langfristig allerdings im Bereich der Gasversorgung. Gas ist und bleibt vorerst der wichtigste Energielieferant, und zwar weltweit. Die Nachfrage ist groß, das Angebot begrenzt. Wer russisches Pipeline-Erdgas nicht länger beziehen mag oder kann, hat nur eine Alternative: Flüssigerdgas, eben LNG. Das aber ist infolge seiner Produktions- und Transportkosten deutlich teurer als sibirisches Pipeline-Gas. Wer also seitens der EU auf LNG setzt, setzt auf Kapitalvernichtung.

Auf dem Doha-Forum, dem nahöstlichen Davos, sagte der katarische Energieminister Saad Sherida Al-Kaabi im März 2022 klipp und klar: »Weder Deutschland noch Europa können ohne russisches Pipeline-Gas auskommen. Dieses Gas durch LNG zu ersetzen geben die Weltmärkte nicht her.« Abgesehen davon fehle es an Tankern zum Transport. Weltweit sind rund 600 LNG-Tanker im Einsatz. Wollte die EU ihren Gasbedarf ausschließlich in der Flüssigvariante decken, bräuchte es dafür 300 zusätzliche Transportschiffe. Wo sollen sie herkommen? Wer wollte sie bezahlen? Wie viele Jahre würde es dauern, bis diese Flotte in Betrieb gehen könnte? Ein einziges dieser Schiffe zu bauen dauert im Schnitt zwei Jahre. Weltweit gibt es nur eine Handvoll Reedereien, die sich auf die Herstellung von LNG-Tankern spezialisiert haben. Südkorea ist hier führend, es folgen Japan, China und – Russland.

Freiheitsgas!

Dessen ungeachtet setzt die Bundesregierung ungebremst auf LNG und investiert Milliarden, um mehrere Flüssiggasterminals an verschiedenen Standorten in Norddeutschland zu errichten. Die Privatwirtschaft war daran nie interessiert – zu teuer, zu unrentabel. Doch am 17. Dezember 2022 ging das erste schwimmende Terminal, ein provisorisches LNG-Terminal in Wilhelmshaven, in Betrieb. Normalerweise sind LNG-Terminalschiffe auf dem Weltmarkt langfristig ausgebucht. Dass nun dieses Schiff, die *Höegh Esperanza*, gleichwohl zur Verfügung stand, hatte seinen Grund. Eigentlich sollte es ab 2023 Flüssiggas nahe Melbourne in Australien in den Bundesstaat Victoria liefern. Doch die dortigen Behörden hatten das verhindert: zu gravierend seien die zu erwartenden Umweltschäden. Der zuständige australische Minister, Richard Wynne, begründete auf 80 Seiten[15], warum das Projekt »inakzeptable« Umweltzerstörungen zur Folge hätte und nicht genehmigt werden könne. Unter anderem wegen der Einleitung von Chlor in die Gewässer des umliegenden Naturschutzgebietes.

Um Flüssiggas, das bei einer Temperatur von minus 162 Grad im Tankerschiff gebunkert wird, wieder in einen gasförmigen Zustand zu wandeln und in das Pipeline-Netz einzuspeisen, muss es zunächst erwärmt werden. Das geschieht mit Hilfe von Meerwasser. Das Chlor wiederum dient dazu, eine Verstopfung der Rohre zu verhindern. Die Chlorrückstände landen schließlich im Meer und können dort Flora und Fauna zerstören oder massiv beeinträchtigen.

Solche Überlegungen spielten in Wilhelmshaven, unweit des Nationalparks Niedersächsisches Wattenmeer, keine Rolle. Rechtzeitig hatte die Bundesregierung dafür gesorgt, dass die gesetzlich eigentlich vorgeschriebenen Umweltverträglichkeitsprüfungen beim Bau der LNG-Terminals in Deutschland weitgehend entfallen. Stattdessen nahm die *Höegh Esperanza* mit Pomp und Gloria ihre Arbeit auf, bei einer Miete von 200 000 Euro am Tag. Bundeskanzler Olaf Scholz war ebenso in Wilhelmshaven zugegen wie Wirtschaftsminister Habeck und Finanzminister Christian Lindner (FDP), der Flüssiggas bei anderer Gelegenheit bereits als »Freiheitsgas« gepriesen hatte. Habeck betonte, man handle in einer Lage der wirtschaftlichen Not (ohne zu erwähnen, dass die Bundesregierung daran ihren Anteil hat). Im Übrigen werde die LNG-Infrastruktur, die man jetzt aufbaue, auch für die künftige Energieversorgung mit (vermeintlich) umweltfreundlichem Wasserstoff eingesetzt. Anders gesagt: Nötigenfalls zerstören wir auch die Umwelt, um sie anschließend besser schützen zu können.

Kein einziges der deutschen Terminals wird sich jemals rechnen. LNG ist nur dort zu vertreten, wo es keine Pipelines gibt. Wenn also beispielsweise Katar Erdgas nach Indien oder in den Fernen Osten verschifft, ergibt das einen Sinn. Wenn Deutschland dagegen LNG bezieht, um russisches Pipeline-Gas zu meiden, ist das politischer Aktionismus in Gestalt von Geldverbrennung. Übrigens haben die Importe von russischem LNG in die EU 2022 um 50 Prozent im Vergleich zu 2021 zugelegt, im ersten Halbjahr 2023 um 40 Prozent, ebenfalls bezogen auf 2021. Und die EU kommt offenbar nicht umhin, künftig verstärkt russische LNG-Schiffe für den Transport einzusetzen, mangels Alternativen.[16]

Dessen ungeachtet haben sich hiesige Politiker und Meinungsmacher gegenseitig in ihren Forderungen überboten, die Gaslieferungen aus dem Reich des Bösen eher heute als morgen einzustellen. Als nun aber Moskau im Juni 2022 seine Gaslieferungen über die Pipeline Nord Stream 1 erstmals reduzierte, um 40 Prozent – offiziell aus technischen Gründen, tatsächlich eher als Reaktion auf die Sanktionen und deutsche Waffenlieferungen an die Ukraine – war es auch wieder nicht recht. Wirtschaftsminister Robert Habeck warf Putin daraufhin vor – russische Politik findet überwiegend in der Einzahl statt –, er führe einen Wirtschaftskrieg gegen Europa. Der Vorwurf ist insoweit befremdlich, als Deutschland Habeck zufolge selbst »quasi Kriegspartei« ist, »Wirtschaftskriegspartei«.

Im August 2022 stellte Russland die Pipeline-Gaslieferungen dann nahezu vollständig ein.

Die Pipelines werden gesprengt

Am 26. September 2022 ereigneten sich mehrere Sprengungen entlang der Pipeline Nord Stream 1 und der längst fertiggestellten, aber aus politischen Gründen nicht in Betrieb genommenen Pipeline Nord Stream 2: in internationalen Gewässern östlich und nördlich der dänischen Insel Bornholm. Beide Stränge von Nord Stream 1, der wichtigsten Gaspipeline von Russland nach Westeuropa mit Endpunkt Lubmin bei Greifswald, wurden dabei zerstört, ebenso einer der beiden Stränge von Nord Stream 2. Es handelt sich dabei um nichts Geringeres als den größten Terroranschlag aller Zeiten auf europäische Infrastruktur. Die NATO geht von einem Sabotageakt aus, ebenso die Bundesregierung und das Bundeskriminalamt. Umso erstaunlicher – oder bezeichnender, je nach Standpunkt – ist die große Zurückhaltung der Anrainerstaaten bei der Suche nach den Verantwortlichen.

Im November 2022 stellte die Bundestagsabgeordnete Sahra Wagenknecht (Linke) eine schriftliche Anfrage über den Stand der Ermittlungen an die Ampel-Regierung. Im Folgemonat erwiderte das Wirtschaftsministerium Robert Habecks: »Die Bundesregierung ist nach sorgfältiger Abwägung zu der Auffassung gelangt, dass die Beantwortung der Fragen aus Gründen des Staatswohls nicht erfolgen kann.« Entweder »tappt die Bundesregierung bei der Aufklärung noch im Dunkeln – oder sie will schlicht dazu keine Antwort geben«, meint dazu die *Berliner Zeitung*.

Wagenknecht »hatte die Bundesregierung danach gefragt, was sie über die sogenannten Dark Ships wisse, die wenige Tage vor dem Anschlag … in der Nähe des Tatorts unterwegs gewesen sein sollen. Über diese beiden Schiffe, die ihre Peilsender ausgeschaltet hatten, berichtete vor einiger Zeit die amerikanische Computerzeitschrift *Wired.*« Ob die Dark Ships mit den Anschlägen zu tun hätten, sei unklar. »Doch in schwedischen Medien gibt es Spekulationen darüber, dass die beiden Schiffe aus Karlskrona kamen.

Auch das soll mittels Satellitenaufnahmen belegt sein – und dass es sich um schwedische Schiffe handelte. Die schwedische Regierung macht es wie die deutsche: Sie schweigt.«[17]

Was für eine glückliche Fügung, dass die Rohrleitung »Baltic Pipe«, die Erdgas von Norwegen über Dänemark nach Polen pumpt, einen Tag vor den Anschlägen ihren Betrieb aufnehmen konnte. Somit ist künftig für teilweisen, wenngleich sehr teuren norwegischen Ersatz gesorgt.

Der für seine klaren Worte bekannte US-Ökonom Jeffrey Sachs macht die USA für die Anschläge verantwortlich: »Ich weiß, dass es im Westen nicht erlaubt ist, solche Dinge zu sagen, aber Tatsache ist, dass die Menschen überall auf der Welt, wenn ich mit ihnen spreche, glauben, dass es die USA waren.« Auch amerikanische Journalisten würden das sagen – aber nur privat, nicht öffentlich.[18] US-Außenminister Antony Blinken bezeichnete die Sprengung gar als »großartige Chance« für die amerikanische Wirtschaft: »Wir sind jetzt der führende Anbieter von Flüssiggas in Europa.«[19]

Am 8. Februar 2023 veröffentlichte Seymour Hersh, der wohl bekannteste US-Enthüllungsjournalist, einen langen Artikel, in dem er detailliert die Hintergründe des Anschlags beschreibt: »Wie Amerika die Nord-Stream-Pipeline ausschaltete« (How America Took Out The Nord Stream Pipeline).[20] Bekannt wurde Hersh 1968, als er das von US-Soldaten im Vietnam-Krieg begangene Massaker von My Lai aufdeckte. Auch der von der amerikanischen Besatzungsmacht zu verantwortende Folterskandal in der irakischen Haftanstalt von Abu Ghraib gelangte durch ihn 2004 an die Öffentlichkeit.

In der bis dato umfassendsten Recherche zu den Hintergründen des Pipeline-Anschlages benennt der Pulitzer-Preisträger die US-Regierung als Urheber. Ein enger Kreis im Umfeld von Joe Biden hat demzufolge mit dessen Wissen und Billigung die Sprengung von langer Hand vorbereitet, schon Monate vor Kriegsbeginn. Zu diesem Kreis gehörten etwa Außenminister

Antony Blinken, der Nationale Sicherheitsberater Jake Sullivan und die Unterstaatssekretärin Victoria Nuland, die seit Jahren aktiv auf die Ukraine-Politik Washingtons einwirkt. So spielte sie eine zentrale Rolle im Umfeld der Maidan-Proteste 2013/14 und sorgte dafür, dass nach dem Sturz des ukrainischen Präsidenten Viktor Janukowitsch im Februar 2014 nicht der insbesondere von Deutschland favorisierte Boxweltmeister Vitali Klitschko dessen Nachfolger wurde. (Heute ist er Bürgermeister von Kiew.) Bekannt wurde ihre Replik in einem abgehörten Telefonat, in dem ihr der US-Botschafter in Kiew die Position der Europäer in dieser Frage erläuterte: »Fuck the EU.«

Im Januar 2022 erklärte Nuland: »Wenn Russland in die Ukraine einmarschiert, wird es mit Nord Stream 2 nicht weitergehen, auf welche Weise auch immer.« Bei einer Anhörung im US-Senat fand sie im Februar 2023 diese Worte: »Es erfüllt mich, und ich denke die Administration insgesamt, mit größter Genugtuung zu wissen, dass Nord Stream 2 nunmehr, wie man sagen könnte, nur noch ein Haufen Metall auf dem Grund des Meeres ist.«[21]

Das Motiv der »Administration« benennt Hersh: »Washington und seine anti-russischen NATO-Partner«, insbesondere Polen und die baltischen Staaten, sahen Nord Stream »als eine Bedrohung westlicher Vorherrschaft«. Mit der Sprengung suchten sie Moskaus wirtschaftlichen Nerv zu treffen und die deutsche wie westeuropäische Energiepartnerschaft mit Russland ein für alle Mal zu beenden – zugunsten der USA. Orchestriert wurde der Sabotageakt Hersh zufolge von CIA und NSA, und zwar in enger Kooperation mit Geheimdienstkreisen in Norwegen, der Heimat von NATO-Generalsekretär Jens Stoltenberg. Im Juni 2022 hätten Tiefseetaucher der U.S. Navy die Minen an den Pipelines befestigt, im Umfeld der NATO-Sommerübung BALTOPS in der Ostsee. Um den Verdacht nicht auf dieses Manöver zu lenken, ließen die Verantwortlichen noch einige Zeit verstreichen, bis es im September schließlich zur Explosion kam.

Es kann nicht sein, was nicht sein darf

Das passt selbstverständlich nicht ins Weltbild transatlantischer Werteorientierung. Entsprechend geriet Hersh auch und vor allem in Deutschland umgehend ins Visier von Diskreditierungsbemühungen. Exemplarisch sei die *Süddeutsche Zeitung* genannt. Deren Außenpolitik-Chef sah sich persönlich veranlasst, zur Feder zu greifen: »Die Schattenseiten eines Star-Reporters.«[22] Tenor seiner Ausführungen: Er war einmal ein großartiger Journalist. Doch »seinen jüngsten Stücken haftet … immer mehr der Geruch der Konspiration an – und die Szene liebt ihn dafür«. Mit anderen Worten: Dieser Mann, »einsamer Wolf«, ist ein Verschwörungstheoretiker, unterwegs in zwielichtigem Milieu. Ein Urteil, das sich quer durch die Leitmedien fortsetzte: So geht Rufmord, auch bekannt als *character assassination*.

Hersh hat natürlich ein Problem. Er kann, bei dieser wie auch vorangegangenen Recherchen, seine Quelle oder Quellen nicht ohne Weiteres benennen. Juristisch handelt es sich bei den jeweiligen Informanten potentiell um Hochverräter, nach dem vorherrschenden Rechtsverständnis in den USA. Das macht Hersh angreifbar. Was aber hindert die *Süddeutsche* daran, die ihrerseits einem Rechercheverbund mit WDR und NDR angehört, nicht lediglich eine denunziatorische Behauptung aufzustellen, sondern sachlich dagegenzuhalten, ihrerseits zu recherchieren?

Angefangen mit der naheliegendsten aller Fragen: Warum beruft sich die Bundesregierung auf das »Staatswohl«, um keine Auskünfte über ihre Erkenntnisse in Sachen Pipeline-Sprengung zu geben? Wieso hat Olaf Scholz den Terroranschlag nie verurteilt? Weshalb ist keine unabhängige und transparente Untersuchung eingeleitet worden? Wieso haben die betroffenen Staaten, allen voran Deutschland, nicht die Vereinten Nationen ersucht, die Aufklärung voranzutreiben? Ganz im Gegenteil: Am 27. März 2023 lehnte der UN-Sicherheitsrat den von Russland eingebrachten Antrag ab, eine »unabhängige Untersuchung« zu den Hintergründen der Sprengung einzuleiten. Nur Russland, China und Brasilien stimmten für den russischen Resolutionsentwurf, die übrigen zwölf Mitglieder des Sicherheitsrates enthielten sich der Stimme. Um angenommen zu werden, wären mindestens neun Jastimmen erforderlich gewesen (und kein Veto). Wie gering die Bereitschaft auf westlicher Seite ist, die Schuldigen zu überführen, ist sicher auch daran zu ermessen, dass sich die zuständigen schwedischen Behörden bis heute, bis zur Drucklegung dieses Buches, weigern, Deutschland in die Ermittlungen zu den Ursachen des Anschlags einzubeziehen.[23]

Warum übrigens gibt es keine öffentlich zugänglichen Fotos oder Videos von der Anschlagstelle selbst, nur einige wenige, nichtssagende Aufnahmen einer infolge austretenden Gases blubbernden Wasseroberfläche? Ist es nicht zumindest bemerkenswert, dass Präsident Biden im Beisein des Bundeskanzlers bereits im Februar 2022, noch vor Kriegsbeginn, ein sehr klares Statement in Sachen Nord Stream 2 zum Besten gegeben hat: »Wir werden das beenden«? (Dazu gleich mehr.) Und wie ist die erfreute Mitteilung von Außenminister Blinken einzuordnen, die Sprengung sei eine »großartige Chance« für die US-Wirtschaft? Von Nulands »Genugtuung« ganz zu schweigen? Gibt es tatsächlich keinerlei Indizien dafür, dass Hersh richtigliegen könnte? Zumal die welthin erhobenen Vorwürfe, Russland selbst habe die Sprengungen veranlasst, um Europa zu erpressen, allzu unlogisch sind. Moskau hätte damit immerhin das Mittel seiner Erpressung zerstört.

Nichtsdestotrotz waren zwei Granden deutscher Politik bereits zwei Tage nach dem Anschlag bestens über die Hintergründe informiert. Roderich Kiesewetter, Fachsprecher für Krisenprävention der CDU/CSU: Der Anschlag passe »zu der von Staatsterrorismus geprägten und hybriden Vorgehensweise Russlands … Russland will Zweifel an Regierung und Staat insgesamt säen«, so der Krisenfachmann. Ganz ähnlich äußerte sich Marie-Agnes

Strack-Zimmermann (FDP), Vorsitzende im Bundestags-Verteidigungsausschuss: »Je länger und brutaler der russische Überfall auf die Ukraine andauert, desto größer ist auch die Gefahr, dass es zu solch enthemmten Anschlägen kommt … Nicht ausgeschlossen ist, dass sie von Russland gelenkt werden, um unsere Märkte zu erschüttern.«[24]

Andere Politiker haben sich ähnlich geäußert, die Leitmedien schlugen in dieselbe Kerbe und sahen wenig Anlass für weiterführende Fragen. Auch nicht der folgenden: Wer sind hier eigentlich die »Verschwörungstheoretiker«? Einmal angenommen, die Bundesregierung hätte tatsächlich handfeste Beweise, die in Richtung Russland wiesen – wie realistisch wäre die Annahme, sie würde diese aus Gründen des »Staatswohls« zurückhalten?

In einem Interview mit der *Berliner Zeitung* präzisierte Seymour Hersh seine Vorwürfe. US-Präsident Joe Biden habe der Bundesregierung nicht getraut und hatte große Sorge, die Deutschen könnten Nord Stream 2 doch noch in Betrieb nehmen, etwa infolge eines kalten Winters. Kurz nach der Pipeline-Sprengung allerdings »gab es bei den Beteiligten eine Menge Zorn über die Operation und Ablehnung. Das ist einer der Gründe, warum ich so viel erfahren habe … Die Menschen in Amerika und Europa, die Pipelines bauen, wissen, was passiert ist … Die Leute, denen Unternehmen gehören, die Pipelines bauen, kennen die Geschichte. Ich habe die Geschichte nicht von ihnen erfahren, aber ich habe schnell erfahren, dass sie es wissen.«

Hersh verweist darauf, dass die US-Wirtschaft durch ihre LNG-Verkäufe in Richtung Europa enorm profitiere. Doch gebe es für die Sprengung nicht allein wirtschaftliche, sondern auch politische Motive. »Im Weißen Haus war man, glaube ich, immer von der Wiederwahl besessen, und man wollte den Krieg gewinnen, man wollte einen Sieg erringen, man wollte, dass die Ukraine irgendwie magisch gewinnt. Es könnte einige Leute geben, die denken, dass es vielleicht besser für unsere Wirtschaft ist, wenn die deutsche

Wirtschaft schwach ist, aber das ist verrückt. Ich denke, dass wir uns in etwas verstrickt haben, das nicht funktionieren wird, der Krieg wird für diese Regierung nicht gut ausgehen«, so Hersh.[25]

Die Russen waren's? Oder die Ukrainer?

Natürlich kann nicht sein, was nicht sein darf. Am 7. März 2023 warteten sowohl die *New York Times* wie auch deutsche Medien zeitgleich, doch unabhängig voneinander mit einer ganz anderen, weitgehend deckungsgleichen Enthüllung auf. Die *New York Times* berief sich dabei auf Geheimdienstinformationen[26], das Recherche-Team bestehend aus dem ARD-Hauptstadtstudio, dem ARD-Politikmagazin »Kontraste«, dem SWR und der *Zeit* auf nicht näher genannte Ermittler. Laut Darstellung der *Zeit* verlief die »Geheimoperation« wie folgt: Eine Gruppe von sechs Personen habe in Polen eine Jacht von einer Firma angemietet, »die offenbar zwei Ukrainern gehört. Die Geheimoperation auf See soll den Ermittlungen zufolge von einem Team aus sechs Personen ausgeführt worden sein. Es soll sich um fünf Männer und eine Frau gehandelt haben. Demnach bestand die Gruppe aus einem Kapitän, zwei Tauchern, zwei Tauchassistenten und einer Ärztin, die den Sprengstoff zu den Tatorten transportiert und dort platziert haben sollen. Die Nationalität der Täter ist offenbar unklar. Die Attentäter nutzten professionell gefälschte Reisepässe, die unter anderem für die Anmietung des Bootes eingesetzt worden sein sollen. Das Kommando soll den Ermittlungen zufolge am 6. September 2022 von Rostock aus in See gestochen sein. Die Ausrüstung für die Geheimoperation sei vorher mit einem Lieferwagen in den Hafen transportiert worden, heißt es.« Polizeiliche Ermittler hätten die Jacht später aufgespürt und »auf dem Tisch in der Kabine« Sprengstoffspuren entdeckt.[27]

Während die Darstellung Hershs umgehend als »Verschwörung« galt und medial entsorgt wurde, auf politischer Ebene keinerlei öffentliche Resonanz erfuhr, sorgte diese angebliche Enthüllung für einigen Wirbel. Vor allem wohl, weil eine »proukrainische Gruppe« die Tat ausgeführt haben soll. Das wäre angesichts des deutschen Engagements für die Ukraine natürlich mehr als unerfreulich. Es würde sich die Frage stellen, was für ein Land wir da eigentlich unterstützen. Vor diesem Hintergrund betonte Verteidigungsminister Boris Pistorius, es könne sich durchaus um einen Angriff unter falscher Flagge handeln. Will heißen: Das waren die Russen. In diese Richtung – Entlastung der Ukraine, Belastung Russlands – setzten zahlreiche Medien in der Folgezeit ihre Mutmaßungen fort, wobei es erkennbar vor allem um die Beibehaltung eines klaren Weltbilds ging.[28]

Gemein ist der amerikanischen wie der deutschen Version zur Pipeline-Sprengung, dass sie die USA zwischen den Zeilen von jeder Verantwortung freisprechen und die Aufmerksamkeit in eine ganz andere Richtung lenken. In der US-Variante erklären die Geheimdienstquellen nicht, woher ihre Informationen stammen, betonen aber, dass keine amerikanischen oder britischen Staatsbürger an der Aktion beteiligt waren.

Grundsätzlich gilt: Nichts ist unmöglich. Dennoch spricht deutlich mehr dafür als dagegen, dass es sich bei dieser Geschichte lediglich um eine propagandistische Räuberpistole handelt. Die Amerikaner dürfen mit dem Anschlag nichts zu tun haben, das ginge wohl auch den treuesten Transatlantikern zu weit. Also braucht es eine andere Erzählung, um die Öffentlichkeit in die Irre zu führen, so unplausibel sie auch sein mag.

Angefangen damit, dass es schlichtweg unmöglich ist, mehrere hundert Kilo Sprengstoff plus Taucherausrüstung an Bord eines 15 Meter langen Segelboots (!) zu verstauen. Die *New York Times* geht von bis zu 500 Kilogramm pro Sprengung aus. Das entspräche dann, bei vier separaten Explosionen, einem Gewicht von bis zu zwei Tonnen. Hersh beschreibt, wie sich die US-Taucher zeitintensiv auf einem speziellen Übungsgelände für ihren Einsatz in der Ostsee vorbereitet haben. Und das alles schaffen sechs Hobby-Terroristen im Alleingang? Die selbstverständlich genau wussten, wo die Pipelines verlaufen und keine Probleme damit hatten, in 80 Metern Tiefe Sprengladungen an gleich mehreren Stellen der Röhren zu befestigen, Dutzende Kilometer voneinander entfernt? An den tiefsten Stellen im Seegebiet, wo das am schwierigsten und aufwendigsten ist? Wofür sie Dutzende Tauchflaschen plus eine Dekompressionsanlage benötigt hätten? Um die Sprengsätze dann Wochen später erst zur Explosion zu bringen? Wie haben sie das geschafft?

Woher wissen deutsche Medien, dass die Gruppe »professionell gefälschte Reisepässe« bei der Anmietung verwendet hat, wenn die Pässe gar nicht vorliegen? Wenn diese Leute solche Profis waren, warum lassen sie dann die angemietete Jacht in einem dänischen Hafen zurück, inklusive Sprengstoff-Spuren auf dem Frühstückstisch? Wäre es da nicht naheliegender gewesen, sie zu versenken oder in Flammen aufgehen zu lassen?

»Thank you, USA«

In hiesigen Medien werden dergleichen Ungereimtheiten gerne mit dem Hinweis aufgefangen, dass die Ermittlungen eben noch nicht abgeschlossen seien. Klar ist, dass ein Anschlag dieser Größenordnung nur auf staatlicher Ebene durchgeführt werden kann. Anderes anzunehmen wäre Unfug. Übrigens twitterte der vormalige polnische Außen- und Verteidigungsminister Radosław Sikorski unmittelbar nach der Sprengung der Pipelines: »Thank you, USA.«[29] Polens Präsident Andrzej Duda zeigte sich »erfreut« über die Zerstörung von Nord Stream 1 und 2. Das sei »nützlich« für Westeuropa, erklärte er als Reaktion auf die vermeintliche Enthüllung westlicher Medien. Allerdings halte er es nicht für ausgemacht, das eine »pro-ukrainische Gruppe« hinter dem Anschlag stecke.[30] Schwer vorzustellen, dass Duda mit seiner Freude dem polnischen Erzfeind Russland »Nützlichkeit« bescheinigen wollte. Dergleichen Frohsinn hat einen ganz anderen Hintergrund: Polen will den Niederlanden (Rotterdam) den Rang als wichtigste Energie-Drehscheibe Europas streitig machen. Ohne Nord Stream fällt das leichter.

Und die deutschen Ermittlungsbehörden? Die lassen es offenbar ruhig angehen. Weiterführende Ermittlungen zur Segeljacht haben erkennbar keine Priorität: »Nach *Spiegel*-Informationen sind nur wenige Beamtinnen und Beamte des Referats ST 24 mit dem Fall befasst. Zum Vergleich: In dem Verfahren gegen die mutmaßlich militante Reichsbürger-Zelle um Heinrich VIII. Prinz Reuß ermittelten zeitweilig fast 400 Kriminalisten des BKA.«[31]

Am 3. März 2023 reiste Kanzler Scholz zu einem Vieraugengespräch mit Präsident Biden ins Weiße Haus. Ein diskretes Treffen ohne begleitende Journalisten, ohne Dolmetscher, ohne anschließende gemeinsame Pressekonferenz, wie in solchen Fällen Usus. Wäre es gänzlich auszuschließen, dass der Koch dem Kellner einige Betriebsgeheimnisse anvertraut hat? Beispielsweise der Art, dass man den Krieg in der Ukraine doch allmählich zu Ende bringen möchte? Sollte das der Fall sein, müsste auch die Öffentlichkeit politisch-medial auf einen möglicherweise bevorstehenden Kurswechsel vorbereitet werden. Dafür bedürfte es nicht zuletzt einer teilweisen »Neuformatierung« der Ukraine-Berichterstattung, weg vom reinen Heldenimage.

Vier Tage nach dem Besuch des Kanzlers dann der mediale Scoop: die Jacht. Die pro-ukrainische Gruppe. Spuren, die in die Ukraine führen. Klar, es führen auch Spuren nach Russland. Und dennoch …

Sechs Wochen nach seinem ersten Report legte Seymour Hersh am 22. März 2023 in einem weiteren Artikel nach und reagierte damit auf den Besuch von Kanzler Scholz in Washington wie auch auf die Berichterstattung der *New York Times* und der *Zeit*. Hersh betont, dass sein Report, der weltweit für Schlagzeilen gesorgt habe, in den USA »nahezu totgeschwiegen« worden sei.

In diesem Artikel nun wirft er »US- und deutschen Geheimdiensten« vor, zur »Verdunkelung« seiner Version beigetragen zu haben. Diese hätten die beiden Zeitungen mit »Falschmeldungen« gefüttert, um seinen Bericht, der die Biden-Administration sowie CIA wie NSA für schuldig befindet, zu widerlegen. Er kritisiert die US-Reporter im Pressekorps des Weißen Hauses, die sich als dessen Sprachrohre betätigten, anstatt die naheliegendsten Fragen zu stellen. Etwa, warum Biden seine Geheimdienste nicht beauftragt habe, die Hintergründe der Pipeline-Sprengungen aufzuklären. »Gemäß einer Quelle aus dem Umfeld der Geheimdienste hat der Präsident einen solchen Auftrag nicht erteilt und werde das auch nicht tun. Warum nicht? Weil er die Antwort kennt.«

Hersh verweist auf das nahezu konspirative Treffen zwischen Biden und Scholz im Weißen Haus. Er zitiert eine weitere anonyme Quelle, der zufolge die beiden Regierungschefs »das Pipeline-Exposé diskutiert hätten. Daraufhin wurden bestimmte Elemente innerhalb der CIA gebeten, gemeinsam mit dem deutschen Geheimdienst eine Coverstory auszuarbeiten, die die amerikanische und deutsche Presse mit einer alternativen Version für die Zerstörung von Nord Stream 2 versorgt.« Um Biden von dem Vorwurf zu entlasten, er habe die Zerstörung der Pipelines angeordnet.[32]

Sollte die Darstellung Hershs zutreffen, wäre Kanzler Scholz an einem Komplott zum Schaden Deutschlands beteiligt.

Zum Jahrestag des Anschlags auf die Pipelines erschienen in hiesigen Leitmedien im September 2023 zahlreiche Artikel zu den Hintergründen, die nahezu durchweg die »politisch korrekte« Version bekräftigten: Eine ukrainische Gruppe habe in Eigenregie gehandelt, selbstverständlich ohne Wissen der Regierung Selenskij. Neu war lediglich die Behauptung, es sei ein anderer als der bisher vermutete Sprengstoff eingesetzt worden – und der sei dermaßen effizient, dass bereits »einige Kilogramm« (FAZ) je Sprengladung ausgereicht hätten. Handelte es sich dabei um eine »Korrektur« der allzu unglaubwürdigen Erstversion der *New York*

Times, der zufolge bis zu zwei Tonnen Sprengstoff auf einem 15 Meter langen Segelboot Platz gefunden hätten?

Wie bereits erwähnt: Nichts ist unmöglich. Stellt man aber die alles entscheidende Frage *Cui bono*, Wem nützt es, so führen die Spuren bis zum Beweis des Gegenteils in Richtung Washington. Mit welchen Hilfstruppen oder Agenten der Anschlag dann tatsächlich ausgeführt wurde, ob mit Norwegern, Ukrainern oder wem auch immer, ist da fast schon von untergeordneter Bedeutung.

Bidens Wortgeklingel

Generell sind die USA der größte Nutznießer der deutschen wie auch der EU-Sanktionen gegenüber Russland. Die westliche Führungsmacht ist aufgrund eigener Ressourcen nicht auf russische Energieträger angewiesen, weswegen sie weitgehend folgenlos für sich selbst Sanktionen gegenüber Russland verhängen kann – um sie anschließend bei Bedarf zu unterlaufen, wie wir am Beispiel der kasachischen Pipeline gesehen haben. Politisch wie auch wirtschaftlich liefern sich die Europäer mit ihrem Sanktions-Hype verstärkt dem Willen Washingtons aus. Denn sie sind dringend auf amerikanisches LNG angewiesen. Anlässlich des Besuchs von Präsident Biden bei der EU-Kommission im März 2022 verkündete Kommissionspräsidentin von der Leyen eine »strategische Energiepartnerschaft« mit den USA, um von dort umweltschädlich gefördertes Fracking-Gas, die schmutzigste Form der Gasförderung, verflüssigt und überteuert einzukaufen. Biden versprach den Europäern, die USA würden 2022 zusätzlich 15 Milliarden Kubikmeter als LNG liefern – das entspricht gerade mal einem Zehntel der importierten Gasmenge aus Russland. Künftig, so Biden außerdem, wollten die Amerikaner der EU jährlich 50 Milliarden Kubikmeter liefern. Das entspräche einem Drittel der russischen Gasimporte.

Im Juni 2022 konnte das Energieunternehmen EnBW einen ersten LNG-Liefervertrag mit einem US-Anbieter abschließen. Lieferbeginn ist allerdings erst 2026, die Laufzeit beträgt zwanzig Jahre, jährlich werden 1,5 Millionen Tonnen geliefert. Der zweite relevante Vertrag, unter Beteiligung von RWE, folgte erst im Dezember 2022. Laufzeit fünfzehn Jahre, Lieferbeginn 2027, Volumen 2,25 Millionen Tonnen jährlich. Das ergibt addiert keine vier Millionen Tonnen. (Flüssigerdgas wird in verschiedenen Maßeinheiten angegeben. Eine Million Tonnen entsprechen 2,38 Millionen Kubikmetern verflüssigten Erdgases.) Man vergleiche diese Zahlen mit Bidens Wortgeklingel. Gleichwohl sind die LNG-Exporte aus den USA in Richtung EU 2022 um 260 Prozent im Vergleich zum Vorjahr gestiegen. US-Unternehmen sind damit der mit weitem Abstand größte Nutznießer des entfallenen russischen Pipeline-Gases und verdienen an Brüssel wie auch Berlin ein Vermögen – dank der Sprengung von Nord Stream. Denn die Europäer bleiben auf lange Zeit gezwungen, das amerikanische Fracking-Gas zu Spotmarkt-Preisen einzukaufen, die mehrfach höher ausfallen als Langfrist-Vereinbarungen, abhängig von der Nachfrage. Im August 2022 haben US-Produzenten LNG an europäische Kunden 170 Prozent teurer verkauft als an amerikanische – vermutlich im Bewusstsein gemeinsamer Werte. Nicht gerechnet die Transportkosten.[33] Gleichzeitig haben sich die US-Erdölexporte in die EU zwischen Dezember 2021 und Dezember 2022 ebenfalls deutlich erhöht, um 52 Prozent.

Wer ernsthaft annimmt, die »strategische Energiepartnerschaft« mit den USA löse das Gasproblem Deutschlands oder Europas, dürfte eher früher als später vor lauter Werteorientierung im Graben landen. Grundsätzlich trifft eine hohe weltweite Gasnachfrage auf ein knappes globales Angebot. Umso mehr, als rund die Hälfte der global gehandelten Gasreserven an langfristige Verträge mit einer Laufzeit von meist nicht unter zehn Jahren gebunden sind. Das reduziert die kurzfristig zur Verfügung stehende Gasmenge an den Spotmärkten folglich um etwa 50 Prozent. Was wiederum in Zeiten hoher Nachfrage zu einer Explosion der Gaspreise führen kann, die im Sommer 2022 in Spitzen um bis zu 1000 Prozent gestiegen sind. Hinzu kommen die Kosten, um verflüssigtes Erdgas wieder in seine Ursprungsform zu wandeln und zu verteilen.

Als Russland seine Gaslieferungen an Deutschland im August 2022 weitgehend einstellte, waren die hiesigen Gasspeicher zu drei Vierteln gefüllt, überwiegend mit russischem Gas. Das noch fehlende Viertel musste auf den Weltmärkten zu entsprechend hohen Preisen eingekauft werden, die im politischen Berlin beinahe als Staatsgeheimnis gelten. Entsprechend wurden die Füllstände der Gasspeicher in den Medien siegesgewiss vermeldet wie einst die Quoten der Sollerfüllung in den Staatsbetrieben der DDR. Da der Winter 2022/23 vergleichsweise mild ausgefallen ist und die Gaspreise zwischenzeitlich deutlich gefallen waren, vermittelten Politiker und Meinungsmacher den Eindruck, die Kuh sei gewissermaßen vom Eis. Alles unter Kontrolle, Problem gelöst dank deutscher Tatkraft.

Ein folgenschwerer Irrtum. Denn die eigentliche Herausforderung steht Deutschland und der EU noch bevor: sobald es gilt, die leergelaufenen Gasspeicher erneut aufzufüllen, dann aber ohne russisches Gas. »Leergelaufen« ist dabei relativ: Die Gasfüllmenge sollte idealerweise nicht unter 60 Prozent fallen, andernfalls gefährdet ein zu geringer Druck in den Gasleitungen zumindest partiell die Versorgungssicherheit. Bei einem Füllstand von 50 Prozent wird es »systemkritisch«. Die Faustregel besagt, dass zehn Prozent für eine Woche Gasversorgung in Deutschland benötigt werden. Spätestens dann, wenn in China die Corona-Pandemie endet und die dortige Industrieproduktion wieder ihre volle Kapazität erreicht, wird die im Herbst und Winter 2022/23 stark zurückgegangene LNG-Nachfrage deutlich anziehen und einen entsprechenden Bieterwettbewerb zwischen der EU und Ostasien auslösen.

Staatsverschuldung ohne Ende

In welchen finanziellen Dimensionen das alles stattfindet, illustriert die Pleite des Gashandelskonzerns Uniper, der im Dezember 2022 von der Bundesregierung verstaatlicht wurde. Damit übernahm der Steuerzahler einen Großteil der Verluste in Höhe von 40 Milliarden Euro, die der Konzern allein in den ersten neun Monaten des Jahres eingefahren hatte. Das Geschäftsmodell von Uniper beruhte wesentlich darauf, Gas in Russland billig einzukaufen und es anschließend in Deutschland und auf den Weltmärkten teurer weiterzuverkaufen. Nachdem Moskau den Gashahn im August 2022 weitgehend zugedreht hatte, war damit endgültig Schluss. Uniper musste nunmehr Gas zu Spotmarkt-Preisen einkaufen und war gleichzeitig *too big to fail*: Das Unternehmen versorgt landesweit regionale deutsche Gasanbieter. Ohne dessen Rettung wären hierzulande buchstäblich die Lichter ausgegangen.

Rettung? Kurz vor der Verstaatlichung stellte der Bund Uniper 25 Milliarden Euro an Finanzhilfen zur Verfügung – weitere dürften folgen. Natürlich machen der zwischenzeitlich zurückgetretene Vorstand von Uniper, Politik und Medien Russland für die Misere verantwortlich. Sie übersehen dabei allerdings, dass allen voran Deutschland sämtliche Energielieferungen aus Russland so schnell wie möglich zu beenden suchte und das Land im Einklang mit der EU mit massiven Sanktionen überzog. Dass die Gegenseite früher oder später reagieren würde, lag auf der Hand. Es konnte niemanden überraschen, der strategisch denkt und nicht ideologisch.

Als aber Sahra Wagenknecht im September 2022 im Bundestag der Bundesregierung vorhielt, sie führe einen »beispiellosen Wirtschaftskrieg« gegen Russland mit allen daraus resultierenden Konsequenzen, erntete sie einen politisch-medialen Shitstorm sondergleichen. Sich in Zeiten des Krieges jenseits eines Hurra-Patriotismus zu verorten und damit Regierungslinien oder verinnerlichte

Glaubensgewissheiten infrage zu stellen – das grenzt offenbar an Defätismus. Verteidigt doch die Ukraine auch unsere Freiheit.

Dennoch kann man Wagenknecht schwerlich widersprechen, wenn sie in derselben Rede darauf verweist, dass die Sanktionen für Millionen Deutsche auf »einen sozialen Abstieg« hinausliefen. Die Gefahr sozialer Verwerfungen aufgrund der grassierenden Inflation und einer zu erwartenden Rezession, die sich beide maßgeblich den hohen Energiepreisen verdanken, haben auch Kanzler Olaf Scholz und mit ihm die Bundesregierung erkannt. Deswegen verteilen sie finanzielle Wohltaten nach dem Gießkannenprinzip, vom »Neun-Euro-Ticket« der Deutschen Bahn im Sommer 2022 bis hin zu Preisdeckeln für Strom und Gas, dem berühmten »Doppel-Wumms« des Kanzlers.

Die Abkehr von der preisgünstigen Energieversorgung aus Russland bedeutet für Deutschland nichts anderes als Staatsverschuldung ohne Ende. Was wiederum nichts am Grundproblem ändert: dem Mangel an bezahlbaren Energie-Alternativen, insbesondere für russisches Gas. Entsprechend ist diese indirekte Kreditaufnahme keine angebotsorientierte Investition in die Zukunft, sondern vielmehr Ausdruck eines Wohlstandsverlustes, der sich in den nächsten Jahren noch deutlich verstärken wird. Einschließlich innenpolitischer Verwerfungen nicht allein in Deutschland, von Gelbwesten-Protesten bis hin zu einem erstarkenden Rechtspopulismus.

Im August 2022 erklärte Sparkassen-Präsident Helmut Schleweis, dass bald 60 Prozent der deutschen Haushalte ihre gesamten monatlich verfügbaren Einkünfte für Lebenshaltungskosten aufwenden müssten – eine Einschätzung, die andere Bankenvertreter ausdrücklich teilen. Angesichts der abzusehenden wirtschaftlichen Härten und einer beunruhigenden Preisentwicklung fühlten sich insbesondere die Grünen berufen, der Bevölkerung Tipps zum Energiesparen zu geben. Robert Habeck etwa empfahl, kürzer zu duschen oder die Gardinen geschlossen zu halten – »das ärgert Putin«, so der Vizekanzler. Winfried Kretschmann, Grünen-Ministerpräsident von Baden-Württemberg, riet zum verstärkten Einsatz von Waschlappen bei der Körperpflege. Ein solches Belehrungs- oder Besserwisser-Syndrom, mal kumpelhaft, mal öko-calvinistisch, muss offenbar herhalten, um eine ernsthafte Auseinandersetzung mit der eigenen, ebenso unklugen wie selbstzerstörerischen Sanktionspolitik unbedingt zu vermeiden.

Jetzt schon zählt rund ein Drittel der Bevölkerung in Deutschland und der EU zum »Prekariat«. Der Begriff bezeichnet jene Teile der unteren Mittel- sowie Unterschichten, die meist befristet angestellt sind, Mindestlohn oder wenig darüber hinaus verdienen und über keine oder nur geringe finanzielle Reserven verfügen. Kein Wumms, auch kein drei- oder vierfacher, wird ausreichen, die unterprivilegierten Teile der Gesellschaft auf Dauer vor weiterer Verarmung zu bewahren. Im Zweifel sorgt die Inflation dafür, dass vielfach nur folgende Alternative bleibt: heizen oder essen. Oder auf der Straße landen. Eine neoliberal verortete Politik neigt höchst selten dazu, soziale Gerechtigkeit anzustreben. Der Markt wird es schon richten, und wo nicht, rettet der Staat. Erfahrungsgemäß jedoch Banken und Konzerne, weniger die eigenen Bürger. Auch »Sondervermögen« verlangen nach Kassensturz: Früher oder später dürften die diversen, zur Beruhigung der Wähler eingesetzten »Wummse« reduziert oder eingestellt werden. Den gesellschaftlichen Sprengsatz, der hier lauert, sollte niemand unterschätzen. Schlimmstenfalls greift hier das Brecht'sche Momentum: Der Schoß ist fruchtbar noch.

Wir haben versagt!

Seit 1963 bezieht Deutschland, Ost- wie West-, russisches Erdöl, seit 1972 russisches Gas. Die langfristigen Lieferverträge garantierten Deutschland jahrzehntelang konkurrenzlos billige Energie, die das hiesige Wirtschaftswunder beflügelte, ohne die (West-)

Deutschlands Aufstieg zur industriellen Großmacht und führenden Exportnation kaum gelungen wäre. Willy Brandt pflegte das Unbehagen Washingtons über diese Energiepartnerschaft mit dem Argument zu entkräften, Russland verdiene mit seinen Gasverkäufen an Deutschland jenes Geld, mit dem es anschließend amerikanischen Weizen kaufe. Tatsache ist, dass Moskau weder zu Zeiten der Sowjetunion noch danach, auch nicht in den Hochphasen des Kalten Krieges, die Energielieferungen nach Deutschland je politisiert, sprich: als Mittel der Erpressung eingesetzt hätte. Die einzige Ausnahme versteht sich als Reaktion auf die Sanktionsmaßnahmen der EU und Deutschlands im Zuge des Ukraine-Krieges.

Ist das nun eine Glanzleistung deutscher Diplomatie? Hätten, bei aller sachlich gebotenen Verurteilung des russischen Angriffs, Friedensverhandlungen und Dialogbereitschaft möglicherweise nicht doch mehr erreicht als Sanktionen, die Deutschland und der EU mindestens so sehr schaden wie Russland? Bewährt sich Staatskunst in der Konfrontation oder in der Deeskalation? Ganz zu schweigen von der sukzessiven Belieferung der Ukraine mit immer weitreichenderen Angriffswaffen, was wiederum die Gefahr eines auch atomar geführten Krieges zwischen Russland und der NATO erhöht?

Anstatt die Sinnfrage zu stellen und nach konstruktiven Wegen zur Beendigung des Krieges zu suchen, ergingen sich Politik und Medien in Phantomschmerzen, in Selbstgeißelung. Wie konnten wir uns nur dermaßen abhängig machen von russischer Energie! Wie konnten wir moralisch dermaßen versagen! Warum haben wir nicht längst mit Russland gebrochen! Wer so daherredet, vermag offenbar grundlegende Zusammenhänge nicht zu erkennen, ist möglicherweise allzu ergriffen vom eigenen »Gutmenschentum«.

Von jetzt auf gleich die Energiepartnerschaft mit Russland zu beenden, ohne Rücksicht auf Verluste, das ist und bleibt ein Jahrhundertfehler deutscher Politik. Der seinerseits den Weg ebnet in den eigenen, selbstverschuldeten wirtschaftlichen Niedergang.

Wer im Nachhinein die für die deutsche Seite über Jahrzehnte hinweg mehr als profitable Energiepartnerschaft mit Moskau glaubt, geißeln zu müssen, sollte gleichzeitig den bisher erlebten deutschen Wohlstand anprangern. Das eine bedingt das andere. Im Übrigen sei empfohlen, sich frei von Emphase einmal mehr mit den Spielregeln einer kapitalistischen Wirtschaftsordnung zu befassen. Deren maßgebliche lautet, dass die optimale Wertschöpfung immer dann gegeben ist, wenn ein möglichst geringer Kapitaleinsatz einen möglichst hohen Gewinn erzielt. Wem das missfällt, der sollte Ross und Reiter nennen, anstatt moralisierend Nebelkerzen zu werfen.

Zur Sicherung der deutschen Energieversorgung haben sowohl die Regierungen Schröder (SPD) wie auch Merkel (CDU) verstärkt auf russisches Gas, langfristige Lieferverträge mit Moskau und die Verbesserung der Infrastruktur durch den Bau von Nord Stream 1 (seit 2011 in Betrieb) und Nord Stream 2 (fertiggestellt 2021) gesetzt. In den 2000er Jahren hielt man nicht allein in Berlin, sondern auch in Brüssel russisches Gas und Öl für eine verlässliche und günstige Alternative gegenüber den höheren Preisforderungen nah- und mittelöstlicher Energielieferanten und suchte beide Seiten im Einkauf gegeneinander »auszuspielen«.

Nach dem 2011 angekündigten Atomausstieg setzte Deutschland verstärkt auf russisches Gas als »Brückentechnologie« für den Übergang zur vielbeschworenen »Nachhaltigkeit« grüner Energieträger. Zum wachsenden Unwillen Washingtons, das mit Hilfe der übermächtigen transatlantischen Netzwerke in Deutschland, deren Sichtweisen Politik und Medien dominieren, jahrelang massiven Druck insbesondere auf die Regierung Merkel ausübte. Mit dem Ziel, Nord Stream 2 aus geopolitischen Gründen aufzugeben, verstärkt nach der Krim-Annexion 2014.

»Damals verständigten sich Berlin und Moskau darauf, ihre Gasgeschäfte und Infrastrukturen als rein kommerzielles Projekt zu definieren, um es so weit wie möglich vor den Unwägbarkeiten der Weltkonjunktur und der russlandfeindlichen Politik Washingtons zu schützen. Die harsche Kritik aus den USA, die Beteiligung der Grünen an der neuen Regierungskoalition in Berlin und schließlich der russische Einmarsch in die Ukraine haben diesen Status quo zerschmettert«, so *Le Monde Diplomatique*.[34]

Wer im Verhältnis zwischen den USA und Deutschland das Sagen hat und künftig die deutsche Energiepolitik bestimmen wird, stellte US-Präsident Joe Biden im Beisein von Kanzler Olaf Scholz am 7. Februar 2022 im Weißen Haus unmissverständlich klar. Wenn Russland in die Ukraine einmarschiere, so der amerikanische Wertepartner, »dann wird es kein Nord Stream 2 mehr geben. Wir werden das beenden.« Prophetische Worte. Der Bundeskanzler ließ sich ungerührt schurigeln und reagierte mit keiner Silbe auf diese Anmaßung. Es fällt schwer zu glauben, dass ein Helmut Schmidt hier nicht das Wort ergriffen hätte.

»Von mir aus laden wir nochmal nach«

Der große Nutznießer von Bidens Klarstellung ist allen voran die Fracking-Industrie der USA. Für die Europäer dagegen wird es, wie dargelegt, richtig teuer. Bloomberg beziffert die von der EU getragenen Mehrkosten der Energieversorgung allein bis Jahresende 2022 auf eine Billion US-Dollar. Auf 1000 Milliarden, mit anderen Worten: »Und diese größte Krise seit Jahrzehnten hat gerade erst angefangen.« Die europäischen Gasspeicher ohne russisches Gas erneut zu füllen stelle eine große Herausforderung dar. Insbesondere der Wettbewerb um die Lieferkapazitäten der bei weitem nicht ausreichend vorhandenen Flüssiggastanker werde »heftig« ausfallen. Mindestens bis 2026, wenn insbesondere Katar seine LNG-Exporte nach Europa aufnehme, werde der Gasmarkt angespannt und vor allem sehr hochpreisig bleiben. Die mehr als 700 Milliarden US-Dollar an Hilfsgeldern für Wirtschaft und Haushalte innerhalb der EU änderten nichts daran, »dass die Notlage jahrelang andauern könnte. Angesichts steigender Zinsen und von Volkswirtschaften im Rezessions-Modus werden die Subventionen für Millionen Haushalte und Unternehmen auf Dauer nicht zu finanzieren sein.« Die Regierungen würden bereits 2023 in große Schwierigkeiten geraten, die Krise zu bewältigen.[35]

Im März 2023 ging der Bundesrechnungshof in einer Stellungnahme zur Aufstellung des Bundeshaushalts 2024 mit dem Finanzgebaren der Ampel-Koalition scharf ins Gericht und forderte sie auf, den ungebremsten Anstieg der Staatsverschuldung endlich zu beenden. Der Bund habe »in kürzester Zeit« fast 850 Milliarden Euro an neuen Krediten verplant – dagegen muten die rund 1,3 Billionen in den Jahrzehnten zuvor, seit Gründung der Bundesrepublik 1949, fast bescheiden an. »Diese Dynamik und ihre Folgen drohen die Tragfähigkeit der Bundesfinanzen und damit auch die staatliche Handlungsfähigkeit ernsthaft zu gefährden«, so der Bundesrechnungshof.

In Berlin ist man sich dieser Gefahren durchaus bewusst. Wirtschaftsminister Habeck hielt bereits im Juli 2022 eine Rezession infolge der Energieknappheit für möglich. Ein Abrutschen der deutschen Wirtschaft sei zu befürchten: »Der soziale Frieden in Deutschland wird arg herausgefordert und strapaziert.« Zunächst drohe ein Kaufkraftverlust, am Ende könne aber auch eine Kreditklemme die Wirtschaftskraft des Landes bedrohen, erklärte er. Was folgt daraus? Ein Innehalten? Eine Umkehr? Im Gegenteil. »Ich will keinen Hehl daraus machen, dass in meinem Ministerium noch Gedanken sind für weitere Sanktionen … Wir sind noch lange nicht am Ende«, so Habeck. »Von mir aus laden wir nochmal nach.«

Bereits zwei Monate zuvor, im Mai 2022 hatte der Minister mit Blick auf das Ölembargo erklärt: »Natürlich schaden wir uns damit selbst. Das ist ja völlig klar. Der Sinn von Sanktionen ist, dass eine Gesellschaft, in diesem Fall die europäische Gesellschaft, Lasten trägt. Die Wirtschaft, die Verbraucher, die Konsumenten. Alle werden einen Beitrag leisten müssen. Es ist undenkbar, dass Sanktionen ohne Folgen für die eigene Volkswirtschaft beziehungsweise die eigenen Preise sind. Wir werden höhere Inflation, höhere Energiepreise und eine Belastung der Wirtschaft haben, und wir sind als Europäerinnen und Europäer bereit, die zu tragen, um der Ukraine zu helfen. Aber kostenlos ist es nicht möglich, das hinzubekommen. Es wird Härten geben, und die Härten werden getragen werden müssen.«

Normalerweise sollen Sanktionen den Gegner treffen, nicht die eigene Bevölkerung. Diese ideologisierte »Schubumkehr«, die wie ein Hohelied der Selbstkasteiung daherkommt, ist ein politisches Novum. Ob die Deutschen das von Habeck ausgerufene »wir« teilen und die enormen Kosten und Folgen der Sanktionen klaglos mittragen, darf bezweifelt werden. Auch regressive Durchhalteparolen wie das Kanzler-Versprechen *You'll never walk alone* ändern nichts an den Gesetzen der Ökonomie, die schwerer wiegen als jedes Zitat aus einer Fußball-Hymne.

Die steigenden Energiekosten sind der hauptsächliche Grund für die hohe Inflation, und das nicht allein in Deutschland. Man stelle sich das analog zu einer ineinander verzahnten Wertschöpfungskette vor, wie das Beispiel der chemischen Industrie zeigt. Sie ist die wichtigste Grundstoffindustrie, gleichzeitig der drittgrößte Industriezweig hierzulande, und stellt Basischemikalien her, ohne die kaum ein Wirtschaftszweig auskommt. Das Spektrum umfasst Lebensmittel ebenso wie Dünger und Kunststoffe, Autos, Maschinen, Glas, Baustoffe, Medikamente, Keramik etc. Wie gewaltig der Energie- und insbesondere der Gasbedarf der Branche ist, lässt sich am Stammsitz der BASF in Ludwigshafen ablesen, des weltweit größten Chemiekonzerns. Dessen Vorstandsvorsitzender, Martin Brudermüller, hatte im März 2022 angekündigt, dass für den Fall eines vollständigen russischen Energieembargos die Zentrale mit ihren rund 40 000 Mitarbeitern stillgelegt werden müsse. Die BASF verfügt über eine eigene Gaszuleitung, einen

Abzweig der Jamal-Pipeline aus Russland, und hat 2021 mehr Gas verbraucht als die gesamte Schweiz. Zur Kernschmelze ist es in Ludwigshafen bislang nicht gekommen, doch wurde die dortige Produktion gedrosselt. Man wusste die gestiegenen Kosten größtenteils umzulegen – auf Kosten der nachfolgenden Glieder der Wertschöpfungskette und schließlich der Verbraucher. Mit entsprechenden Effekten für die Preise und die Inflation. Bei der Gasversorgung mit LNG hofft man bei der BASF auf das Beste.

Auf dem Weg in die Deindustrialisierung

Gleichzeitig spiegelt sich bei der BASF, was bei vielen in- und ausländischen Unternehmen in Deutschland zu beobachten ist: die zunehmende Verlagerung der Produktion ins Ausland, vorzugsweise in die USA oder nach China, wo die Energiekosten lediglich ein Fünftel bis ein Drittel der deutschen ausmachen. Brudermüller investiert Milliarden in China und streicht den Standort Deutschland rigoros zusammen. Sehr zum Missfallen der Bundesregierung, aber auch von Teilen der BASF-Führungsriege. »Inzwischen spaltet die Chinapolitik des BASF-Chefs auch den üblicherweise mit einer Stimme sprechenden Giganten. Es geht um alles: um die Moral, ums Geschäft, um Energiekosten, um Arbeitsplätze und natürlich, wie immer, auch um die Macht. So kann man das Geschehen bei dem Ludwigshafener Chemiekonzern durchaus als Parabel lesen auf die Verzweiflung der deutschen Industrie, die eine scharfe Abrisskante fürchtet und sich in Teilen aus der Heimat verabschiedet … Wer mit Brudermüller über den Standort Deutschland spricht, bekommt eine Arie des Abgesangs zu hören«, schreibt das *Manager Magazin*.[36]

Im Februar 2023 gab BASF bekannt, dass 2600 Arbeitsplätze gestrichen würden, zwei Drittel davon in Deutschland. Eine der beiden Ammoniakanlagen in Ludwigshafen werde stillgelegt.

(Ammoniak wird vor allem für die Herstellung von Düngemitteln benötigt.) Darüber hinaus sollen ab 2024 Einsparungen von jährlich 500 Millionen Euro erzielt werden, die Hälfte davon im Stammwerk. Das ist eine Größenordnung, die de facto auf eine Betriebsschließung auf Raten hinausläuft. Anders gesagt: Die Deindustrialisierung Deutschlands ist bereits im Gang, als Folge der Russlandpolitik. Aus Kostengründen ist etwa die Stahl-, die Zement- oder die Düngemittelproduktion hierzulande massiv eingebrochen. Mit der Folge, dass die entsprechenden Güter importiert werden müssen oder teilweise nicht mehr zur Verfügung stehen. Auch deswegen, weil etwa Basisprodukte und Rohstoffe aus Russland oder Belarus entfallen.

Auf der Jahrespressekonferenz des Verbandes der Chemischen Industrie (VCI) im Dezember 2022 bezeichnete dessen Präsident Markus Steilemann die Lage der chemischen Industrie als »dramatisch«. In vielen Fällen stocke bereits die Produktion, würden nachfolgende Wertschöpfungsketten lahmgelegt. Die Bundesregierung habe zwar finanzielle Hilfen in Aussicht gestellt, doch scheitere deren Inanspruchnahme an einer überbordenden Bürokratie. Vor allem Mittelständler kämpften um ihr Überleben, und die Politik schaue dabei zu: »*We walk alone* – und wir empfinden das als unterlassene Hilfeleistung«, so Steilemann. Rund 40 Prozent der Mitgliedsunternehmen hätten bereits die Produktion gedrosselt oder stünden kurz davor. Fast jedes vierte Unternehmen plane die Produktionsverlagerung ins Ausland. Und jedes fünfte musste aufgrund der Energiekrise schon Aufträge ablehnen. »Vor diesem Hintergrund ist die Sorge vor einer Deindustrialisierung keineswegs unbegründet. Die Produktion sinkt rapide«, warnte der VCI-Chef.[37]

Es passt ins Bild, dass sich der Industriegaskonzern Linde, der wertvollste und älteste Dax-Konzern, im Januar 2023 von der Frankfurter Börse in Richtung Wall Street verabschiedet und damit seinen Hauptsitz endgültig in die USA verlegt hat. Das sollte und müsste für den Wirtschafts- wie auch den Finanzminister ein Alarmsignal sein – ist es aber erkennbar nicht.

Der Weggang Lindes ist das bis dato sichtbarste Zeichen der zügig an Fahrt aufnehmenden Deindustrialisierung Deutschlands. Ungeachtet einer beschönigenden Darstellung von Politik und Medien zu Jahresbeginn, der zufolge sich die hiesige Wirtschaft auf Erholungskurs befinde und größere Einbrüche, gar eine Rezession, nicht zu erwarten seien. So jedenfalls lautet die Konjunkturprognose der Bundesregierung vom Januar 2023. Im Duktus des für hiesige Medien mittlerweile charakteristischen Beifalls für Entscheidungen oder Verlautbarungen der jeweils Regierenden titelte dazu *Focus Online*: »Bei der Konjunktur kommt das Sommermärchen.« Und: »… große Rezession fällt aus, Panik ist vorbei«.[38]

Von wegen. Ein Geheimpapier der EU-Kommission, im März 2023 durchgestochen an die Medien, stellt klar: Um die Wettbewerbsfähigkeit Europas ist es schlecht bestellt, die Zukunft des deutschen Mittelstandes gilt als düster. Die Folgen der Energiekrise treffen die europäische und insbesondere die deutsche Industrie sehr viel härter als ihre Konkurrenten in den USA oder China. Vor allem die energieintensiven Branchen seien stark betroffen. »Die Preisentwicklung zwingt rund 40 Prozent der Unternehmen dazu, Investitionen in die grüne und digitale Transformation zurückzustellen«, heißt es in dem Papier. Fast jedes vierte EU-Unternehmen erwäge oder betreibe bereits die Produktionsverlagerung ins Ausland, rund die Hälfte plane, mit vorgesehenen Investitionen zu pausieren oder ganz darauf zu verzichten. Energieintensive Branchen kämpften um ihr Überleben, darunter Chemie, Stahl, Elektronik, Metall sowie das Baugewerbe. Zahlreiche deutsche Topunternehmen, nicht allein BASF, auch Volkswagen oder BMW, wollten ihre Standorte verlagern und verstärkt in ihre Niederlassungen in den USA oder China investieren. Aufgrund der exorbitant hohen Energiekosten in Deutschland seien Hunderttausende Jobs in Gefahr. Voraussetzung für eine Erholung der deutschen Wirtschaft wären sinkende Energiepreise, die aber nicht zu erwarten sind.[39]

Laut Energiewende-Index des Beratungsunternehmens McKinsey gerät die »historisch stabile Stromversorgung in Deutschland« zunehmend unter Druck. Bis 2030 drohe eine Stromversorgungslücke von bis zu 30 Gigawatt, was etwa fünf Prozent der erforderlichen Gesamtleistung entspräche. Hauptgrund ist der ungebremste Anstieg der Energiepreise.[40]

Wie ernst die Lage in Deutschland mittlerweile ist, unterstreichen auch die alarmierenden Zahlen, die das Institut der Deutschen Wirtschaft (IW) in Köln im Juni 2023 vorlegte. Demnach haben ausländische Investoren noch nie so viel Geld aus Deutschland abgezogen wie 2022: Schier unglaubliche 135,5 Milliarden Euro. Nur noch 10,5 Milliarden Euro mochten sie im selben Zeitraum in Deutschland investieren – und das schließt Investoren aus der EU und der Schweiz ausdrücklich mit ein. Zum Vergleich: Polen, wirtschaftlich eher Mittelmaß, erhielt 2022 ausländische Direktinvestitionen in Höhe von 42 Milliarden Euro.

Mit anderen Worten: Die hiesige Deindustrialisierung ist bereits in vollem Gang. Ausländische Geldanleger halten Deutschland wirtschaftlich offenbar für ein sinkendes Schiff. In der Tat ist das hiesige Erfolgsmodell, das auf billiger Energie und Exportstärke beruhte, Vergangenheit. Hohe Energiepreise, aber auch Fachkräftemangel, fehlende Innovationen und eine überbordende Bürokratie haben Deutschland in eine Sackgasse geführt, die maßgeblich auf unkluge politische Weichenstellungen zurückzuführen ist. In Kombination mit einer milliardenschweren Daueralimentierung der Ukraine und den für die Kommunen kaum noch zu tragenden Kosten für Migranten und Flüchtlinge ist es wohl nur noch eine Frage der Zeit, bis vor allem industrielle Arbeitsplätze im großen Umfang verlorengehen und in den Kommunen der finanzielle Notstand ausgerufen wird.

»One Love«:

Willkommen in Katar

Der weltweit größte Produzent von LNG noch vor den USA ist das Golfemirat Katar, gerade einmal so groß wie Hessen. Im März 2022 reiste Wirtschaftsminister Habeck in die dortige Hauptstadt Doha, um LNG einzukaufen. In Erinnerung geblieben ist vor allem sein Bückling beim Emir. Unmittelbar nach Beendigung des Kurzbesuches ließ sein Ministerium verlauten, Habeck habe eine langfristige Energiepartnerschaft mit Katar vereinbart. Die Botschaft sollte wohl lauten: Alles unter Kontrolle, das russische Gas ist schon so gut wie Geschichte.

Anschließend reiste er weiter nach Abu Dhabi, in die Hauptstadt der Vereinigten Arabischen Emirate (VAE), um auch dort seine Visitenkarte zu hinterlassen. Auf dem erwähnten Doha-Forum, das kurz nach Habecks Besuch stattfand, erklärte Energieminister Al-Kaabi, er wisse nichts von einer Energiepartnerschaft mit Berlin. Da sein Land langfristige Lieferverträge insbesondere mit Ostasien geschlossen habe und erst neue Gasfelder erschlossen werden müssten, könnten Europa und Deutschland frühestens 2026 mit Gaslieferungen rechnen. Perspektivisch könne Deutschland zwei bis fünf Prozent seines Gasbedarfs aus Katar beziehen, je nachdem, wie viele andere europäische Staaten Verträge mit Katar abschlössen.

Tatsächlich vereinbarten Berlin und Doha erst im November 2022 einen auf fünfzehn Jahre angelegten Vertrag über Gaslieferungen, beginnend 2026. Weitere Verträge, wenngleich mit deutlich geringerem Volumen, unterzeichnete Deutschland mit den VAE und mit Saudi-Arabien, im Anschluss an einen Besuch des Kanzlers in allen drei Golfstaaten im September 2022.

Noch einmal zur Verdeutlichung: Deutschland bezieht ab 2026 maximal fünf Prozent seines Gasbedarfs aus Katar – immer unter der Voraussetzung, dass die Tankerfrage irgendwie gelöst wird. Im Zweifel wohl mit sehr viel Geld auf Kosten Dritter. Rechnet man die LNG-Importe aus den USA und anderen pro-westlichen Staaten, insbesondere Australien hinzu, kommt man auf einen prozentualen deutschen LNG-Anteil irgendwo im höheren zweistelligen Bereich, der aber noch immer deutlich unter dem benötigten Eigenbedarf liegen dürfte. Zu den größten LNG-Produzenten zählen übrigens auch die üblichen Verdächtigen, nämlich Russland und der Iran.

Preisfrage an deutsche Entscheider: Wo kommt der Rest der Energieversorgung her? Die politisch korrekte Antwort lautet wohl: »aus erneuerbaren Energien«, was aber, bislang jedenfalls, eher Schein als Sein ist, vergleichbar ähnlich gelagerten *Catchwords* und Modebegriffen wie etwa »Nachhaltigkeit« oder »Zivilgesellschaft«. Gewiss, der Anteil des aus erneuerbaren Energien erzeugten Stroms am Verbrauch lag 2022 bei 48,3 Prozent und damit so hoch wie nie. Glück gehabt, möchte man sagen, denn Wind und Sonne sind unsichere Kantonisten und reichen auf absehbare Zeit nicht aus, um Deutschland mit Energie zu versorgen. Vor allem diese Energieträger zu speichern ist bislang noch ein technisches Problem. Das mag erklären, warum 2022 zugleich der Steinkohle-Verbrauch zur Stromerzeugung um 21,4 Prozent gestiegen ist (Braunkohle: 5,4 Prozent). Unterm Strich regelt sich auch in der Energieversorgung alles über den Preis, im Zweifel über eine auch weiterhin galoppierende Staatsverschuldung. Hauptsache alle Brücken zu den Bösen dieser Welt bleiben gesperrt, am besten dauerhaft. Wir sind ja die Guten.

Sind wir das? Saudi-Arabien und die VAE führen seit 2015 einen brutalen Krieg im Jemen. Kriegsziel ist vor allem, den Einfluss Irans auf die größte aufständische Gruppe dort zurückzudrängen, die mit Teheran liiert ist. Mehr als 370 000 Menschen sind in dem Konflikt bereits gestorben, Millionen auf der Flucht und vom Hungertod bedroht. Die Vereinten Nationen stufen den Jemen-Krieg und seine Folgen als die größte humanitäre Krise weltweit ein.

Warum treibt der Jemen-Krieg, anders als der in der Ukraine, weder die hiesige Politik noch die Öffentlichkeit um? Eine vordergründige Erwiderung könnte lauten: weil uns die Ukraine näher ist, geografisch wie auch emotional. So werden in der Tat viele Deutsche denken und empfinden, doch greift die Antwort zu kurz. Vor allem Saudi-Arabien ist auf die logistische wie militärische Unterstützung der USA und Großbritanniens in diesem Krieg angewiesen – bliebe sie aus, hätten die Saudis kaum eine andere Wahl als Friedensverhandlungen anzustreben. Daran aber sind Washington und London nicht interessiert, weil dies ihrer Auffassung nach den Iran stärken würde. Also sterben auch weiterhin Jemeniten in großer Zahl, darunter Zehntausende Kinder. Wären die Russen für deren Tod verantwortlich, liefe die mediale Empörungsmaschinerie längst auf Hochtouren. Sie greift aber nicht bei unseren Wertepartnern, bei Amerikanern und Briten. Das ist der Unterschied.

Unmittelbar nach der Kanzlerreise in die Golfregion im September 2022 genehmigte die Bundesregierung umfangreiche Waffenlieferungen nach Saudi-Arabien wie auch in die VAE. Darunter Ausrüstung und Munition für saudische Kampfflugzeuge. Diese erste »Ausnahmeregelung« für Waffenlieferungen in Krisengebiete seit Amtsantritt der Ampel-Koalition (abgesehen natürlich von der Ukraine) trägt die Unterschrift von Wirtschaftsminister Robert Habeck. Aus optischen Gründen handelt es sich dabei um ein »Gemeinschaftsprogramm« mit Italien, Spanien und Großbritannien. Deutschland aber ist der Hauptlieferant. Wo diese Waffen eingesetzt werden, liegt auf der Hand.

Gute und schlechte Kriege

Warum wiegt der Tod von Jemeniten weniger schwer als der von Ukrainern? Wieso wird der Iran gegeißelt und mit zusätzlichen Sanktionen belegt, als Antwort auf seine Drohnenlieferungen an Russland? Weil das die Bösen sind? Liefern wir, die Guten, keine Waffen an die Bösen? Oder rechnet der saudische Kronprinz und De-facto-Staatschef Mohammed Bin Salman, der nach Auffassung nicht nur von US-Geheimdiensten 2018 die Ermordung des Regimekritikers Jamal Khashoggi im saudischen Generalkonsulat in Istanbul angeordnet hat, zu den Guten? Steht die hiesige Moralisierung des eigenen Handelns auf einem soliden ethischen Fundament, oder ist sie lediglich vorgeschoben, um ganz andere Anliegen und Interessen zu kaschieren?

Doch nicht etwa die fragwürdigen Waffendeals der Bundesregierung stehen im Fokus rechtschaffener Empörung, auch nicht Saudi-Arabien oder die VAE – dieses Privileg bleibt in deutschen Leitmedien Katar vorbehalten, wie im Vorfeld und während der Fußball-WM überdeutlich zu sehen war. Dazu gibt es eine Vorgeschichte, die in die Amtszeit von US-Präsident Donald Trump zurückreicht und sich maßgeblich saudischer, emiratischer und israelischer Lobbyarbeit in Washington verdankt.[41] Damals unter anderem mit dem Ziel, Katar die Fußball-WM 2022 wieder zu entziehen. Warum?

Zum einen unterhält Katar gute Beziehungen zum ungeliebten Iran, mit dem es sich das weltgrößte Gasfeld im Persischen Golf teilt. Auch deswegen beteiligt sich Doha seit 2017 nicht mehr am saudisch geführten Krieg im Jemen. Am »saudisch geführten Angriffskrieg im Jemen«, wie es analog zum »russisch geführten Angriffskrieg in der Ukraine« eigentlich heißen müsste.

Zum anderen unterstützt Katar die Muslimbrüder, Todfeinde der Regierungen in Riad und Kairo, und die aus ihren Reihen entstandene palästinensische Organisation Hamas, die den Gazastreifen kontrolliert. Da die »Bewegung des islamischen Widerstands«, arabisch abgekürzt Hamas, in Israel und dem Westen als Terrorbewegung gilt, mutierte die katarische Führung entsprechend zu »Terror-Scheichs«. Dabei spielt es keine Rolle, dass Katar den von Israel hermetisch abgeriegelten Gazastreifen finanziell maßgeblich unterstützt – in Absprache mit der israelischen Regierung, die nach internationalem Recht für dessen Versorgung zuständig wäre und auf diese Weise die entsprechenden Kosten einspart.

Das kleine Katar mit gerade einmal 300 000 Einheimischen, zehn Prozent der Gesamtbevölkerung, die ansonsten aus »Expats« und Gastarbeitern besteht, ist aufgrund seiner schier unerschöpflichen zunächst Öl-, dann Gasvorkommen das reichste Land der Welt. Das weckt Begehrlichkeiten, allen voran im benachbarten Saudi-Arabien, Katars gefährlichstem Gegenspieler. Riad orchestrierte von 2017 bis 2021 einen Boykott Katars seitens der Golfstaaten und Ägyptens, der schließlich wieder beendet werden musste, ohne das Ziel erreicht zu haben: Katar den eigenen, vornehmlich saudischen Willen aufzuzwingen. Immerhin haben die Saudis ihren Fehler erkannt und korrigiert – im Gegensatz zu hiesigen Fans von Boykottmaßnahmen wider die Schurken dieser Welt.

Um sich auf der Weltkarte zu verorten und das Schicksal Kuwaits zu vermeiden, das 1990 vom Irak überfallen wurde, setzt die Herrscherdynastie der Al-Thani in Doha auf Soft Power, darunter sportliche Großveranstaltungen wie etwa die Fußball-WM. Deswegen auch investiert die katarische Regierung in den Nachrichtensender Al Jazeera, der 1996 seinen Sendebetrieb aufnahm und heute der größte und wichtigste in der arabischen Welt ist. Dessen englisches Programm muss den Vergleich mit BBC oder CNN nicht scheuen. Das arabische wendet sich gleichermaßen an liberale und konservative Zuschauer – äußerlich bereits daran zu erkennen, ob die Moderatorinnen Kopftuch tragen oder nicht.

Gleichzeitig betreiben die USA gemeinsam mit Großbritannien und Australien die Al-Udaid Air Base westlich von Doha. Von diesem hermetisch abgeriegelten Luftwaffenstützpunkt aus, der immerhin rund ein Fünftel des Staatsgebietes umfasst, haben die Amerikaner maßgeblich ihre Kriege im Irak und in Afghanistan koordiniert. Von hier aus flogen sie zahlreiche ihrer für Zivilisten tödlichen Angriffe in beiden Ländern. Dessen ungeachtet unterhält Katar gute Beziehungen zu den afghanischen Taliban, die 2013 ein Verbindungsbüro in Doha eröffneten. Dort haben die USA ihren Abzug aus Afghanistan mit den »Religionsstudenten« (deutsch für Taliban) maßgeblich koordiniert, bevor sie von ihnen im August 2021 in Kabul überrannt wurden. Bis auf Weiteres haben die meisten Botschaften westlicher Staaten in Afghanistan, auch die deutsche, ihren Dienstsitz in Doha.

Man vergleiche diesen bemerkenswerten Pragmatismus der katarischen Führung mit der deutschen Haltung gegenüber Russland, die nur Schwarz oder Weiß kennt, Grautöne dagegen, etwa Verhandlungslösungen oder wirtschaftliches Augenmaß, rigoros ablehnt. Mit dem Resultat, dass Katar zu den großen Gewinnern der neuen, im Entstehen begriffenen Weltordnung gehört, mit ausgezeichneten Kontakten in Richtung USA und Europa, aber auch in Richtung China, Russland und des Iran, allgemein des Globalen Südens. Deutschland dagegen läuft Gefahr, zum größten Verlierer dieser Entwicklung zu werden – aus Hybris und dem Unvermögen, die eigenen moralischen Maßstäbe an der Realität zu messen und mit Nachdruck eigene Interessen zu vertreten. Vor allem die zutiefst verinnerlichte Rolle eines dankbaren Juniorpartners Washingtons drängt Deutschland zunehmend in die Defensive, politisch und wirtschaftlich.

Vielleicht um von solchen Überlegungen abzulenken, ergingen sich die deutsche Politik, insbesondere aber hiesige Medien in einer wahren Orgie des Katar-Bashing während der Fußball-WM im November und Dezember 2022. Angefangen mit dem

Vorwurf, dass Katar sie gekauft habe. Was sicher nicht falsch ist – aber gilt das nicht ebenso für die WM 2006 in Deutschland? Anschließend standen die tatsächlich oder vermeintlich schlechten Arbeitsbedingungen beim Bau der Fußballstadien im Fokus. Ein Bericht in der britischen Zeitung *The Guardian* vom Februar 2021 setzte dabei zunächst den Rahmen und wurde von zahlreichen Leitmedien weltweit aufgegriffen: 6500 Arbeiter seien seit Vergabe der Fußball-WM an Katar zehn Jahre zuvor gestorben. Der Artikel erweckte den Eindruck, sie seien sämtlich auf den Baustellen zu Tode gekommen. Als sich dann herausstellte, dass sich diese Zahl auf sämtliche Todesfälle innerhalb der vorangegangenen zehn Jahre bezog, ob nun infolge von Krankheit, Alter oder eines Arbeitsunfalls, hatten sich die Vorwürfe relativiert, ohne jedoch zu verstummen.

Wie viele Bauarbeiter aus den Armutsländern Asiens tatsächlich, etwa aufgrund fehlender Sicherheitsmaßnahmen, starben, ist ungeklärt. Möglicherweise waren es Hunderte. Jeder Tote ist einer zu viel, keine Frage. Dennoch gilt es zwischen berechtigter Kritik und einer Agenda-Berichterstattung zu unterscheiden, die in erster Linie der eigenen moralischen Selbsterhöhung dient. Zum Vergleich: In Deutschland sterben jährlich etwa 80 Bauarbeiter durch Arbeitsunfälle, was auf zehn Jahre hochgerechnet eine Quote ergibt, die jener in Katar keinesfalls nachsteht.

Gleichwohl sortierte sich die Katar-Kritik neu: Die Arbeitsbedingungen gerieten in den Hintergrund. Stattdessen richtete sich der Fokus auf den Themenbereich LGBTQ und Homosexualität in Katar, der auf einmal alles andere überschattete. Gebündelt in dem etwas schlichtem, vor allem von deutscher Seite propagierten Fußball- und Polit-Logo: »One Love«.

Der Scheich liebt es weich

Entlang bewährter Forderungen nach Menschen- und Minderheitenrechten war zweierlei herauszuhören: Eurozentrismus ebenso wie unverblümt zur Schau gestellte westliche Überlegenheitsgefühle. Allein den Umstand, dass eine Fußball-WM bei »Wüstenscheichs« mit ihren »Bademänteln« stattfinden konnte, als welche ein hiesiger Sportkommentator die weißen Ganzkörpergewänder golfarabischer Männer bezeichnete, empfanden er und seinesgleichen offenbar als anstößig, provokant und schlichtweg ungehörig. In den Stadien gebe es ja nicht mal Bier zu kaufen, offenbar die Voraussetzung für gelungene Fankultur.

Während deutsche Berichterstatter, und nicht nur sie, täglich neue Schattenseiten und Mängel in Katar entdeckten, war die Stimmung in der arabisch-islamischen Welt, aber auch in Lateinamerika, eine ganz andere. Der Erfolg »heimischer« Mannschaften, allen voran jener Marokkos, sorgte für Hochstimmung. Für Freude sorgte gleichermaßen, dass diese WM erstmals im eigenen Kulturkreis stattfand. Was in Deutschland und anderen Zentren westlicher Zivilisation vielfach als Zumutung empfunden wurde, erfüllte die Menschen zwischen Marokko und Indonesien, und nicht allein die Fußballfans, größtenteils mit Stolz. Die Stimmung in Katar selbst glich wochenlang einem Volksfest.

Letztendlich spiegelte die Fußball-WM die sich abzeichnende Zweiteilung der Welt, wie wir schon im Kontext der Russland-Sanktionen gesehen haben. Die westliche Seite glaubte einmal mehr, ihre Maßstäbe dem Rest der Welt verpflichtend auferlegen zu können, was ihr jedoch nicht gelungen ist. Die große Mehrheit steht lieber an der Außenlinie und ergreift keineswegs Partei zugunsten des Westens. Dessen stetes und ständiges Moralisieren stößt im Globalen Süden zunehmend auf taube Ohren. Auch wegen des Verdachts, dass damit lediglich eine ungerechte Machtverteilung in Politik und Wirtschaft festgeschrieben werden soll, nicht zuletzt mit Blick auf die Folgen des Klimawandels.

Was natürlich nicht bedeutet, dass es in Katar nichts zu kritisieren gäbe. Allen voran den Status der Gastarbeiter. Der sich allerdings dort deutlich besser darstellt als in den übrigen Golfstaaten. Auch als Ergebnis jahrelang erhobener Forderungen im Vorfeld der WM, nicht zuletzt von Menschenrechtsorganisationen. So wurde in Katar als bislang einzigem Golfstaat das sogenannte »Kafala«-System abgeschafft, das die Aufenthaltsgenehmigung an jenen Arbeitgeber bindet, der den Gastarbeiter ins Land geholt hat. Dennoch verdienen ungelernte Arbeitsmigranten aus den Armutsländern dieser Welt, ob der Bauarbeiter aus Afghanistan, der Taxifahrer aus Sierra Leone oder die Nanny aus den Philippinen, erbärmlich wenig. Andererseits, auch das gehört zur Wahrheit, ist ein Verdienst von 150 bis 250 US-Dollar im Monat bei freier Kost und Logis, oft in einer Massenunterkunft, für viel zu viele Menschen immer noch die bessere Wahl, als noch weniger oder gar nichts in der Heimat zu verdienen. Die gegebenen Strukturen der Ausbeutung sind weniger einer Sklavenhalter-Mentalität der Golfaraber geschuldet, obwohl es auch daran nicht mangelt, als vielmehr Ausdruck einer Weltwirtschaftsordnung, in der eine kleine Minderheit auf Kosten ganzer Völker lebt. Wer diese Strukturen zu verändern sucht, tut gut daran, das ganze Bild zu erkennen.

Die in Deutschland vorgetragene Kritik an Katar ging jedoch überwiegend in eine andere, kulturalistische Richtung. Wie kann in einem solchen Land eine Fußball-WM ausgetragen werden! Da werden doch Menschen ausgebeutet! Sind beim Stadionbau gestorben! Einen fragwürdigen Unterton bekommen dergleichen Anwürfe, weil sie meist indirekt der eigenen moralischen Entlastung dienen. Bei uns wäre das unmöglich! Wir respektieren die Menschenrechte!

Tun wir das? Wer von seinen eigenen Gewissheiten dermaßen

überzeugt ist, sollte den Realitätstest wagen und sich etwa mit den Arbeitsbedingungen für Leiharbeiter in deutschen Fleischfabriken befassen. Und ja, kein Arbeitsmigrant in Deutschland muss für Hungerlöhne wie in Katar schuften. Bedeutet das im Umkehrschluss, dass hierzulande keine Hungerlöhne gezahlt werden? Oder fallen sie lediglich höher aus? Insgesamt haben westliche Industriestaaten das Problem der Ausbeutung anders gelöst, indem man sie großflächig in den Globalen Süden verlagert hat. Beispielsweise in die Textilfabriken von Bangladesch, in denen vor allem Frauen vielfach unter Zwang und für ein Taschengeld schuften. Nicht selten kommt es dort zu tödlichen Arbeitsunfällen, weil etwa die Türen verriegelt sind und die Menschen im Falle eines Brandes nicht flüchten können.

Der deutsche Zuchtmeister verhebt sich

Verdient das Leben eines nepalesischen Laufburschen in Katar mehr oder weniger Anteilnahme als das eines Flüchtlings, der jahrelang in einem kasernierten Lager in Griechenland ausharren muss, bis über seinen Status entschieden wird? Wer andere gerne an den eigenen hehren Idealen misst, wie das in Deutschland vielfach zum guten Ton gehört, der sollte diesen Maßstab auch bei sich selbst anlegen. Das wäre ein erster Schritt, um das Verhältnis von Politik und Moral konstruktiv neu zu bestimmen.

Könnte es sein, dass unser Land ein Faible hat für das Eindimensionale und Vertraute, ja, für das Provinzielle, auch im Denken? Was offenkundig fehlt, ist ein kosmopolitischer Ansatz. Einer, der andere Wahrnehmungen ebenso wie die eigenen gelten lässt, der in der Lage ist, sich auch in die Lage der Gegenseite zu versetzen. Nicht um andere Perspektiven notwendigerweise zu übernehmen, wohl aber, um sie zu verstehen, um sie nachvollziehen zu können. Lebenswirklichkeiten aus der Perspektive des Gegenübers zu betrachten, dessen Warte zu kennen, ist die Voraussetzung für ein gleichberechtigtes Miteinander und darüber hinaus für jede Friedensfähigkeit. Stattdessen obwaltet beim Moralweltmeister der missionarische Impuls: Wir tragen das Gute in die Welt! Es ist ja nicht so, dass man mit Katarern nicht diskutieren und streiten könnte, auch über kontroverse Themen. Es ist aber bekanntlich der Ton, der die Musik macht.

Innenministerin Nancy Faeser (SPD) kommt das Verdienst zu, frei von Diplomatie und politischer Klugheit die schärfsten Attacken der Bundesregierung gegen den Golfstaat geritten zu haben. Nachdem die auch für Sportfragen zuständige Ministerin bereits im Oktober 2022 in der ARD kundgetan hatte, dass die Fußball-WM besser nie nach Katar vergeben worden wäre und wiederholt fehlende Menschen- wie auch LGBTQ-Rechte angeprangert hatte, reagierte die Gegenseite. Zum ersten Mal seit seinem Bestehen bestellte das katarische Außenministerium einen Botschafter wegen der Aussagen eines Politikers, in diesem Fall einer Politikerin in deren Heimatland ein. Um sich dergleichen Kommentare zu verbitten.

Gleichzeitig verurteilte der Golf-Kooperationsrat GCC, bei wohlwollender Beurteilung das Pendant der EU in der Golfregion, die Bemerkungen Faesers ungewöhnlich scharf: Man verwahre sich gegen jeden Versuch einer Einmischung in die eigenen inneren Angelegenheiten und stelle sich ausdrücklich hinter Katar. Kein anderes Land hat am Golf eine dermaßen scharfe Replik erfahren wie Deutschland und seine Innenministerin im Kontext der WM, obwohl es Kritik an Katar auch anderswo gab. Das ist schon eine bemerkenswerte Leistung und lässt erkennen, dass hiesige Auguren längst nicht verstanden haben, was die Stunde geschlagen hat: Die Welt wartet nicht darauf, vom Zuchtmeister Deutschland belehrt zu werden. Die »Werte«-Anhänger werden sich an den Gedanken gewöhnen müssen, dass man ihnen künftig verstärkt den Spiegel vorhält oder sie ihrerseits sanktioniert.

Natürlich gibt es auch am Golf, in den islamischen Staaten generell, Homosexualität. Allerdings wird sie dort eher diskret ausgelebt, nicht per Fanfare, wie in Deutschland, wo eine alles überwölbende Identitätspolitik den Eindruck erweckt, die Menschheit habe kaum andere Sorgen als die Frage nach der jeweils eigenen sexuellen Orientierung. Zur Erinnerung: Der Homosexuellen-Paragraf 175 wurde 1994 abgeschafft, die gleichgeschlechtliche Ehe 2017 eingeführt. Also gestern und vorgestern, zeitgeschichtlich gesehen. Und dennoch vermitteln die Rechtgläubigen gerne den Eindruck, schon die alten Germanen hätten die Regenbogenfahne gekannt. Andere Länder und andere Kulturen jedoch haben möglicherweise andere Geschwindigkeiten und Vorstellungen, und die vorherrschende Moral im Orient ist konservativ. Die Aussage des katarischen WM-Botschafters Ghanim al-Muftah, Schwulsein sei eine Krankheit, wurde hierzulande scharf kritisiert und galt als weiterer Beleg, dass dieses Emirat schlichtweg der falsche Ort für die Austragung der Fußball-WM sei. Ein Großteil der Bevölkerung aber, nicht allein in Katar, sieht das genauso und empfindet die Regenbogenfahne als »Kulturimperialismus«. Das muss man nicht gut finden, sollte aber die Hintergründe kennen.

Kranke Schwule steinigen?

Übrigens erklärte der rechtsextreme israelische Finanzminister Bezalel Smotrich im Januar 2023, er sei ein »faschistischer Homophober«, werde aber »keine Schwulen steinigen«.[42] Diese bemerkenswerte, für ihn allerdings durchaus charakteristische Aussage fand hierzulande keinerlei Resonanz, geschweige denn Verurteilung. Könnte es sein, dass selbsternannte Gutmenschen gerne mit zweierlei Maß messen?

Dass Deutschland gerne den Rittmeister gibt, während sich die westlichen Verbündeten, etwa im Kontext der Sanktionen gegenüber Russland, durchaus Hintertüren offen lassen, haben wir bereits gesehen. In Katar verhielt es sich ähnlich. Innenministerin Faeser ließ es sich nicht nehmen, zum Spiel Deutschland gegen Japan nach Doha zu reisen, und zeigte demonstrativ die »One Love«-Binde im Stadion. Zum Vergleich: US-Außenminister Antony Blinken begab sich ebenfalls nach Doha, ohne »One Love«, und zum Halbzeit-Stand des Spiels USA gegen Iran verkündete das State Department, man werde Katar Drohnen im Wert von einer Milliarde US-Dollar verkaufen. Frankreichs Staatspräsident Emmanuel Macron blieb gleich vier Tage in Katar, ohne »One Love«, bis zum Endspiel Frankreich gegen Argentinien. Man darf vermuten, dass er in dieser Zeit zahlreiche für sein Land vorteilhafte Geschäfte mit Katars Führung abgeschlossen hat.

Vizekanzler Robert Habeck ging einen anderen Weg. Er lobte den »One Love«-Auftritt Faesers und empfahl der DFB-Elf, die Binde ebenfalls zu tragen. Er »wäre interessiert zu sehen, was der Schiedsrichter macht, wenn da einer mit der Binde rumkommt«. Man messe derlei Sprachgewalt am Hinterzimmer-Wirken Blinkens oder Macrons, die sich offenkundig allein an ihren jeweiligen nationalen Interessen orientiert haben.

Energieminister Al-Kaabi sagte in einem Interview: »Als Habeck hier in Katar war, war das Einzige, worüber er gesprochen hat, ob wir mehr Gas liefern können.« Menschen- oder Minderheitenrechte habe er nicht erwähnt. Und Außenminister Mohammed Al-Thani bezeichnete die Dauerkritik aus Deutschland an Katar als »arrogant und rassistisch«. In einem Brandbrief an die Bundesregierung warnte der deutsche Botschafter in Doha vor einem dauerhaften diplomatischen Flurschaden in der Region. Insbesondere die kampagnenartigen, auf doppelten Standards beruhenden Attacken der Bundesregierung gegen das Emirat hätten dort breiten Unmut ausgelöst, in der Bevölkerung allgemein, aber auch speziell in Wirtschaft und Politik. Die Bundesrepublik habe den bisherigen »erheblichen Vertrauensbonus« aufseiten

Katars verloren, die Stimmung im Land gegenüber Deutschland sei »miserabel«.[43]

Was kein gutes Omen ist. Wirtschaftlich ist Deutschland auf Katar deutlich mehr angewiesen als umgekehrt. Auch deswegen, weil das Emirat als Miteigentümer oder Großaktionär an fast allen relevanten deutschen Industrieunternehmen beteiligt ist. Und wahrscheinlich ist es genau dieses Wissen, das in den einschlägigen Kreisen Unbehagen bereitet. Wenn wir die Guten sind, an denen sich die Welt zu messen hat, dann ist nicht Diplomatie gefordert, sondern klare Kante, erst recht gegenüber derlei »Emporkömmlingen« in ihren Bademänteln.

Neue Bündnispartner erwachsen mit dieser Haltung allerdings nicht. Das setzt gegenseitigen Respekt voraus, einen Dialog auf Augenhöhe. Wer »One Love« zum Maß aller Dinge macht, hat möglicherweise übersehen, dass in Katar palästinensische Flaggen mindestens so dominant waren wie im Werte-Kosmos Regenbogenfahnen. Und nein, das hat nichts mit »israelbezogenem Antisemitismus« zu tun, wie entsprechende Netzwerker beim Thema Palästina gerne ins Feld führen. Dieses Fass soll hier nicht aufgemacht werden. Aber nur mal als Gedanke: Warum nicht beide Flaggen gleichermaßen hochhalten?

Moralismus und betreutes Denken:

Wir sind die Guten!

Russlands Kriegsführung seit Februar 2022 stellt die Souveränität der Ukraine infrage. Die östlichen Landesteile sind besetzt oder annektiert, Millionen Ukrainer auf der Flucht. Weite Teile der Bevölkerung nicht allein in Deutschland sind sich einig in ihrer Verurteilung dieses russischen Neo-Imperialismus. Mehr als eine Million ukrainische Flüchtlinge finden hierzulande Aufnahme, die gelebte Solidarität war und ist groß.

Wie also umgehen mit dieser völkerrechtswidrigen Anmaßung Moskaus? Die Antwort in westlichen Hauptstädten lautet überwiegend: vollständiger Bruch mit Russland auf allen Ebenen, politisch, wirtschaftlich und letztendlich auch kulturell. Moralische Gewissheiten gepaart mit Machtpolitik veranlassten Washington, Brüssel wie auch Berlin, Russland, wie dargelegt, umfassend zu sanktionieren und der Ukraine mehr und immer mehr Waffen zur Verteidigung und zur Rückeroberung besetzter oder annektierter Gebiete zu liefern. Dafür mag es gute Gründe geben, doch gibt es einen Unterschied zwischen Solidarität und Selbstzerstörung. Die Sanktionen gegenüber Russland gefährden den Wohlstand nicht allein in Europa, ohne jedoch den Krieg zu beenden. Daran ändert auch die Lieferung schwerer Waffen nichts, solange sie nicht begleitet werden von Waffenstillstands- oder Friedensverhandlungen. Angefangen damit, nicht lauthals einen Regimewechsel in Moskau einzufordern.

Der angestrebte vollständige Cut mit Russland als Antwort auf den Einmarsch in die Ukraine ist nicht nur unrealistisch und politisch fragwürdig, er ist gleichermaßen überladen mit Symbolik. Das absolute Gute, verkörpert vom Westen, sucht sich vom absolut Bösen zu befreien: in einem ersten Schritt von Russland, im nächsten von China.

Moralische Selbsterhöhung geht leider in den meisten Fällen einher mit Realitätsverleugnung und Heuchelei. Auch das Beispiel Ukraine unterstreicht, dass die Tugendhaften nicht etwa Bannerträger einer universellen humanistischen Gesinnung wären. Vielmehr verkörpern sie ein überaus selektives Gerechtigkeitsempfinden. Genau deswegen ist die Politisierung von Moral und die Moralisierung von Politik auch so fragwürdig. In beiden Fällen handelt es sich um eine moderne, säkulare Form des Sakralen, in der nicht Papst und Antichrist miteinander ringen, wohl aber Freiheit und Totalitarismus. Im Zweifel läuft das hinaus auf einen neuen Dreißigjährigen Krieg, wenn nicht einen Atomkrieg. Wer das nicht riskieren mag, tut gut daran, jede Form imperialer Übergriffigkeit zu verurteilen und abzulehnen, nicht allein die russische Variante.

Wer Russland-Sanktionen einfordert, sollte sich allerdings ehrlich fragen, weshalb vergleichbare Boykottmaßnahmen nie gegenüber den USA erhoben worden sind. Das hätte sich doch angeboten, im Vietnam- oder im Irak-Krieg beispielsweise. Beide waren nicht weniger völkerrechtswidrig und skrupellos wie der jetzige in der Ukraine. Natürlich gibt es viele gute Gründe, den russischen Präsidenten anzuprangern. Warum aber greifen bei ihm offenbar andere Maßstäbe als bei westlichen Akteuren? Wieso suchen westliche Entscheider Wladimir Putin vor einem internationalen Strafgerichtshof anzuklagen, nicht aber George W. Bush oder Tony Blair, die beiden Drahtzieher des auf Lügen und Manipulationen fußenden Irak-Krieges?

Im März 2023 stellte der Internationale Strafgerichtshof in Den Haag einen Haftbefehl gegen den russischen Präsidenten aus. Das dient in erster Linie westlicher Selbstbefriedigung und erschwert einen künftigen Friedensschluss. Vor allem aber offenbart dieser von Washington und London forcierte Schritt einen regelrechten Abgrund an Scheinheiligkeit – dass hier zweierlei Maß zur Anwendung kommen, liegt auf der Hand.

Überzeugte Transatlantiker, deren moralisches Empfinden meist dort endet, wo es eigenen Interessen weniger dienlich ist, dürften den Hinweis auf dergleichen Widersprüche als *Whataboutism* oder gleich als russische Propaganda abtun. Aus deren Sicht verständlich, in der Sache allerdings abwegig: Ganzheitlich zu denken, auch andere Perspektiven einzunehmen oder gar Fakten in Erinnerung zu rufen ist kein Manko, sondern die Voraussetzung, um globale Probleme pragmatisch lösen und vom Ende her denken zu können, anstatt sie zu ideologisieren und damit zu verschärfen. Es ist nicht zuletzt eine propagandistische Leistung, die eigene Scheinmoral mit Hilfe gleichgesinnter Medien so zu verkaufen, dass die Öffentlichkeit sie meist kritiklos übernimmt und als richtig empfindet. Die eigene, die westliche Politik gilt dementsprechend als gut und werteorientiert, nichtwestliche als böse und demokratiefeindlich.

Gibt es auch »amerikanisch geführte Angriffskriege«?

Kurzum: Die Welt läuft rund, solange »wir« sie dominieren. Die Amerikaner nennen das, wie erwähnt, eine »regelbasierte Ordnung« und meinen damit die Fortschreibung ihrer Vorherrschaft. Rechtsbeugung inklusive: Washington hat über Jahre alle Hebel in Bewegung gesetzt, damit der Internationale Strafgerichtshof in Den Haag sämtliche gegen die USA anhängigen Verfahren wegen mutmaßlicher Kriegsverbrechen in Afghanistan einstellt. Das gelang schließlich mit Hilfe einer gut gewählten Neubesetzung an der Spitze des Strafgerichtshofs – des Briten Karim Khan. Der legte alle US-Bürger betreffenden Fälle im November 2021 auf Eis, wenige Monate nach seiner Berufung zum Chefankläger des Strafgerichtshofs. Stattdessen erhielt er, mit freundlichen Empfehlungen aus Washington und London, den Auftrag, mutmaßliche russische Kriegsverbrechen in der Ukraine zu untersuchen.[44]

In der hiesigen Politik und den Medien ist stets die Rede vom »russisch geführten Angriffskrieg in der Ukraine«. Das ist sachlich nicht falsch und dennoch propagandistisch unterlegt. Oder hat man je vom US-geführten Angriffskrieg im Irak gehört? Dem NATO-geführten Angriffskrieg in Serbien (1999), in Afghanistan (2001–2021)?

Der russische Angriff auf den Nachbarn ist falsch, zerstörerisch und menschenverachtend. Das allerdings ist für westliche Auguren jenseits wohlfeiler Empörung nicht entscheidend. Der eigentliche Skandal dürfte aus deren Sicht ein anderer sein: Russland sucht seine imperialen Ansprüche mit militärischen Mitteln zu erzwingen. Und kopiert damit ebenjenes »Geschäftsmodell«, auf das der Westen ein Monopol zu haben glaubt. Namentlich die USA.

So wie der Bundestag über einen wissenschaftlichen Dienst verfügt, unterhält auch der US-Kongress einen »Congressional Research Service«. Dieser präsentierte im März 2022 unter dem Titel »Instances of Use of United States Armed Forces Abroad, 1798-2022«[45] eine Studie über Auslandseinsätze der US-Streitkräfte. Ihr zufolge haben die USA zwischen 1798 und 1990 in 218 Fällen im Ausland militärisch eingegriffen, zwischen 1991 und 2022 erfolgten 251 Entsendungen. Aufgezählt in dieser Studie werden »Hunderte von Fällen, in denen die Vereinigten Staaten ihre Streitkräfte im Ausland eingesetzt haben, und zwar unter den Rahmenbedingungen eines militärischen oder eines potentiellen Konflikts, jenseits üblicher Zwecke in Friedenszeiten«. Das Spektrum reicht dabei von der Unterstützung befreundeter Regierungen in Bedrängnis, von der Drohkulisse über Putschversuche bis hin zum offenen Krieg. Bei den entsprechenden Angaben handelt es sich ausschließlich um Militäreinsätze oder Interventionen, die vom US-Kongress als solche auch anerkannt werden.

Nicht enthalten sind »verdeckte Operationen« oder auch »zahlreiche Ereignisse« als »Besatzungsmacht, im Rahmen gegenseitiger Sicherheitspartnerschaften, von Stationierungsvereinbarungen, normaler Militärhilfe oder von Ausbildungsmissionen«. Letzteres bedeutet die mal subtile, mal weniger subtile Einflussnahme auf maßgebliche Entscheidungen der Bündnispartner. Allen voran innerhalb der NATO. Zu jenen nicht anerkannten »verdeckten Operationen« meist seitens der CIA gehört etwa der Putsch des pro-amerikanischen Generals Mohamed Suharto 1965 in Indonesien, der in der Folgezeit bis zu einer Million Menschen massakrieren ließ, vor allem Gewerkschafter und (vermeintliche) Kommunisten. Oder der jahrelange CIA-Krieg gegen kubanische Truppen in Angola, die dort auf Seiten der einheimischen Befreiungsfront kämpften (1975-1991). Oder der Contra-Krieg in Nicaragua gegen die sozialistische Regierung in den 1980er Jahren, der mehr als 60 000 Menschen das Leben kostete.

Ebenfalls nicht aufgeführt sind die zahlreichen Militäroperationen zur ethnischen Säuberung der neu eroberten, aber zunächst nicht zu den USA gehörenden Westgebiete der »American frontier« im 19. Jahrhundert. Mit anderen Worten: Einsätze der US-Streitkräfte zur Auslöschung oder Vertreibung der indianischen Urbevölkerung.

Auffallend ist der Boom an militärischem Engagement im Ausland nach 1990, nach dem Ende der Sowjetunion. In gerade einmal 31 Jahren haben die USA deutlich öfter militärisch Fakten geschaffen oder zu schaffen versucht als in den rund zweihundert Jahren zuvor. Das ist auch insoweit bemerkenswert, als sie bis in die 2010er Jahre hinein alleinige Weltmacht waren. Offenbar wollte man rechtzeitig »vorsorgen« für die abzusehende Zeit, in der erwartungsgemäß andere Akteure die Weltbühne betreten würden und die hegemonialen Ansprüche Washingtons herauszufordern begännen, insbesondere Russland und China. Auf globaler Ebene sind in diesem Wettstreit um Macht und Einfluss zwei entscheidende Konfliktlinien entstanden. Die eine befindet sich entlang der Schnittstelle zwischen Ostmitteleuropa und Russland, in der Ukraine. Die andere in und um Taiwan. Dazu später mehr.

Ein kühnes Unterfangen

Würde derselbe Moralismus, den Brüssel oder Berlin gegenüber Russland geltend machen, parallel auch auf die USA angewendet, müsste eigentlich quer durch den Atlantik ein tiefer Graben gezogen werden. Analog zum angestrebten Cut mit Moskau dürfte es keine oder kaum noch Kontakte in Richtung Washington geben, müssten die Beziehungen in Politik und Wirtschaft auf ein Minimum heruntergefahren werden. Und die amerikanische Machtelite, selbst im Geist der Pilgerväter den allerhöchsten Werten verpflichtet? Müsste sie angesichts ihrer Gewaltaffinität nicht reumütig den Weg in Dantes siebten Kreis der Hölle antreten? So sie denn ihre eigenen Werte-Bekenntnisse wider die Schurken dieser Welt, allen voran Putin, auch auf sich selbst erstrecken wollte? Immerhin sollen seit 1945 bis zu 20 Millionen Menschen als Folge weltweit geführter US-amerikanischer Kriege oder militärischer respektive geheimdienstlicher Einsätze ums Leben gekommen sein.[46] Allein der Irak-Krieg 2003 und seine Folgen haben rund eine Million Iraker das Leben gekostet.

Warum gilt, vor diesem Hintergrund, der zweifelsohne verbrecherische Überfall Russlands auf die Ukraine als unvergleichlich verabscheuungswürdig, mit allen sich daraus ergebenden Konsequenzen, während sich der amerikanische Imperialismus bisweilen höchster Wertschätzung erfreut? Zur Illustration möge der folgende Meinungsartikel über den Irakkrieg dienen, erschienen im März 2003 in der *FAZ*. Unter der programmatischen Überschrift »Gewalt kann Frieden schaffen« (George Orwell hatte es ähnlich formuliert: Krieg ist Frieden) heißt es dort: »Die amerikanische Regierung hat die Welt tatsächlich getäuscht ... Die Vereinigten Staaten haben sich mit diesem kühnen Unterfangen«, gemeint ist der völkerrechtswidrige Angriff auf den Irak, »das viel lauterer ist als die meisten amerikanischen Interventionen seit dem Zweiten Weltkrieg, weiter denn je von Europa und dem Rest der Welt entfernt. Es stecken Eigensinn und Rücksichtslosigkeit in dem Unterfangen. Aber auch, das wird gerne übersehen, Verantwortungsgefühl ... Amerikas Erfolg wäre besser als Europas Erfolg«, denn der alte Kontinent sei viel zu friedensversessen. (Dieser Vorwurf hat sich überlebt.) »Wem das imperiale Motiv vollkommen fremd ist, der ist kein verlässlicher Freund des Friedens.«[47]

Solcher Logik zufolge könnte auch der russische Präsident, gewiss rücksichtslos, doch ebenso verantwortungsbewusst, den Status »Freund des Friedens« für sein »kühnes Unterfangen« in Anspruch nehmen. Amerikanische und russische Politik gegenüberzustellen dient nicht der Exkulpierung Putins und keineswegs der Relativierung jenes Leids, das heute die Ukrainer erfahren wie gestern die Iraker. Man kann das eigentlich Selbstverständliche nicht deutlich und oft genug hervorheben, da differenzierende Betrachtungen des Ukraine-Krieges gerne als Putin-Propaganda diffamiert werden. Wer aber Augen hat zu sehen, wird unschwer erkennen: Politik und Moral sind zweierlei. Wer also das eigene politische Handeln unter Verweis auf höhere Werte zu legitimieren sucht, ist in der Regel kein Humanist, sondern lediglich ein Gesinnungsethiker. Der Moral sagt und die Durchsetzung eigener hegemonialer Interessen meint.

Im Grunde handelt es sich bei der Fama »werteorientierte Politik« um ein modernes Märchen, das Menschen und Völkern auf der Suche nach Orientierung und Sinn eine Art Gebrauchsanweisung an die Hand zu geben sucht. Denn den Geschichtenerzählern an den Schaltstellen der Macht fehlt es nicht an propagandistischen Möglichkeiten, um ganze Staaten in den Ruin zu treiben, Kriege zu führen oder den Frieden zu verlieren, auch den sozialen, innerhalb ihrer eigenen Gesellschaften. Sie müssen dennoch darauf achten, die Unterstützung der Bevölkerung nicht zu verlieren, Unruhen oder gar Aufstände zu vermeiden. Nicht die Suche nach Ausgleich oder Gerechtigkeit treibt indessen die obersten Entscheider um. Wichtiger sind Machterhalt und Elitenkonsens. Für »Werte« einzutreten ist ein rhetorisches Placebo, dem schwer zu widersprechen ist, das emotionale Zustimmung verheißt und hilfreich vermeidet, das zu benennen, worum es eigentlich geht.

Was aber bezeichnen Werte oder Wertvorstellungen im Wortsinn? In einem ethischen Kontext sind moralische Qualitäten gemeint, sittliche Ideale, die dem eigenen Handeln idealerweise zugrunde liegen und/oder Ausdruck von Charaktereigenschaften sind. Ein glaubhaft werteorientiertes Handeln ist nicht allein verhaftet im Hier und Jetzt, sondern strebt nach Transzendenz und stellt das Gemeinwohl über die Interessen Einzelner. Obwohl Werte und Wertvorstellungen seit Jahrzehnten, wenn nicht Jahrhunderten rhetorisch und propagandistisch missbraucht werden, sind sie doch ein hohes Gut und keineswegs geringzuschätzen. Im Gegenteil: Wer die Frage nach Moral und Ethik stellt, fragt gleichzeitig nach dem richtigen Leben. Damit eng verbunden ist die nach gerechter Herrschaft. Wie kann das Gute, ursprünglich das Göttliche, Eingang finden in politisches Handeln, in die Regierungsführung? Hier die richtigen Antworten zu finden, waren ganze Generationen von Staatsphilosophen, Kirchenvertretern und Denkern bemüht, seit der griechischen Antike, seit Sokrates.

Der Fürst

Vorneuzeitlich war Politik mit Religion und Moral verschmolzen. Mit Beginn der Neuzeit, geprägt von Frühkapitalismus und Kolumbus' Landung in Amerika, vollzog sich in Europa an der Wende vom 15. zum 16. Jahrhundert sukzessive die Trennung der Politik von der Moral. Die ihrerseits Voraussetzung war für die Konstruktion des modernen Staates, der sich von der Religion zu emanzipieren begann, dem Guten wie dem Bösen entsagte und stattdessen die Staatsräson über die Tugend stellte.

Der entscheidende Impulsgeber für diesen Bruch des Politischen mit der Moral war der Florentiner Philosoph und Politiker Niccolò Machiavelli (1469–1527). Nachgerade traumatisiert von der Zersplitterung Italiens in zahlreiche Kleinststaaten, beschwor er ein vereintes Land unter Führung des von ihm idealtypisch beschriebenen »Fürsten«, italienisch »il Principe«. Das gleichnamige Buch, 1513 verfasst, gilt als das erste Werk politischer Philosophie. Machiavelli beschreibt darin die Grundsätze der Staatsräson, frei von moralischen und religiösen Vorstellungen. Anders als im christlichen Denken des Mittelalters, das von einem göttlichen Heilsplan ausging, erwuchsen in der Renaissance die geistigen Grundlagen für Weltanschauungen diesseits von Gott, hielt das Säkulare Einzug in Staat und Gesellschaft. Für Machiavelli, obgleich er durchaus den Nutzen der Religion für den Herrscher erkannte, folgt die Politik ihren eigenen Regeln und Gesetzen. Das Primat des »Fürsten« seien der Machtgewinn und der Machterhalt. Eine moralische Haltung vermöge in einem Umfeld aus Habgier, Hinterlist und Heuchelei nur von Nachteil zu sein. Der Fürst, ein autokratischer Herrscher, wisse sich dabei nur einem Ziel verpflichtet: der Sicherung und dem Erhalt des Staates. Wende er dabei amoralische Mittel an, sei das legitim, solange es dem Staatswohl diene.

Die Trennung der Politik von der Moral ist Machiavelli zufolge kein Plädoyer für Sittenverfall. Im privaten Bereich sei ein ethisches Verhalten auch weiterhin erstrebenswert, wenngleich die wenigsten dafür empfänglich wären. Gerade deswegen sei es dringend geboten, die Öffentlichkeit wie auch den Staat von jedweder Moral fernzuhalten – und umgekehrt. Politisches Handeln ist demzufolge nur dann sinnvoll, wenn die eingesetzten Mittel dem Staat zum Vorteil gereichen. Aus Machiavellis Sicht wäre daher die westliche Antwort auf »den russisch geführten Angriffskrieg in der Ukraine« wenig mehr als eine verantwortungslose, weil die Grundlagen des Staates und des Gemeinwohls beschädigende Idiotie.

Machiavellismus ist heute ein negativ besetzter Begriff, der für eine skrupellose Machtpolitik steht (und im Bereich der Psychologie für psychopathische Charakterzüge narzisstisch veranlagter Menschen). Diese Wahrnehmung hat sich jedoch erst lange nach Machiavellis Tod durchgesetzt und wird ihm nur teilweise gerecht.

Im Zuge fortschreitender Industrialisierung und mit Nachdruck im 20. Jahrhundert hat sich der »Fürstenstaat« allmählich in einen Fürsorgestaat verwandelt, der den Menschen vor sich selbst und den Unwägbarkeiten des Lebens zu schützen sucht. Aus dem Krieger im Dienst der Staatsräson wurde ein Homunculus, ein Staatsdiener im Räderwerk des Absurden, der Bürokratie wie von Franz Kafka beschrieben. Nietzsche, voller Verachtung für das Nicht-Heroische, setzte diesem Menschlein seinen »Übermenschen« entgegen. Der technisch-rationale Staat erschafft eine verwaltete Welt ohne Jenseitsbezug, vermag jedoch die Sinnfrage nicht zu beantworten – jenseits eines bloßen Verfassungspatriotismus. Der Nationalismus füllt teilweise diese Lücke, ist aber ein schwer zu bändigendes Tier.

In diesem Kontext nun erfolgt die Rückkehr der Moral in die Politik. Sie bietet Halt in unsicheren Zeiten. Der Philosoph und Medienwissenschaftler Norbert Bolz datiert diese Rückkehr auf den Ersten Weltkrieg: Mit dessen Ende »setzt ein politischer Moralismus ein, der … radikal mit dem neuzeitlichen Begriff des

Politischen bricht. Nun gibt es wieder gerechte Kriege und ungerechte Feinde, die eigentlich schon als Verbrecher behandelt werden. Mit anderen Worten: Wenn man den Krieg aufgrund seines unvergleichlichen Ausmaßes nicht mehr als politische Möglichkeit akzeptieren kann, setzt die Moralisierung durch einen diskriminierenden Kriegsbegriff ein. Das impliziert auch, dass Staatsräson und Realpolitik ein negatives Vorzeichen bekommen. Das gilt bis zur Gegenwart.«[48]

Unter der Maßgabe von Vernunft gebietet die »Staatsräson«, keine entfesselten (Welt-)Kriege zu führen. Sieht sich eine imperiale Macht veranlasst, es dennoch zu tun, geht es nicht länger, wie in früheren Zeiten, um Beutezüge oder regional begrenze Scharmützel, auch nicht um die Geburt einer Nation. Sondern um Vorherrschaft oder wenigstens doch einen bevorzugten Platz im globalen Machtgefüge. Die Notwendigkeit, die eigene Bevölkerung hinter einem Banner zu versammeln und zu einen, verlangt nach einer klaren Unterteilung der Welt in Gut und Böse.

Moralismus bedingt eine totalitäre Politik

Was wiederum der Moral den Weg in die Politik ebnet: Sie dient der Legitimation staatlichen Handelns. Auf Kosten von Realpolitik und Pragmatismus, zu Lasten nationaler Interessen. Die (vermeintliche) Moral gebietet den Cut mit Russland. Der allerdings führt in eine politische Sackgasse, schadet der eigenen Wirtschaft und bereitet zumindest potentiell einer atomaren Konfrontation den Weg. Die Staatsräson schreit förmlich nach Diplomatie. Die aber gilt geradezu als anrüchig, unter Berufung auf »Werte«: Denn mit den Bösen reden die Guten nicht. Diese, der eigenen Seligsprechung dienenden Werte allerdings sind wenig mehr als Camouflage. Vor allem geht es um Macht und Einfluss in der Weltpolitik. Das Memento mori (Sei dir deiner Sterblichkeit bewusst) aus zwei Weltkriegen hat sich verflüchtigt. Mittlerweile ist auch ein Atomkrieg nicht länger tabu, einem höheren Bewusstsein geschuldet, konkret der Wehrhaftigkeit von Demokraten im Kampf gegen den Totalitarismus. Sprich: Die Ukraine verteidigt auch unsere Freiheit.

Was aber die Politik als Tatsache oder moralisches Gebot behandelt, sind immer Konstruktionen von interessierter Seite. Deswegen hat Max Weber Augenmaß und Verantwortung gefordert. Fehlen sie auf Führungsebene, ist es um deren Urteilskraft schlecht bestellt. Ein guter Politiker handelt demzufolge sachorientiert und problemlösend, nicht moralisch. In Deutschland ist das mittlerweile die Ausnahme: »Die Geschichte der Bundesrepublik war bis zur Jahrtausendwende von einem verantwortungsbewussten Reformismus geprägt. Davon kann heute nicht mehr die Rede sein. Nicht nur die Protestbewegungen, sondern auch öffentlich-rechtliche Medien und Gesinnungspolitiker wollen den gordischen Knoten gesellschaftlicher Komplexität mit Moral durchhauen. So kollabiert die Differenz zwischen Politik und Moral im politischen Moralismus von heute. Das ist der Grund für den Niedergang der Debattenkultur und die Ohnmacht der Argumente. Denn das Moralisieren macht jede Verständigung unmöglich«, so Norbert Bolz. Mehr noch: »Der politisierten Moral entspricht eine totalitäre Politik.«[49]

Wo Gefühle die Debatte bestimmen, nicht Argumente, kommt es unvermeidlich zur Verteufelung Andersdenkender, sind Verständigung, Kompromiss oder gegenseitiger Respekt kaum möglich. Wer moralisch Position bezieht, wähnt sich im Besitz einer höheren, wenn nicht unumstößlichen Wahrheit und kann schwerlich nachgeben, allein schon aus Gründen der Selbstachtung. Es geht dabei weniger um die Sache selbst, als vielmehr um die Zugehörigkeit zu einer identitätsstiftenden Gruppe, um die Eigenwahrnehmung der jeweiligen »Konsensgemeinschaft«. Wer ihr nicht angehört, riskiert Ablehnung und Ausgrenzung. Nicht selten gefolgt vom Shitstorm und dem sozialen Boykott, neudeutsch »Othering«. Anders gesagt: vorwärts zurück in eine modern verstandene Clan- und Stammeskultur.

Moralisierung in Staat und Gesellschaft ist gleichbedeutend mit betreutem Denken. Das Ergebnis ist Anpassung, ein nivellierender Mainstream, der Gesinnung über Sachkenntnis oder Inhalte stellt und Abweichung ahndet. Bevorzugt mit Status- und Karriereverlust. Im Vordergrund steht der emotionale Reflex, das verinnerlichte Wissen um Gut und Böse. Nicht Fakten oder Analyse sind gefragt, sondern Gefühlskino. Entsprechend gerinnt Meinungsfreiheit zur Bejahung des Status quo, wird die Moral zur Keule. Verstärkt durch das Internet, insbesondere die »sozial« geheißenen Medien. Sie begünstigen die »Instagramisierung« der öffentlichen Meinung und verlangen nach einer Urteilsfindung nötigenfalls im Minutentakt. Auf der Strecke bleiben das sachlich fundierte Abwägen, der Austausch im Gespräch, die Kraft der Argumente. Die wohlorchestrierte Empörung, das Vordergründige und Laute, das Halbwissen haben die letzten Reste »diskursiver Ethik« im öffentlichen Raum weitgehend geschreddert.

Die Diskursethik, in den 1970er Jahren von den Philosophen Karl-Otto Apel und Jürgen Habermas entwickelt, suchte die Richtigkeit ethischer Aussagen mit Hilfe eines auf Vernunft gründenden gemeinschaftlichen Diskurses zu entwickeln. Dieser intersubjektive Ansatz, ausgehend von einem sachorientierten Austausch auf Augenhöhe, galt auch unter Entscheidern in Politik und Wirtschaft als zielführend. Heute dagegen sind die Leitplanken der öffentlichen Meinungsfindung eng gesetzt: Politik und Medien sorgen für einen gleichförmigen Erregungspegel im Rahmen sogenannter »Debatten«. Bist du für Waffenlieferungen an die Ukraine – oder etwa nicht? (Und gnade dir Gott zeigst du dich nicht einsichtig.) Wie viele Panzer/Kampfjets/U-Boote sollten wir liefern? Übermorgen erst oder besser morgen schon? Im Alleingang oder gemeinsam mit unseren Wertepartnern? Solche Scheinkontroversen, die so gut wie nie das große Ganze beleuchten und sich lieber in einem gesinnungsethischen Klein-Klein verlieren, sind die »Geschäftsgrundlage« meinungsprägender Talkshows etwa von ARD und ZDF.

Eine Rückkehr der Stämme in neuem Gewand

Längst hat sich die »Staatsräson« im Wohlfahrtsstaat verpuppt, der gesellschaftliche Härten abfedert (»Doppel-Wumms«), im Gegenzug aber die Loyalität seiner Bürger einfordert. Wer dieses Angebot nicht annimmt, riskiert den Ruf eines »Querdenkers« oder »Putin-Trolls« und stellt sich damit ins Abseits. Die politisierte Moral enthält einen totalitären Bodensatz, der unsere Kultur eher früher als später vor die Wahl stellen dürfte, falls nicht bereits geschehen: entweder Aufklärung und universalistische Menschenrechte oder aber eine Rückkehr der Stämme in neuem Gewand. Insbesondere in jenem der Identitätspolitik, dem neuen Label und Bannerträger eines missionarisch veranlagten Gutmenschentums.

Der Begriff »Identitätspolitik« bezeichnet zunächst ein ideologisiertes Handeln, bei dem die Bedürfnisse einzelner gesellschaftlich benachteiligter Gruppen, in Deutschland vornehmlich von Frauen und sexuellen Minderheiten, in den Vordergrund rücken. Mit der Absicht, ihren jeweiligen Einfluss zu stärken und einen privilegierten Zugang bei der Verteilung von Macht und Ressourcen zu gewährleisten. Die Anfänge der Identitätspolitik reichen zurück in die USA der 1960er und 1970er Jahre und haben ihre Wurzeln in der Bürgerrechtsbewegung. Insbesondere der Aktivismus von Frauen, Schwarzen, Indigenen und Homosexuellen wurde zu deren Motor und erzielte große Resonanz in der Öffentlichkeit.

In Europa begann der Siegeszug der Identitätspolitik im gesellschaftlichen Kontext der Postmoderne. Zu dieser ideengeschichtlichen Strömung gehören Skepsis gegenüber äußeren Formen von

Realität, die Infragestellung von Vernunft, die Wahrnehmung von Sprache als ein Instrument, das Wissen und Herrschaft konstruiere, der Verlust von Weltanschauungen und Gewissheiten, die Suche nach Identität. Die Postmoderne, maßgeblich geprägt von französischen Denkern, darunter Jean-François Lyotard, Louis Baudrillard, Jacques Lacan oder Gilles Deleuze, entfaltete sich parallel zum Übergang von einer mehr oder weniger gemeinwohlorientierten Marktwirtschaft in Richtung auf einen weitgehend deregulierten Finanz-Kapitalismus. Die Privatisierung staatlicher Daseinsfürsorge unter US-Präsident Ronald Reagan und der britischen Premierministerin Margaret Thatcher bereitete in den 1980er Jahren wiederum dem globalisierten Neoliberalismus den Weg. So gut wie alles stand in der Folgezeit zum Verkauf, auch das Bildungssystem oder das Gesundheitswesen. Die Folge waren und sind prekäre Arbeits- und Lebensverhältnisse für viele. Gewerkschaften gerieten zunehmend in die Defensive, die letzten Reste einer klassenbewussten Arbeiterschaft haben sich in Luft aufgelöst.

Woran also glauben? Wo, begleitet von der wachsenden Angst vor dem eigenen sozialen Abstieg, Orientierung und Halt finden? Einen Sinn? Postmoderne und Identitätspolitik füllten dieses Vakuum und wurden im europäischen Kontext eins – auf Kosten der Postmoderne, von der heute kaum noch jemand spricht. Seit den 1990er Jahren entstand unter dem gemeinsamen Dach gruppenbezogener Identitäten eine breite Palette hochgradig ideologisierter neuer Theorien. Darunter etwa die postkoloniale Theorie, die *Queer*-Theorie, die *Critical-Race*-Theorie. Sie alle versuchen, Geschichte, Identität oder gesellschaftliche Wirklichkeit aus der Perspektive der jeweiligen Gruppe zu »dekonstruieren«. Auf der Grundlage subjektiver Befindlichkeiten und Moralismen. Mit dem Ziel, die jeweils eigene, hochgradig fokussierte Wahrnehmung von Realität für allgemeingültig zu erklären. Sie allein sei die Wahrheit. Gesichertes Wissen dagegen gilt als verdächtig, steht im Ruf elitärer Aneignung.

Die Aussage »die Erde ist eine Kugel« ist demzufolge erst einmal dahingehend zu überprüfen, ob der alte weiße Mann, der diese Behauptung erstmals aufgestellt hat, nicht möglicherweise queer- oder frauenfeindlich eingestellt war. Sollte dem »gefühlt« so sein, wäre der Wahrheitsgehalt seiner Aussage insgesamt infrage zu stellen, wenn nicht hinfällig. Käme hingegen der Angehörige einer bislang benachteiligten oder diskriminierten Gruppe zu dem Ergebnis, die Erde sei eine Scheibe, wäre dessen Aussage mindestens so valide wie die des alten weißen Mannes. Denn nicht die Faktenlage ist im Zweifel entscheidend, sondern die Authentizität der eigenen Empfindung, der moralisierende Impuls. Warum finden Fake News eine so große Resonanz? Hier liegt eine der Antworten.

Identitätspolitik gibt es im linken wie im rechten politischen Lager, unter Trump-Anhängern beispielsweise. Meist ältere heterosexuelle Männer fordern für sich denselben »Milieuschutz«, dieselben Privilegien, die auch Frauen, Latinos, Schwarze oder Schwule für sich in Anspruch nehmen. Was letztendlich das ursprüngliche Anliegen von Identitätspolitik ad absurdum führt, da diese Bevölkerungsgruppe der »White Old Men« ein Hauptadressat ihrer Kritik war und ist. Das Pendant in Deutschland ist die »identitäre Bewegung«, ein Sammelbegriff für mehrere aktionistische, völkisch gesinnte Gruppierungen. Sie sehen in der »Islamisierung« Europas eine Gefahr für die »Identität« einer als ethnisch homogen wahrgenommenen »europäischen Kultur«. Mittlerweile stehen sie unter Beobachtung des Verfassungsschutzes.

Dürfen Deutsche Pizza essen?

Am wirkmächtigsten aber ist Identitätspolitik im (vermeintlich) linken Spektrum. Ihre Bannerträger finden sich etwa in der Wissenschaft, im Kulturbetrieb, in den Medien, im Verlagswesen. Und natürlich in der Politik, in Deutschland am sichtbarsten bei den

Grünen. Die Gruppenbildung erfolgt bevorzugt im theoretisierenden Umfeld von *Race*, *Gender* und Sexualität und ist hochgradig moralaffin. (Aus gutem Grund vermeiden hiesige Adepten das Wort »Rasse«. Löst aber das Ausweichen ins Englische das zugrunde liegende Problem eines möglicherweise fragwürdigen Ansatzes?) Der als progressiv anzusehende Impuls, bislang Marginalisierten Einfluss und Stimme zu verleihen, ist allerdings auf bestem Weg, sich zu überleben: Rassismus und sexuelle Diskriminierung werden in westlichen Gesellschaften längst sanktioniert. Die Gleichberechtigung von Mann und Frau ist bei weitem nicht vollendet, doch schreitet sie unaufhörlich voran. Um nicht perspektivisch der Bedeutungslosigkeit anheimzufallen, bei der Verteilung von Macht und Ressourcen gar ins Hintertreffen zu geraten, erwuchsen der Identitätspolitik zwei neue, zugkräftige Stränge. Zum einen die Fokussierung auf Gendersprache als Ausdruck korrekter Gesinnung, verbunden mit der Forderung, sie im öffentlichen Raum umfassend, wenn nicht verpflichtend zu verwenden. (Welcher Hochschullehrer oder Student beispielsweise würde es noch wagen, das nicht zu tun? Korrekterweise »Lehrender« und »Studierender« – *never mind the difference.*) Und zum anderen die Geburt immer neuer Theorien, meist Sub- und Subsub-Strömungen der genannten Schwerpunkte *Race, Gender* und Sexualität. Bis hin etwa zur »feministischen Außenpolitik«.

Auch wer sich nie mit Identitätspolitik befasst hat, kennt doch ihre unmittelbaren Auswirkungen. In Gestalt von Gendersternchen, von *Cancel Culture* (Ausgrenzung missliebiger Personen, Gruppen, Fakten oder Meinungen mit dem Ziel, sie öffentlich mundtot zu machen oder zu tabuisieren) und *Wokeness* (»Wachheit«: im Ergebnis ein inquisitorisches Vorgehen gegenüber politisch als nicht korrekt empfundenen Haltungen, meist im Kontext von *Race, Gender* und Sexualität). Auf dem Index hexenjagender Wachheit steht auch die »kulturelle Aneignung«, ein Sub-Thema von *Race.* Darf ein*e Weiße*r Rasta-Locken tragen oder zeugt das von falschem Bewusstsein und Neokolonialismus? Dürfen deutsche Museen afrikanische Artefakte ausstellen, gar besitzen oder dürfen das nur afrikanische Museen? Gegenfrage: Dürfen Deutsche Pizza essen? Chinesen Mozart spielen?

Identitätspolitik ist das Schwert der Moral, die Ikone des Moralismus wider die Vernunft. Sie bietet ihren Anhängern Orientierung und Sinn, natürlich auch Jobs, etwa mit Hilfe von Quotenregelungen (kein Nachteil angesichts eines nicht immer von Hochleistung geprägten Engagements in diesem Umfeld), und vor allem einfache Antworten auf schwierige Fragen. In Verbindung mit transatlantischer Werteorientierung (Freiheit, Demokratie, Menschenrechte) entsteht hier ein wirkmächtiges gesellschaftliches Amalgam, der Anti-Machiavelli schlechthin. Nicht die Staatsräson zählt, nicht das nationale Interesse, auch keine »diskursive Ethik« – es gilt allein die eigene, zutiefst verinnerlichte, absolutistisch gesetzte Moral. Exemplarisch steht dafür die Aussage von Annalena Baerbock, Verfechterin einer »feministischen Außenpolitik«: Im September 2022 erklärte sie, die Bundesregierung stehe ohne Wenn und Aber an der Seite der Ukraine. Entsprechend würden die Sanktionen gegen Russland beibehalten, unbeschadet möglicher wirtschaftlicher Nachteile für Deutschland: »Egal, was meine Wähler denken.«

Interessenvertreter, die sich eher an einem moralischen Soll-Zustand orientieren als an einem gegebenen Ist-Zustand, sind in der Regel leicht empfänglich für den Kampf des Guten gegen das Böse. Das mag erklären, warum die Grünen den Wandel von einer ursprünglich oppositionellen »Schwerter zu Pflugscharen«-Partei in eine NATO-affine und militaristisch gesinnte Regierungspartei nahezu reibungslos vollziehen konnten. Mit dem Ukraine-Krieg haben sie die letzten kärglichen Reste einstiger Friedensorientierung so gründlich entsorgt, dass sich selbst die stellvertretende Fraktionsvorsitzende der Grünen, Katharina Dröge, im April 2022 im Deutschlandfunk erstaunt über die parteipolitische Einmütigkeit zeigte. Frieden? Nein danke. Stattdessen ein Hauch von Heiligem Krieg: Keine andere Partei hat sich so sehr für Waffenlieferungen an die Ukraine eingesetzt wie die Grünen, Seite an Seite mit der FDP, unbeschadet des möglichen Eskalationspotentials mit Russland.

»Annalena Baerbock« im Visier russischer Propaganda

Am 24. Januar 2023 erklärte Außenministerin Baerbock im Europarat in Straßburg, unter Bezug auf europäische Unstimmigkeiten im Hinblick auf Waffenlieferungen an Kiew: »Wir kämpfen einen Krieg gegen Russland und nicht untereinander.« Das Auswärtige Amt sah sich veranlasst, ihre Aussage zu korrigieren, und betonte, Deutschland sei keine Konfliktpartei in der Ukraine. Eine kühne Behauptung, doch gravierender erscheint das Unvermögen der Außenministerin, ihres Zeichens Deutschlands Chefdiplomatin, von sich aus zu erkennen, was sie sagen kann und was besser nicht. Immerhin hatte sie en passant eine Kriegserklärung abgegeben – so jedenfalls ließen sich ihre Worte völkerrechtlich durchaus deuten.

Kritik an ihrem Auftritt? Möglicherweise hinter den Kulissen, nicht aber öffentlich. Stattdessen erfolgte einmal mehr der politisch-mediale Schulterschluss: Sie habe unglücklich formuliert, am Ende einer langen Rede. Mental ist der Kriegsmodus offenbar schon dermaßen verinnerlicht, dass sich die Frage nach der Amtsbefähigung Baerbocks gar nicht erst gestellt hat. Ebenso wenig wie die nach der Sinnhaftigkeit oder gar Substanz einer »feministischen Außenpolitik«. Sollte politisches Handeln auf der Grundlage geschlechtlicher Zuordnung erfolgen oder aber nach Maßgabe von Sachverstand, Denkvermögen und nationalen Interessen?

Solche Überlegungen, wenngleich naheliegend, berühren Glaubensgewissheiten und sind daher nicht populär. Stattdessen tönte etwa das ZDF: »Nach Annalena Baerbocks umstrittener Kriegsaussage im Europarat läuft die russische Propaganda auf Hochtouren.« Beseelt von korrekter Gesinnung entlarvt der Beitrag, »wie die Kreml-Propaganda damit Stimmung gegen den Westen macht«.[50] Fast ist man geneigt zu grübeln: Steht Annalena Baerbock gar im Sold Putins? An anderer Stelle der Medienlandschaft wurde der Sorge Ausdruck verliehen, die »scharfe Aussage Baerbocks« könne »ein gefundenes Fressen für den extrem linken und rechten Rand« sein. Denn »beide Seiten sehen sich in ihrem Narrativ bestätigt, dass die Bundesregierung Deutschland in einen Krieg zerren will«, so die *tageszeitung* (*taz*).[51]

Vielleicht nicht zerren, aber irgendwie hineinstolpern? Die unbedachte, von Baerbock selbst vermutlich als emphatisch empfundene Äußerung, mitfühlend gegenüber der Ukraine, sollte als Weckruf dienen. Denn Moralismus in der Politik, eine auf »Moral« beruhende Zweiteilung der Welt in Gut und Böse, kann im Zweifel schneller in Richtung Abgrund führen, als es selbst »Werteorientierten« lieb sein dürfte.

Die neue Lust auf Gewalt

Einer von der SPD-nahen Friedrich-Ebert-Stiftung (FES) in Auftrag gegebenen Umfrage vom Juni 2022 zufolge befürworten mehr als die Hälfte der befragen Grünen-Wähler, falls erforderlich, militärische Eingriffe Deutschlands in globale Konflikte. Bei CDU- und FDP-Wählern liegt die Zustimmung lediglich bei einem Drittel. SPD-Wähler: 25 Prozent, Linke-Wähler: fünf Prozent. In der FES-Analyse heißt es dazu treffend: »Nicht nur hat sich damit die einst aus der Friedensbewegung hervorgegangene pazifistische Partei von der Parteispitze bis zur Anhängerschaft in eine tendenziell pro-interventionistische gewandelt, auch geht damit eine Art Kultivierung und grundsätzliche Akzeptanz militärischer Gewalt einher, wie es für Deutschland zumindest ungewöhnlich ist.«

Damit nicht genug: Die Grünen-Wählerschaft verlangt zu 84 Prozent eine normativ ausgerichtete Außenpolitik, die Werte über Interessen stellt, selbst für den Fall nachteiliger Folgen. Die Wähler aller anderen Parteien sind da deutlich zurückhaltender. Sollten die Deutschen Wohlstandsverluste hinnehmen, um die hiesige wirtschaftliche Abhängigkeit insbesondere von Russland und China zu verringern? Fast 100 Prozent der Grünen-Wähler bejahen das, bei den übrigen Wählergruppen sind es weniger, doch immerhin auch noch um die 75 Prozent.[52]

Wer immer da für Wohlstandsverlust eingetreten sein mag, er wird ihn bekommen. Falls nicht längst geschehen. Wie aber ist diese Irrationalität zu erklären, den Schuss ins eigene Knie geradezu einzufordern? Woher kommt diese grüne Lust auf Militarismus jenseits der Landesverteidigung? Die vordergründige Antwort lautet wohl: Solidarität mit der Ukraine, stoppen wir Putin, bevor es zu spät ist.

Die Schichten dahinter freizulegen erfordert zunächst einen Blick auf die Wählerschaft und soziale Zusammensetzung der Grünen. Die »alternativen« Jungwähler der Partei aus den 1980er Jahren sind heute beruflich, familiär und gesellschaftlich arriviert, wie auch die nachfolgende Wählergeneration. Ihre Verbürgerlichung ist auch daran abzulesen, dass Grünen-Wähler nicht nur über die höchsten Bildungsabschlüsse verfügen, sondern auch überdurchschnittlich verdienen. In der Regel gehören sie den meist großstädtisch geprägten Mittel- und Oberschichten an. Grünen-Wähler verstehen sich gerne als »postmaterialistisch«, treten für »Nachhaltigkeit« in der Wirtschaft sowie Ökologie im weitesten Sinn ein. Sie sind vornehmlich im Dienstleistungs- und Bildungsbereich tätig, stark in urbanen Milieus verortet, eher schwach in ländlichen.

In Ostdeutschland treffen die Grünen auf wenig Zustimmung, ihre Wahlergebnisse liegen dort meist im einstelligen Bereich. Stark sind sie dagegen in Westdeutschland, wo sie vielfach zur zweitstärksten Partei hinter der CDU/CSU aufgerückt sind. Unter Arbeitern, Arbeitslosen und gering Qualifizierten haben die Grünen kaum Rückhalt. Lag die Zahl der Grünen-Wähler unter 35 einst bei 80 Prozent, ist sie mittlerweile auf 30 Prozent gesunken. Frauen sind in der Partei in der Überzahl, was deren Faible für Gender-Themen beflügelt haben dürfte.

Erst das Fressen, dann die Moral

Die Grünen mögen sich als »postmaterialistisch« verstehen, tatsächlich aber gehören sie zu den Bessergestellten und Privilegierten. Ihren Wohlstand missverstehen sie offenbar als quasi gottgegeben, als Lohn des eigenen, im Grundsatz richtig geführten Lebens, auf den man fast schon einen Rechtsanspruch zu haben glaubt. Doch über Geld zu verfügen beantwortet nicht die Sinnfrage, die sich dem Einzelnen wie auch jeder Gruppe stellt.

Anders gesagt: Die Frage nach dem Warum und Wozu, einer »Gebrauchsanleitung« fürs Dasein, bleibt dringlich. Das Bekenntnis zur »Ökologie« reicht dafür nicht aus. Auf gesellschaftlicher Ebene gehen der digitale Wandel, die Globalisierung, die fortschreitende Individualisierung der Arbeitswelt (Homeoffice) einher mit dem Bedeutungsverlust traditioneller identitätsstiftender Bezugsrahmen, darunter etwa Parteien, Gewerkschaften, Kirchen, Vereine. Begriffe wie »Nation« oder »Religion« erzielen in höhergestellten sozialen Milieus kaum noch Bindungswirkung. Auch die klassische Familie aus Vater, Mutter, Kind ist nur noch bedingt Refugium; sie konkurriert mit gender- und queerorientierten Lebensformen. Gehen aber Gewissheiten verloren, ist das Tattoo am Ende identitätsprägender als jede überlieferte Bindung, offenbart sich darin ebenso ein Höchstmaß an Freiheit wie auch ein Krisensymptom. Eine Gesellschaft ohne kollektives Ich, ohne verlässliche Erzählungen, ohne Mythen, läuft Gefahr sich zu verlieren. Konsumismus und Hedonismus sind lediglich Ersatzhandlungen, Lückenfüller.

Hier nun kommt die Moral ins Spiel, wenn auch keine ethisch fundierte, sondern eine subjektiv begründete. Die berühmte Liedzeile »Erst kommt das Fressen, dann die Moral« aus Brechts *Dreigroschenoper* könnte richtiger kaum sein. Das Wissen darum ist lediglich in den Hintergrund gerückt im (noch) reichen Deutschland. Wer im Schatten des Wohlstands lebt, erst recht in ärmeren Teilen der Welt, wird dagegen lauthals mitsingen. Den Grünen ist das bemerkenswerte Kunststück gelungen, den emotional ansprechenden Begriff »Moral« politisch umfassend zu besetzen und damit ein Angebot zur Identifikation in einer postmodernen Gesellschaft anzubieten, die sich ihrer selbst längst nicht mehr sicher ist. Praktischerweise gibt es hier kein Copyright – jeder kann unter »Moral« verstehen, was er mag, wie es gerade gefällt oder nützlich erscheint.

Moral ist massentauglich. Wird sie dann noch in einen größeren Zusammenhang überführt, jenen der »Werte«, wird aus dem von Race & Gender inspirierten Gutmenschen leichtfüßig ein Ideologe, der sich eingebettet weiß in einen größeren, ebenfalls heiligen Gral aus Freiheit und Demokratie. Das ist dann, böse gesagt, die Geburtsstunde des grün verorteten Transatlantikers, der Sicherheit und Sinnstiftung beim Übervater sucht.

Auch andere Parteien bemühen Werte und Moral, insbesondere die CDU/CSU. Doch bieten die Grünen mehr: nämlich Lifestyle. Wir sind die Guten – das ist das Credo grüner Identität. Wir retten die Welt. Und weite Teile der Bevölkerung, allen voran die eigene Wählerschaft, kaufen ihnen das ab. Nicht zuletzt aufgrund des telegenen Führungspersonals. Insbesondere die Bodenständigkeit des Schwiegersohn-Typs Robert Habeck kommt gut an. Der gewiefte Kommunikator wirkt glaubwürdig und authentisch, derweil er das Land gegen die Wand fährt. *Der Spiegel* machte sein gemartert anmutendes Konterfei im August 2022 gar zum Titelbild, mit der Unterzeile »Der Leidtragende«. Ein moderner Christophorus, der nicht das Jesuskind über den Fluss trägt, wohl aber das Leid dieses Landes, wenn nicht der Welt auf seinen Schultern. Mochte Habeck zwischenzeitlich als künftiger Kanzler gehypt worden sein, sind seine Sympathiewerte wie auch die der Grünen insgesamt im Verlauf des Jahres 2023 massiv gesunken. Paradoxerweise weniger aufgrund seines Beitrags zur Deindustrialisierung Deutschlands als vielmehr infolge des von ihm forcierten »Heizungsgesetzes«. Es zwingt Eigenheimbesitzer zu hochpreisigen energetischen Sanierungen, die aber selbst für den Fall, dass sie von jetzt auf gleich vollständig umgesetzt würden, den CO_2-Ausstoß Deutschlands bis 2030 lediglich um ein Prozent verringern. Auch hier haben ideologisierte Überzeugungen über Vernunft und Augenmaß gesiegt.

Wir sind die Guten! Das ist das Angebot der Grünen an die Gesellschaft wie auch an sich selbst, darin überflügeln sie jede Konkurrenz. Als Gute sind sie zwangsläufig gegen das Böse. Gegen den Klimawandel. Gegen Putin, die Mullahs, die Unterdrückung der Uiguren, das Patriarchat. Das Böse ist so unbestimmt wie das Gute, gerade deswegen lädt es ein zum kollektiven Bekenntnis. Denn jeder ist frei in der Benennung seiner eigenen Dämonen. Alles ist gut, solange du nur gegen das Böse bist – wen oder was auch immer das bezeichnen mag. Mit einer Ausnahme allerdings: Das Böse sollte nicht innerhalb der eigenen geopolitischen Reihen beheimatet sein. Solidarität mit den Kurden wider den türkischen Präsidenten Erdogan beispielsweise geht in Ordnung, Empathie für die Palästinenser dagegen gibt die Werteskala nicht her.

Die emotionale Selbstvergewisserung, die mit der Absage an das Böse einhergeht, ist nicht zu unterschätzen. Auch ich bin ein Guter! Mit diesem Kick stelle ich mich nach außen dar, gelingt mir der Brückenschlag zu Gleichgesinnten, erfahre ich Anerkennung und Wohlwollen. Im Beruf, im Alltag, in den sozialen Medien. Leider kann das süchtig machen: die Jagd nach solchen Glücksmomenten, nach Bestätigung. Die meisten Moralisten, einmal auf den Geschmack gekommen, suchen unbewusst den fortwährenden Applaus und landen früher oder später in einer narzisstisch umrandeten »Selbstbestätigungsfalle«.

Die Ukraine braucht mehr Waffen! Die Ukraine braucht noch mehr Waffen! Schluss mit dem Russengas! Jeder, der das postuliert, ob im politisch-medialen Mainstream oder irgendwo im Netz, ist erst einmal auf der sicheren Seite, kann mit Zustimmung und Beifall rechnen. Die Versuchung ist groß, die Dosis zu erhöhen, dauerhaft auf Speed zu gehen: Schickt doch endlich die Bundeswehr in die Ukraine! Die NATO!

Auf nach Bullerbü

Putin mag ein veritabler Verbrecher sein. Dennoch muss ich in der Lage sein, die Motive seines Handelns zu verstehen, auch wenn sie mir verwerflich erscheinen. Andernfalls besteht die Gefahr endloser Gewalt und Gegengewalt. Im Namen des Guten einen Kreuzzug gegen das Böse zu führen bedeutet, sich selbst zu erhöhen, den anderen durch einen Sehschlitz wahrzunehmen und vor allem nichts zu riskieren. Am Ende stehen Selbsttäuschung, Größenwahn, der fehlgeleitete Übermensch, der auch den Atomkrieg nicht scheut. Als Teil jener Kraft, die stets das Gute will, doch stets das Böse schafft, in einer Umkehr Mephistos.

Fast alle Grünen-Wähler seien bereit, eigene Wohlstandsverluste hinzunehmen, diene es denn der guten Sache, so der bereits erwähnte Befund der FES-Studie. Dergleichen Bekundungen sind wohl in erster Linie Rhetorik. Sie dienen der Selbstbestätigung und werden in dem Maß abnehmen, wie auch die Mittelschichten die Folgen von Preisanstieg und Wohlstandszerstörung zu spüren bekommen. Das Gutmenschentum bewohnt vorzugsweise ein geistig-moralisches Bullerbü und hat nur wenig Gespür für wirtschaftliche und (geo-)politische Realitäten. Offenbar glauben Angehörige solcher Milieus, nichts und niemand könne ihr als naturgegeben angesehenes Anrecht auf ein gutes Leben gefährden. Am eigenen Leib zu erfahren, dass dem nicht so ist, dürfte in Kreisen, die bislang keine substantielle Not und kaum Lebenskrisen jenseits subjektiver Befindlichkeiten zu meistern hatten, mit einer tiefen, ja, existenziellen Verunsicherung einhergehen. Wie werden Grünen-Wähler reagieren, sollten sie Angst bekommen vor ihrem eigenen sozialen Abstieg? Wenn ihre Wohlfühl-Welt ins Wanken gerät und sie erkennen müssen, dass es einen Zusammenhang gibt zwischen Sein und Bewusstsein? In einem Gespräch mit der *Neuen Zürcher Zeitung* argumentiert der US-Autor Michael Shellenberger, dass die Grünen aus genau diesem Grund gegenwärtig ihren Zenit an Macht und Einfluss erlebten, künftig aber an Bedeutung verlieren würden – weil die Wähler sich aus Enttäuschung und Ernüchterung von ihnen abwendeten.[53]

Ebenso beruht die Vorliebe von Funktionären und Wählern der Grünen für Militarismus und Aufrüstung auf einer Fata Morgana – auf der Annahme, eine übersteigerte Moral vertrüge sich mit den Realitäten von Krieg und Gewalt. In der Nachkriegszeit, bis in die 1990er Jahre hinein, gab es einen Konsens in der deutschen Politik jenseits aller Parteigrenzen: Nie wieder Krieg. Dieser Konsens hat sich, beginnend mit den ersten Überlegungen, deutsche Soldaten an Auslandseinsätzen der NATO zu beteiligen, endgültig verflüchtigt. Als es dann tatsächlich dazu kam, in Serbien und im Kosovo 1999, begründete der grüne Außenminister Joschka Fischer diese Expedierung der Bundeswehr mit einer ultimativ das Gute beschwörenden Mahnung: Nie wieder Auschwitz. Er nahm damit Bezug auf das 1995 von Serben begangene Massaker an bosnischen Muslimen in Srebrenica.

Diese auf Elitenebene unwidersprochene politische Instrumentalisierung deutscher Erinnerungskultur unterstreicht, wie einfach es auch in einer vermeintlich aufgeklärten Gesellschaft sein kann, für den Krieg zu trommeln. Fischers Geschichtsklitterung, sein magisches Schwert, erschloss gewissermaßen eine neue Dimension: Damit wurde der zur rhetorischen Waffe geschmiedete Moralismus endgültig salonfähig und sah sich von Afghanistan bis in die Ukraine zu immer neuen Höchstleistungen inspiriert.

Anders als im Umfeld meinungsbildender Kreise in den ehemaligen Kolonialmächten Großbritannien und Frankreich und erst recht in Washington ist das Wissen um geopolitische Zusammenhänge oder Hintergründe auf deutscher Seite meist gering. Das befördert die projektive Wahrnehmung, stärkt das Sendungsbewusstsein und erleichtert den Weg in Richtung militärischer Intervention. Nicht allein, aber verlässlich bei den Grünen. Unvergessen die Vorschläge von Katrin Göring-Eckardt, damals Fraktionschefin, heute Vizepräsidentin des Bundestages, zur Zeit des Syrien-Krieges. 2014 empfahl sie, die Bundeswehr nach Syrien zu entsenden. Offiziell zum Kampf gegen die Islamisten. Doch was bedeutet das konkret? Im Zweifel auch Gefechte mit der syrischen Armee? Oder eine Waffenbrüderschaft mit Assads Truppen, die ja ebenfalls den »Islamischen Staat« bekämpften? Antworten blieb Göring-Eckardt schuldig. Stattdessen legte sie nach und forderte eine Flugverbotszone über Syrien – was bedeutet hätte, nötigenfalls Kampfjets der Russen abzuschießen, der Verbündeten Assads. Aus genau diesem Grund haben die Amerikaner eine solche Flugverbotszone nie ernsthaft in Erwägung gezogen.

Wohl aber eine angelernte Theologin und Studienabbrecherin aus Deutschland, die dabei keinen Gedanken an das Völkerrecht verschwendete: Im Namen des Guten benennt sie gleich zweifach das Böse, die Russen und die Islamisten. Das muss genügen.

Das Gefährliche an solchen Überlegungen, die sich im Ukraine-Krieg fortsetzen, ist das Fehlen von Augenmaß und Expertise. Natürlich kann man deutsche Waffen ohne Ende in die Ukraine liefern, wie es führende Grüne, einige Zeit am lautstärksten Anton Hofreiter, immer wieder mit Nachdruck gefordert haben. Solch ungestümer Dschihadismus bei gleichzeitiger Ablehnung von Diplomatie erhöht allerdings die Gefahr eines Waffengangs zwischen der NATO und Russland, was engagierte Gutmenschen wenig zu bekümmern scheint.

Einen Krieg, der das eigene Land verwüstet, können sich Grünen-Anhänger – und nicht nur sie – offenbar nicht vorstellen. Sicher auch deswegen, weil die Erinnerung an den Zweiten Weltkrieg verblasst ist und sie »Krieg« missverstehen als ein lediglich rhetorisch gedachtes Ausrufezeichen, als Selbstertüchtigung im Ringen zwischen Gut und Böse. Dass Deutschland und Berlin im Fall eines realen Krieges erneut aussehen könnten wie schon 1945, im Fall eines nuklearen Schlagabtausches eher wie zu Zeiten der Flugsaurier – dieser Gedanke kommt ihnen entweder gar nicht erst, oder sie halten ihn für vollkommen abwegig. Ist doch die NATO ein reines Verteidigungsbündnis auf der Grundlage von Werten. Und der russische Aggressor versteht nun mal allein die Sprache der Stärke und der Abschreckung. Verhandeln? Miteinander reden? Das wäre Verrat an den »Ukrainerinnen und Ukrainern«. Sollte die Welt zugrunde gehen, dann bitte sprachgerecht.

Leider interessieren sich grüne Moralisten nur wenig für diejenigen, die den Preis für ihre Weltenrettung zu bezahlen haben. Grün zu sein, sich grün zu verorten bedeutet (noch), zu den Privilegierten zu gehören. In dem Maß, wie die gesellschaftlichen Verwerfungen in Deutschland zunehmen, dürften Kulturfragen mehr und mehr zum Gradmesser von »links« oder »rechts«, von »oben«

oder »unten« werden – wie in den USA seit langem schon zu beobachten. Plakativ gesagt: Der urbane Mittelstand wird auch weiterhin Lastenfahrrad fahren, sich gesund ernähren und auf seine *Work-Life-Balance* achten. Und gleichzeitig herabsehen auf die Malocher, die zu viel duschen, mehr Fleisch statt Gemüse essen, zu dick sind, sich zu wenig bewegen, die falschen Autos fahren und einfach nicht verstehen wollen, dass in der Ukraine auch unsere Freiheit verteidigt wird.

In letzter Konsequenz läuft das hinaus auf einen Klassenkampf der Besitzenden gegen die Habenichtse, die wirtschaftlich immer größere Mühe haben, sich über Wasser zu halten. Hier das privilegierte, autoritär-ökologisch gestimmte Oben, dort ein (Sub-)Proletariat, dem die »Stoppt das Russenzeugs«-Regierungslinie als Erstes um die Ohren fliegt. Je mehr Menschen arbeitslos werden und sich um ihre Zukunft betrogen sehen, nicht mehr wissen, wie sie über die Runden kommen sollen, umso größer die Wut, umso stärker die Gegenbewegung. Menschen, die ihre Lebensweise brutal abgewertet sehen oder sich zu Recht als Verlierer einer Entwicklung begreifen, auf die sie keinen Einfluss haben, orientieren sich erfahrungsgemäß in Richtung Rechtspopulismus. In den USA und einer Vielzahl europäischer Länder ist das längst geschehen, treten rechtspopulistische Volksparteien auf den Plan oder sind bereits an der Macht. In Deutschland vor allem wohl deswegen (noch) nicht, weil es diesem Land bislang, alles in allem, gut ergangen ist. Doch diese Zeiten sind vorbei, unwiderruflich wohl.

Nutznießer dieser Entwicklung muss nicht zwangsläufig die AfD allein sein. Gut vorstellbar, dass neue, ganz andere Bewegungen entstehen, auch ultranationalistische oder gewaltbereite im Stil der »Proud Boys«, die bei der Erstürmung des Kapitols in Washington im Januar 2021 eine führende Rolle spielten. Noch fehlt den »Patrioten« hierzulande eine charismatische Führungspersönlichkeit à la Jörg Haider. Sobald ein solcher Anti-Habeck die Bühne betritt, wird die Zweiteilung der Gesellschaft zügig voranschreiten. Daran zu zweifeln besteht wenig Anlass. Entzünden dürfte sich die Auseinandersetzung auch und vor allem entlang kultureller Symbole, an den »unten« zutiefst verhassten identitätspolitischen Glaubensgewissheiten, allen voran die Gendersprache.

Die herrschende Moralpolitik ist eine gefährliche Ideologie, die das Unglück auf Kosten der Schwächeren und Schwächsten verwaltet. Sie riskiert die wirtschaftliche Selbstzerstörung, macht sich außen- und sicherheitspolitisch abhängig von den USA und karikiert sich selbst. Indem sie das vermeintlich Allerwichtigste, den Kampf gegen den Klimawandel, auf dem Altar eines epochal verstandenen Ringens zwischen Gut und Böse in der Ukraine, in Zukunft wohl auch in China, auf unbestimmte Zeit vertagt. Indem sie Militarismus und Krieg für ein legitimes, wenn nicht bevorzugtes Mittel ansieht, um den Frieden zu wahren oder wiederherzustellen. Nicht aber Gespräche und Verhandlungen. Indem sie mit jedem fragwürdigen Potentaten ins Bett geht, solange der nur kein Russisch spricht. Indem sie Zweifel weder kennt noch zulässt – stehen die eigenen Gewissheiten doch für »42«, bekanntlich die Antwort auf alle großen Fragen der Menschheit in Douglas Adams' Kultbuch *Per Anhalter durch die Galaxis*.

Täuscht der Eindruck, oder hat es dergleichen verquere Zutaten eines deutschen Idealismus zu früheren Zeiten nicht schon einmal gegeben? In gänzlich anderem Kontext, gewiss, doch scheinen da jene Tentakel auf, die im Kopf zusammenführen wollen, was nicht zusammengehört: Am deutschen Wesen soll die Welt genesen?

Jenseits von Eden:

Nationale Interessen im Windschatten der NATO

Zwei fundamentale Triebkräfte bestimmen geschichtliche Entwicklungen: die Ökonomie und, eng damit verbunden, das Streben imperialer Mächte nach Vorherrschaft. Eine normative Moral kann es auf individueller, auch gesellschaftlicher Ebene geben, kodifiziert im Rechtswesen, nicht aber in der Politik. Vielleicht in der besten aller Welten, aber nicht in der gegenwärtigen. Dort geht es um Interessen, um Machtgewinn oder Machterhalt, um Dominanz. Was in der Natur der Sache liegt: ohne Einfluss keine Gestaltungsmöglichkeit.

Ein Politiker jedoch, der sein eigenes Handeln als »wertegeleitet« ausgibt, erzeugt ein Wunschbild, das Wähler zu gewinnen sucht oder Legitimation. Das kann gefährlich werden – die Historie jedenfalls ist randvoll mit Verbrechern und verbrecherischen Ideologien, die Millionen Menschen auf dem Gewissen haben und sich dabei stets auf eine höhere Moral zu berufen wussten. Bevorzugt, indem sie die Welt in Gut und Böse unterteilten. In auserwählte Völker, Rassen, Gruppen – und in weniger auserwählte.

Die Konquistadoren etwa beriefen sich auf Gott und das Christentum, als sie die Inkas und Mayas massakrierten. Die britischen Kolonisatoren klagten bitterlich über die »Bürde des weißen Mannes«, die Last ihrer selbstauferlegten Mission, die vermeintlichen Wilden in den von ihnen unterworfenen Ländern zu »zivilisieren«. Aus ihrer Sicht durchaus ein »wertegeleitetes Handeln«. Selbst die größten Massenmörder des vorigen Jahrhunderts, Hitler, Stalin und Mao sahen sich als Architekten ihres jeweiligen Ultima Thule.

Nicht zu vergessen die britische Monarchie. Zwischen 1880 und 1920 hat der Westminster-Kolonialismus in Indien einer neuen Studie zufolge mindestens 50 Millionen Menschen das Leben gekostet, vor allem durch den bewussten und vorsätzlichen Einsatz von Hunger als Waffe.[54] Es handelt sich dabei um die höchste politisch gewollte und veranlasste Sterberate in der Geschichte der Menschheit abgesehen von den beiden Weltkriegen. Nicht in der Studie erfasst sind noch einmal bis zu vier Millionen Hungertote im ostindischen Bengalen 1943/44. Premier Winston Churchill erteilte persönlich die Anordnung, die Verhungernden sterben zu lassen und die noch verbliebenen Reis- und Getreidevorräte zu requirieren – zugunsten der britischen Armee in ihrem Kampf gegen die Japaner in Ostasien. Es ist bezeichnend, dass diese Verbrechen in der hiesigen Erinnerungskultur, generell in der westlichen Geschichtsschreibung, bestenfalls unter »ferner liefen« vorkommen. Ganz im Gegensatz etwa zum »Holodomor« (»Mord durch Hunger«), dem von Stalin zu verantwortenden Hungertod von bis zu vier Millionen Ukrainern 1932/33.

Warum diese unterschiedliche Wahrnehmung? Weil sich historische Ereignisse sehr gut zur politischen Instrumentalisierung in der Gegenwart eignen und niemand im Westen ein Interesse daran hat, den hochgeschätzten Wertepartner Großbritannien anzuprangern oder den Mythos Churchill anzukratzen. Bei Russland ist die Gefechtslage bekanntlich eine andere.

Nichts ist gefährlicher als eine ideologisierte Moral. Im Zweifel führt sie ins Massengrab. Was keineswegs bedeutet, dass Politik nicht ethisch fundiert sein könnte. Indem sie beispielsweise auf die großen Herausforderungen der Gegenwart lösungsorientiert antwortet. Allen voran den Klimawandel, die immer größer werdenden sozialen Ungerechtigkeiten auf globaler Ebene (ein Prozent der Menschheit verfügt über 50 Prozent der Vermögenswerte) und die Bewahrung oder Wiederherstellung des Weltfriedens. Lösungsorientiert zu handeln bedeutet in diesem Kontext, zu deeskalieren, zu teilen, die Grundlagen einer in erster Linie wachstumsorientierten und umweltschädigenden Wirtschaft infrage zu stellen. Dabei darf es keine Tabus geben. Keine Ausgrenzung. Keine Denkverbote. Es geht um nichts weniger als eine Neuformatierung der Welt.

Eine ethisch motivierte Politik orientiert sich am Gemeinwohl, am Menschen. Nicht an den Interessen kleiner Machteliten. Sie handelt konstruktiv und ist eben darin, in ihrem Tun, ein Vorbild. Nicht in der Verabschiedung weiterer Verlautbarungen. Zusammenfassen lässt sie sich in einem einzigen Satz, dem Credo aller Religionen, dem kategorischen Imperativ Kants: Behandle andere so, wie du selbst von ihnen behandelt werden möchtest.

Mehr Verantwortung übernehmen?

Diesem Ideal steht die Realität entgegen. Nicht zuletzt der Krieg in der Ukraine, der die politische Agenda in Deutschland seit Beginn des russischen Angriffs beherrscht. Wie beschrieben, reagiert die Bundesregierung vorwiegend auf der Grundlage einer hochgradigen Moralität, weitgehend ohne Rücksicht auf Deutschlands eigene nationale Interessen. Diese Moralität findet große Resonanz in der Bevölkerung, wenngleich sie mehrheitlich die Lieferung schwerer Waffen an Kiew ablehnt.[55] Noch halten die sozialen Dämme, gibt es keine Massenproteste gegen den schwieriger werdenden Alltag, die hohe Inflation.

Gleichzeitig ist die Wahrnehmung Russlands in Politik und Medien keine notwendigerweise kritische mehr, sondern eine dämonisierende. Russland ist das Reich des Bösen schlechthin, Putin entweder irre, größenwahnsinnig oder die Wiedergeburt Stalins, wahlweise auch Hitlers. Ganz im Gegensatz zur Wahrnehmung der Ukraine, die auf eine Heldenverehrung ihres Präsidenten Selenskij hinausläuft. Jede differenzierende Betrachtung der Kriegsursachen oder des Kriegsverlaufs, bereits das Plädoyer für Friedensverhandlungen steht im Ruch der Putin-Propaganda. Man ist entweder für das Gute oder aber für Putin, dazwischen gibt es wenig. Ganz im Ungeist von US-Präsident George W. Bush, der nach den Terroranschlägen des 11. September 2001 erklärte: »Wer nicht für uns ist, ist gegen uns.« Das Ergebnis ist bekannt.

Gehör fand lange Zeit, wer am lautesten Waffenlieferungen und den Sieg der Ukraine einforderte. Worin aber sollte der bestehen? In einer Rückeroberung der Krim, selbst um den Preis einer möglichen nuklearen Konfrontation? Glaubt irgendjemand ernsthaft, die russische Atommacht würde sich in der Ukraine militärisch niederringen lassen, kapitulieren gar? Die in Deutschland vorherrschende und aus Washington importierte Annahme, der zufolge Verhandlungen mit Russland erst dann erfolgen könnten, wenn entweder die russischen Truppen abzögen oder aber Moskau mit dem Rücken zur Wand stehe, beruht auf Wunschdenken. Die Forderung nach einem russischen Abzug ist nachzuvollziehen, doch weiß jeder Diplomat, dass ein solcher Schritt niemals den Auftakt von Friedensgesprächen setzen wird.

Sehen wir uns die »nationalen Interessen« Deutschlands näher an. Der dehnbare Begriff selbst, ursprünglich eng mit der »Staatsräson« verbunden, bezeichnet zunächst allgemein die Grundlagen einer nutzbringenden Außenpolitik. Die wiederum eng mit den wirtschaftlichen Interessen des jeweiligen Landes zusammenhängt. Anders als in den USA spielte deren konkrete Ausformulierung, auch der NS-Vergangenheit geschuldet, in Deutschland lange Zeit kaum eine Rolle. Das änderte sich erst in den 1990er Jahren, parallel zu den lauter werdenden Rufen nach Auslandseinsätzen der Bundeswehr, damals unter dem Slogan »Mehr Verantwortung übernehmen«. Die damaligen wie auch die heutigen Regierungsparteien verstehen nationale Interessen offenbar weniger als die Notwendigkeit, mit den Mitteln der Diplomatie die eigene Wirtschaft zu stärken und den hiesigen Wohlstand zu erhalten. Ihrem Selbstverständnis zufolge sind Deutschlands Interessen, wie es scheint, am besten aufgehoben in einem militärischen Kontext. Diesen Eindruck erwecken jedenfalls die »Weißbücher« der Bundeswehr von 1994, 2006 und 2016. Auffallend im letzten Weißbuch ist vor allem das Bekenntnis zur Einbindung der Bundeswehr in solche NATO-Strukturen, die weit über die Landesverteidigung hinausreichen. Die Bundeswehrreform von 2011 hatte diese Entwicklung bereits vorweggenommen, indem sie die Armee in Struktur und Bewaffnung neu ausrichtete, hin zu Auslandseinsätzen. (Die in jeder Hinsicht unzureichende Ausstattung der Bundeswehr steht auf einem anderen Blatt und soll hier nicht weiter thematisiert werden.) Nicht zuletzt mit dem Ergebnis, dass heute die deutsche Marine auch im indo-pazifischen Raum patrouilliert und dort an Militärmanövern unter Führung der USA teilnimmt. Von den fragwürdigen, um nicht zu sagen, unsinnigen Einsätzen in Afghanistan und Mali ganz zu schweigen. Mit anderen Worten: Deutschland versteht sich vornehmlich als Juniorpartner der USA auf der weltpolitischen Bühne, nicht als eigenständiger Akteur.

Für die Amerikaner dagegen sind nationale Interessen sehr viel weiter gefasst. Ihre beiden bekanntesten und strategisch weitsichtigsten Vordenker der letzten Jahrzehnte, Henry Kissinger und Zbigniew Brzezinski, haben die Vorgaben und Richtlinien US-amerikanischer Sicherheitsarchitektur maßgeblich geprägt und mit grenzenloser Skrupellosigkeit auch umzusetzen gewusst. Das oberste Ziel war stets die Festigung der politisch-militärischen Vormachtstellung der USA, zum Nutzen der weltgrößten Volkswirtschaft. Ganze Völker und Nationen sind dabei in den Abgrund gerissen worden, am sichtbarsten in Vietnam, Laos, Kambodscha, in der arabisch-islamischen Welt und in Lateinamerika. Es handelt sich dabei gewissermaßen um die »Kollateralschäden«

der »regelbasierten Ordnung«, die zynische Kehrseite der Verheißung von Freiheit, Demokratie und Menschenrechten.

In Deutschland liegen politische und wirtschaftliche Interessen bis heute im Windschatten transatlantischer Werteorientierung und werden nur selten klar benannt. Die bekannteste Ausnahme ist Ex-Bundespräsident Horst Köhler. Nach einem Besuch in Afghanistan hatte er im Mai 2010 in einem Interview erklärt, im Notfall sei auch »militärischer Einsatz notwendig …, um unsere Interessen zu wahren, zum Beispiel freie Handelswege«. Daraufhin erhob sich ein Sturm der Entrüstung – offiziell war die Bundeswehr ja dort im Einsatz, weil »unsere Sicherheit auch am Hindukusch verteidigt wird«, so Verteidigungsminister Peter Struck (SPD) zu Beginn des deutschen Armee-Einsatzes 2001. Alternativ war davon die Rede, dass man in Afghanistan Brunnen bohren oder den Mädchen den Schulbesuch ermöglichen müsse – was man eben glaubte, einer gutgläubigen Öffentlichkeit, die jedoch mehrheitlich gegen Auslandseinsätze der Bundeswehr eingestellt war, einflüstern zu sollen. Als Reaktion auf die scharfe Kritik trat Köhler noch im selben Monat von seinem Amt zurück. Er hatte den Fehler begangen, Klartext zu reden, und damit, sicher ungewollt, hiesigen Entscheidungsträgern den Spiegel vorgehalten.

Es geht um Gerechtigkeit

Wollte man »nationale Interessen« ethisch fundieren und sie nicht lediglich für eine Munitionslieferung halten, so wäre ihr erstes Postulat gegenwärtig ohne Zweifel die Friedenssicherung. Das bedeutet, mit allen zur Verfügung stehenden politischen und diplomatischen Mitteln den Ukraine-Krieg so schnell wie möglich zu beenden. Unbeschadet der militärischen Unterstützung des angegriffenen Landes zur Selbstverteidigung – nicht aber zur Ertüchtigung eines Stellvertreter-Krieges der US-geführten NATO gegen Russland.

Jeder Bundesminister schwört oder versichert in seinem Amtseid, »Schaden vom deutschen Volk abzuwenden«. Sollte das mehr sein als ein bloßes Lippenbekenntnis – wie wäre dann die vorsätzlich zu nennende Selbstzerstörung der deutschen Wirtschaft in Gestalt einer kurzsichtigen Sanktionspolitik einzuordnen? Ist es Aufgabe deutscher Politik, moralingesteuert eher die Interessen der Ukraine zu vertreten als die unsrigen? Sind hiesige Entscheider generell willens und in der Lage, selbstbestimmt zu handeln, wenn sie sich de facto mit der ihnen zugedachten Rolle eines Juniorpartners der USA begnügen? In der »dienenden Führung« (Habeck)? Washington betreibt eine zunehmend expansionistische Ausrichtung der NATO weit über den Nordatlantik hinaus – mit dem Ziel, den Aufstieg Chinas zur Weltmacht beinahe um jeden Preis zu verhindern. Entspricht diese Agenda den nationalen Interessen Deutschlands?

Nationale Interessen, ethisch begründet, orientieren sich zunächst am Wohlergehen der eigenen Bevölkerung. Das ist der entscheidende Maßstab, jenseits moralbasierter Bekenntnisse. Und Wohlergehen bedeutet idealerweise ein Höchstmaß an sozialer Gerechtigkeit, bestmöglich ausgestattete Schulen, Ausbildungsbetriebe, Universitäten, eine zeitgemäße Infrastruktur auf allen Ebenen, einschließlich Verwaltung und Gesundheitswesen, eine Wirtschaftsordnung, die der Gesellschaft dient, nicht umgekehrt, die Rückkehr zu einer diskursiven Ethik, die Bewahrung der Schöpfung, ein Ende der Ausbeutung von Mensch und Natur. Die Bundeswehr würde in diesem Umfeld der Landesverteidigung dienen, nicht den imperialen Interessen von Machteliten.

Nationale Interessen ethisch zu vertreten ist kein Plädoyer für Naivität im Umgang mit Widersachern und Gegnern. Weder gegenüber Russland noch gegenüber China. Wohl aber eines für den Dialog und wider jede Dämonisierung. Auch reale oder vermeintliche Schurkenstaaten können durchaus legitime (Sicherheits-)Interessen verfolgen. Kompromisse und Konfliktlösungen sind ausschließlich im Geben und Nehmen zu finden, niemals im Säbelrasseln. Europa hat die Welt jahrhundertelang mit Krieg und Zerstörung überzogen. Allein dieses historische Vermächtnis mahnt, unseren Kontinent und unser Land nicht zum Schauplatz eines nuklearen Armageddon werden zu lassen. Ja, Russland ist der Aggressor. Die Antwort des Westens auf diese Zumutung, für welche die Menschen in der Ukraine den Preis bezahlen, ist allerdings wenig konstruktiv, da sie allein auf das Militärische und fragwürdige Sanktionen setzt.

Zum Vergleich: Die deutsche Ostpolitik der 1960er und 1970er Jahre hat ganz anders auf die Herausforderungen der damaligen Zeit reagiert. Auf den Mauerbau entlang der innerdeutschen Grenze 1961 etwa oder den sowjetischen Einmarsch in die Tschechoslowakei 1968. Ungeachtet der scharfen Verurteilung und einer deutlichen Erhöhung des Militärbudgets setzte insbesondere die sozialliberale Koalition unter Willy Brandt auf die Fortsetzung, ja, sogar auf die Intensivierung der Kontakte zu Moskau und Ost-Berlin, auf allen Ebenen. Kein politischer Entscheider in Bonn wäre auf die Idee gekommen, Sanktionen zu verhängen oder gar einen Regimewechsel herbeiführen zu wollen. Ganz bewusst hatte sich die Politik dem Pragmatismus verschrieben, setzte man auf kleine Schritte und fortwährende Verhandlungen, etwa zugunsten humanitärer Erleichterungen im deutsch-deutschen Reiseverkehr. Wären moralischer Rigorismus und der Abbruch fast aller Kontakte hier die bessere Alternative gewesen? Hätten sonst 35 Staaten aus Ost und West 1975 die Schlussakte von Helsinki unterschrieben, symbolischer Schlusspunkt der »Konferenz über Sicherheit und Zusammenarbeit in Europa« (KSZE) – ein Meilenstein der militärischen Deeskalation im Kalten Krieg, ein Bekenntnis zur Kooperation in Politik, Wirtschaft, Wissenschaft, Technik und Umwelt, für die Wahrung der Menschenrechte?

Nationale Interessen lediglich als Recht des Stärkeren zu verstehen, im Geist eines Brzezinski oder Kissinger, verbietet sich für Deutschland. Unser Land ist keine Weltmacht, und die beiden Male, in denen Deutschland eine zu sein bemüht war, hat die Menschheit, haben die Deutschen dafür einen furchtbaren Preis bezahlt. Im Grundsatz ist das Ansinnen Machiavellis, nämlich Politik und Moral voneinander zu trennen, noch immer richtig. Doch hat es zwischenzeitlich zu viele Genozide gegeben, zu viel Tod und Vernichtung, als dass es heute noch vertretbar wäre, einer bloßen Kosten-Nutzen-Rechnung in der Politik das Wort zu reden.

Die Paradoxie ist diese: Unter den Bedingungen bestmöglicher Staatsführung wären nationale Interessen und Werte kein Widerspruch. Ganz im Gegenteil, sie würden einander ergänzen und bedingen. Nicht aber in einer Gegenwart, in der Deutschland Mühe hat, eigene nationale Interessen souverän zu bestimmen und »Werte« wenig mehr bezeichnen als im Grunde gar nichts.

Unsere Gegenwart ist von einer Umbruchsituation geprägt, in der die dominante Weltmacht USA ihre Vormachtstellung von China herausgefordert sieht. Grundsätzlich kann ein Imperium, das seinen historischen Zenit erkennbar überschritten hat, auf zweierlei Weise reagieren: indem es den Kuchen mit seinen Rivalen zu teilen lernt oder aber indem es versucht, den weiteren Aufstieg seiner Widersacher mit allen zur Verfügung stehenden Mitteln aufzuhalten. Die USA haben sich für Letzteres entschieden.

Imperiale Politik ist keine amerikanische Erfindung, sie durchzieht die Geschichte der Menschheit. Diese Geschichte handelt wesentlich vom Aufstieg und Niedergang, vom Werden und Vergehen immer neuer Reiche, Zivilisationen und Kulturen. Der Erste, der diesen Zusammenhang umfassend dargestellt und damit der modernen Geschichtswissenschaft den Weg geebnet hat, war der aus Tunis gebürtige arabische Universalgelehrte Ibn Khaldun (1332–1406). Seine berühmte, mehrbändige *Muqaddima* ist eine Einführung in die Geschichtsphilosophie, die von der genauen Beobachtung historischer Ereignisse und Entwicklungen, von Wirtschaft, Politik und Erziehung lebt. Nüchtern beschreibt er das Wesen der Macht. Am Anfang stehe der »soziale Zusammenhalt« (Asabiya) innerhalb einer Gruppe. Dieser Zusammenhalt ergebe sich meist spontan, innerhalb von Clans oder Stammesverbänden. Sobald einflussreiche Gruppen nach der Macht strebten, bedürften sie einer »religiösen Ideologie«, die der Selbstlegitimation ebenso diene wie der Festigung der eigenen Gefolgschaft. Asabiya plus Ideologie: Das ist laut Ibn Khaldun die Voraussetzung, um an die Macht zu gelangen oder sie zu bewahren. Auf heutige Verhältnisse übertragen: westlicher Elitenkonsens und »Werteorientierung« – die säkulare Variante der Gottesanbetung.

Die Macht allerdings sei flüchtig. Wie in einer Wellenbewegung erlebten Dynastien und Imperien ihren Aufstieg und früher oder später auch ihren Niedergang, so Ibn Khaldun. Psychologische, soziale, wirtschaftliche und politische Faktoren setzten dabei den Rahmen. Jedes Reich gehe aus seinen Vorläufern hervor und pflanze seinerseits die Saat für die jeweiligen Nachfolger. Das Tempo oder die Richtung werde dabei von jenen vorgegeben, deren sozialer Zusammenhalt stärker sei als der konkurrierender Gruppen oder Verbände. Für Ibn Khaldun stellt sich Geschichte als ein endloser Zyklus aus Berg- und Talfahrten dar, ohne Evolution oder Fortschritt – abgesehen von der Entwicklung primitiver in Richtung zivilisierter Gesellschaften. Eine Auffassung, über deren zweiten Teil sich streiten ließe.

Das europäische Verständnis von Geschichte und Kultur ist meist ein vergleichsweise lineares, ein kontinuierlich aufsteigendes, hin zu einem imaginierten Endpunkt. Das kann der Sieg der einen gesellschaftlichen Gruppe über die andere sein, wie im

Kommunistischen Manifest propagiert, oder auch das von dem US-Politologen Francis Fukuyama konstatierte »Ende der Geschichte«, das mit dem Untergang der Sowjetunion und dem Sieg des Kapitalismus US-amerikanischer Prägung verwirklicht worden sei.

Ibn Khalduns Deutung von Geschichte als einer endlosen Wellenbewegung erscheint hier deutlich realitätsnäher. So folgte auf die kolonialen Siegeszüge Spaniens und Portugals im 16. und 17. Jahrhundert deren Niedergang. Vor allem Großbritannien und Frankreich stiegen anschließend zu Weltmächten auf, bis sie nach dem Zweiten Weltkrieg ihrerseits von den USA abgelöst wurden. Deren Führungsanspruch erfolgreich infrage zu stellen war der Sowjetunion nicht gegeben. Und nun zeichnet sich eine erneute Wellenbewegung ab, der Aufstieg Chinas zur Weltmacht, im Bündnis mit Russland als Juniorpartner.

Ein großes Schachbrett

Hätte es tatsächlich ein »Ende der Geschichte« gegeben, gäbe es wahrscheinlich auch keinen Krieg in der und um die Ukraine. In seinem Buch *Die einzige Weltmacht. Amerikas Strategie der Vorherrschaft* (1997) beschreibt Zbigniew Brzezinski, unter Präsident Jimmy Carter (1977–1981) Nationaler Sicherheitsberater, »mit Blick auf Eurasien eine umfassende und in sich geschlossene Geostrategie«. Die USA müssten demzufolge nach dem Ende der Sowjetunion ihre Vorherrschaft auf »dem großen Schachbrett« Eurasiens dauerhaft sichern, um so eine neue, US-dominierte Weltordnung zu gewährleisten.

Aus dieser Perspektive darf eines nicht geschehen: ein Schulterschluss der EU mit Russland, auf Kosten der USA. Wer die westliche Politik gegenüber Moskau, darunter die NATO-Expansion in Richtung Osten, auch unter Einbeziehung der Ukraine und

Georgiens zu verstehen und einzuordnen sucht, findet in Brzezinskis Buch erhellende Einsichten. Zwar hatte der neben Kissinger einflussreichste Politstratege Washingtons damals kein öffentliches Amt mehr inne, doch spiegeln seine Äußerungen eine Haltung, wie sie unter amerikanischen Sicherheitsexperten weit verbreitet war und ist.

So auch in der Wolfowitz-Doktrin von 1992, benannt nach dem damaligen Staatssekretär im Pentagon, Paul Wolfowitz, einem führenden Neokonservativen und Mastermind des Irak-Krieges 2003. (Neokonservatismus: *America first* plus deregulierter Finanzmarkt plus Bellizismus.) Diese nicht für die Öffentlichkeit bestimmte Doktrin entwarf eine Strategie, um nach dem Untergang der Sowjetunion die Vormachtstellung der USA als alleinige Weltmacht dauerhaft zu sichern. Sie empfahl eine Politik des Unilateralismus – die USA setzen ihre Interessen nötigenfalls ohne Bündnispartner um und bedienen sich »präemptiver militärischer Maßnahmen«, um »potentielle Gefahren, die von anderen Nationen ausgehen, abzuwehren und Diktaturen daran zu hindern, Großmächte zu werden«. Gemeint waren vor allem Russland und die Gegner Israels im Nahen Osten.

Das wichtigste geostrategische Ziel der USA sei es demzufolge, eine erneute globale Herausforderung wie seitens der vormaligen Sowjetunion zu verhindern. Washington solle »danach streben, jede feindliche Macht davon abzuhalten, eine Region zu dominieren, deren Ressourcen unter vereinter Kontrolle groß genug wären, um eine globale Supermacht hervorzubringen«. Eine Rückkehr der Ukraine und von Belarus in den Einflussbereich Moskaus gelte es daher unbedingt zu verhindern.[56] Den Aufstieg Chinas ohnehin, wenngleich der damals noch nicht im Fokus stand.

Die hiesige offizielle Wahrnehmung des Ukraine-Krieges ist hinlänglich bekannt und kennt nur einen Verantwortlichen: Russland. Doch auch der Westen und namentlich die USA haben einen erheblichen Anteil an der Vorgeschichte des Krieges. Diese leicht zu belegende Tatsache allerdings auch nur zu erwähnen steht bereits im Ruch der Putin-Propaganda. In Zeiten einer massiven Konfrontation, die auch vonseiten Deutschlands mit hohem Einsatz geführt wird, geht es selten um Aufklärung, Hintergründe, Fakten, generell Differenzierung. Gefordert ist vielmehr ein schlichtes Weltbild, die Unterteilung der Welt in Schwarz und Weiß, was auch dem Bedürfnis weiter Teile der Öffentlichkeit nach Orientierung und Halt Rechnung trägt. Dass dieses Bedürfnis durchaus gelenkt, um nicht zu sagen, propagandistisch unterlegt wird, versteht sich beinahe von selbst, ist aber nicht jedem bewusst. Propaganda machen die Russen, die hiesige Politik wie auch die Medien jedoch betätigen sich wahrheitsgetreu und »werteorientiert«.

Eine Frage der Perspektive

Moralische Emphase allerdings ersetzt keine Analyse politischer und zeitgeschichtlicher Gegebenheiten. Angefangen damit, die beiden vorherrschenden Sichtweisen auf Russland hervorzuheben. Die eine, geprägt von den Stereotypen des Kalten Krieges, sieht in Russland eine grundsätzlich chauvinistische, aggressive Macht, die seit dem Ende der Sowjetunion verlorene Größe wiederherzustellen sucht. Moskau habe nie Interesse an einer friedlichen Kooperation mit dem Westen gezeigt und alle großzügigen Angebote der Zusammenarbeit zurückgewiesen. Die einzigen berechtigten Vorwürfe an den Westen im Umgang mit Russland bestünden darin, viel zu spät das wahre Gesicht des Kreml erkannt zu haben, das sich spätestens mit der Annexion der Krim 2014 hinter keiner Maske mehr verberge. Seit dem Angriff auf die Ukraine ist diese Sichtweise gewissermaßen kodifiziert. Wer ihr nicht folgt, riskiert den Vorwurf, ein Propagandist Putins zu sein. Zusätzlich verstärkt wird sie durch die Autorität von Historikern wie Heinrich August Winkler, der »erschreckende Parallelen« der Politik Putins zu jener Hitlers feststellt.[57] Ganz zu schweigen von seinem US-Kollegen, dem Yale-Historiker Timothy Snyder, dem vermutlich einflussreichsten akademischen Russland-Basher diesseits und jenseits des Atlantiks: »Warum fällt es Deutschland so schwer, von einem faschistischen Russland zu sprechen?«[58]

Die andere Sichtweise sieht in Russland in erster Linie das von westlicher Seite in die Enge getriebene Opfer einer machtpolitisch motivierten Osterweiterung der NATO. Kooperationsangebote des Westens an Moskau habe es in der Tat gegeben, doch seien diese nie ernst gemeint gewesen. Alles, was Russland vorgeworfen werde, auch der Angriff auf die Ukraine, sei demzufolge eine Reaktion auf das Hegemoniestreben Washingtons.

Natürlich ist die Realität komplexer, als es verkürzende Sichtweisen nahelegen. Richtig ist aber, dass es nicht gelungen ist, Russland in die von den USA dominierte westliche Sicherheitsordnung einzubinden. Das sicherheitspolitische Vakuum in Ostmitteleuropa nach Auflösung des Warschauer Paktes wurde zügig durch die Osterweiterung der EU wie auch der NATO gefüllt, ohne das Selbstbestimmungsrecht der ehemaligen Ostblock-Staaten mit den legitimen Sicherheitsinteressen Russlands abzustimmen. In den Worten von Horst Teltschik, unter Bundeskanzler Helmut Kohl stellvertretender Leiter des Kanzleramtes und Chef der dortigen Abteilung für Auswärtige Beziehungen: »Im Westen, vor allem in Washington, sonnte man sich … in dem Gefühl, den Kalten Krieg gewonnen zu haben, und behandelte Russland nicht als gleichberechtigten Partner, auch wenn man es auf dem Papier als einen solchen bezeichnete. Man erwartete, dass Moskau sich in den vom Westen vorgegebenen Rahmen der internationalen Politik einreihte, und reagierte entrüstet, wenn es dies nicht tat. So wurden in diesen Jahren die strukturellen Grundlagen gelegt für eine Entfremdung, die in dem Jahrzehnt nach der Jahrtausendwende zunehmend an Fahrt gewann.«[59]

Transatlantisch eingebettete Russland-Gegner betonen gerne, es habe nie Zusagen gegenüber dem letzten sowjetischen Staatschef Michail Gorbatschow gegeben, die NATO nicht in Richtung Osten zu erweitern. Diese Behauptung ist sachlich falsch. Wie nicht zuletzt freigegebene Dokumente des »National Security Archive« in Washington unmissverständlich belegen, hat es wiederholt unzweideutige Versicherungen gegeben, die NATO eben nicht in Richtung Osten auszudehnen. Vonseiten führender Politiker der USA, allen voran Präsident George H.W. Bush und Außenminister James Baker, aber auch von europäischen Repräsentanten, darunter Bundeskanzler Kohl und Außenminister Hans-Dietrich Genscher, ebenso vonseiten des französischen Präsidenten François Mitterand und der britischen Premierministerin Margaret Thatcher. Am bekanntesten ist wohl die Aussage Bakers vom 9. Februar 1990 gegenüber Gorbatschow, die NATO werde sich »nicht einen Zentimeter ostwärts« bewegen (»not one inch eastward«). Er versicherte das immerhin dreimal an jenem Tag, bei einem Treffen in Helsinki, als Replik auf Gorbatschows unmissverständlichen Hinweis, dass eine Osterweiterung der NATO für Russland »inakzeptabel« sei. Es ist durchaus bemerkenswert, dass CIA-Direktor Robert Gates später »die forcierte Osterweiterung der NATO« der 1990er Jahre kritisierte, »obwohl man Gorbatschow und andere *glauben ließ*, das werde nicht geschehen«[60] (Kursivsetzung durch den Autor).

Gorbatschow und die deutsche Einheit

Auf Grundlage dieser westlichen Versicherungen stimmte Gorbatschow der deutschen Wiedervereinigung zu. Wohlgemerkt: Die deutsche Einheit und das westliche Versprechen, keine Osterweiterung der NATO zu betreiben, sind die beiden Seiten ein und derselben Medaille. Zwar ist die Zusage, die NATO keineswegs in Richtung Osten zu erweitern, nicht vertraglich festgehalten worden – übrigens auch nicht im Zwei-plus-Vier-Vertrag zur deutschen Wiedervereinigung vom 12. September 1990. Stattdessen aber ist sie in zahlreichen Gesprächsmemoranden führender westlicher Politiker mit Gorbatschow enthalten, wie nicht allein vom »National Security Archive« belegt. Rückblickend gesehen, war es dessen größter Fehler, den Verlautbarungen und Versprechen westlicher Politiker zu vertrauen. Hätte Gorbatschow darauf bestanden, dass es die deutsche Einheit nur um den Preis eines vertraglich festgehaltenen Verzichts der NATO auf Osterweiterung gebe, hätte er seinem Land wahrscheinlich einen deutlich größeren Gefallen getan.

Obwohl die Faktenlage klarer kaum sein könnte, galt die Zusage, die NATO nicht in Richtung Osten zu erweitern, in den Medien wie auch in der Politik bald schon als russische Propaganda. Dass dem nicht so ist, verdankt sich auch neuen Erkenntnissen, wie sie im Februar 2022 zunächst im *Spiegel* nachzulesen waren. »Wir haben deutlich gemacht, dass wir die NATO nicht über die Elbe hinaus ausdehnen«, schrieb der deutsche Diplomat Jürgen Chrobog demzufolge über ein Treffen hochrangiger Außenpolitiker der USA, Großbritanniens, Frankreichs und Deutschlands am 6. März 1991 in Bonn. Der US-Politologe Joshua Shifrinson hatte das zunächst als geheim eingestufte Dokument im britischen Nationalarchiv aufgespürt. Thema der Unterredung war die Sicherheit Polens und anderer osteuropäischer Staaten. Chrobog erklärte damals laut Vermerk: »Wir haben in den Zwei-plus-Vier-Verhandlungen deutlich gemacht, dass wir die NATO nicht über die Elbe hinaus ausdehnen. Wir können daher Polen und den anderen keine NATO-Mitgliedschaft anbieten.« Auch Briten, Franzosen und Amerikaner lehnten das ab. Der US-Vertreter Raymond Seitz hielt fest: »Wir haben gegenüber der Sowjetunion klargemacht – bei Zwei-plus-Vier- wie auch anderen Gesprächen, dass wir keinen Vorteil aus dem Rückzug sowjetischer Truppen aus Osteuropa ziehen werden.«[61]

Es ist übrigens kein Ruhmesblatt deutscher Politik, dass die damals beteiligten Akteure keine Veranlassung sahen, die Faktenlage in Sachen NATO-Osterweiterung öffentlich klarzustellen und damit zu einer differenzierteren Wahrnehmung beizutragen. Offenbar erschien das unter Transatlantikern nicht länger als opportun. Denn unter Präsident Bill Clinton änderten die Amerikaner 1994 ihren Kurs und trieben die Osterweiterung der NATO mit Nachdruck voran. Die erste Erweiterungsrunde umfasste 1999 Polen, Tschechien und Ungarn. Im Gegenzug wurde Russland in den G7-Club der führenden westlichen Industriestaaten aufgenommen, der nunmehr als G8 firmierte. Das aber war eher ein Trostpflaster, im Verhältnis zwischen den USA und Russland gab unmissverständlich Washington den Ton an. Einerseits der damaligen russischen Schwäche geschuldet, dem Beinahe-Zusammenbruch der russischen Wirtschaft unter Boris Jelzin. Andererseits in dem Bewusstsein, ganz im Sinne der Wolfowitz-Doktrin, einen künftigen Aufstieg Russlands zur Großmacht entschieden zu verhindern.

Nicht allein die NATO betrieb ihre Osterweiterung, auch die EU, beginnend 2004. Dabei stellte sie sich in den Dienst der geostrategischen Interessen Washingtons, weniger ihrer eigenen. Insbesondere die Aufnahme der von Korruption durchdrungenen Armutsländer Rumänien und Bulgarien 2007 lag keineswegs im Interesse Brüssels. Sie war aber die logische Konsequenz aus dem NATO-Beitritt beider Staaten im selben Jahr.

Nibelungentreue

Sowohl der Zwei-plus-Vier-Vertrag vom September 1990, unterschrieben von Vertretern der vier Siegermächte des Zweiten Weltkrieges sowie der beiden deutschen Staaten, wie auch die »Charta von Paris für ein neues Europa« vom November 1990, unterzeichnet von 32 europäischen Regierungen plus USA und Kanada, atmen den Geist des Aufbruchs, umreißen die Grundlagen für ein friedliches Miteinander in Europa. Die »Charta« forderte eine gesamteuropäische Sicherheitsarchitektur, in beiden Verträgen war von der NATO nicht die Rede.

Wie aber hätte es zu einer politischen und militärischen Entspannung kommen können? Hatten doch die Amerikaner keineswegs die Absicht, die NATO nach dem Ende des Warschauer Paktes aufzulösen. Stattdessen richteten sie das Militärbündnis neu aus. Mit dem Ziel es zunehmend als Instrument zur Durchsetzung eigener hegemonialer Ansprüche einzusetzen. Zunächst gegenüber Russland, künftig gegenüber China.

Die europäischen Mitgliedstaaten folgten dieser Linie, allen voran Deutschland, wo die Nibelungentreue gegenüber Washington deutlich ausgeprägter ist als insbesondere in Frankreich. Dort legt man sehr viel mehr Wert auf nationale Autonomie. Offiziell ging es bei der Osterweiterung von NATO und EU selbstverständlich um die Stärkung von Freiheit und Demokratie. In der Tat entsprach die Aufnahme in die EU durchaus den Wünschen der Osteuropäer. Sie erhofften sich davon ein besseres Leben, wenngleich sie sich vielfach eingereiht wiederfanden, in einer (schlecht bezahlten) Arbeitskräfte-Reserve für die florierenden Volkswirtschaften Westeuropas, allen voran Deutschland. Und nicht zu vergessen: Die EU-Osterweiterung und die NATO-Osterweiterung gingen Hand in Hand. Die eine folgte auf die andere, gewissermaßen Gewehr bei Fuß. Das geostrategische Kalkül dahinter, mit besten Empfehlungen aus Washington: die Einhegung Russlands.

Gewiss fehlte es nicht an politischen und militärischen Initiativen, um die Gespräche zwischen Moskau und Brüssel, NATO wie EU, zu intensivieren. Doch letztendlich scheiterten diese Bemühungen, weil die Amerikaner in Russland nie einen gleichwertigen Partner, vielmehr frühzeitig einen einzudämmenden Rivalen gesehen haben. Noch einmal Horst Teltschik: »Schon in der ersten

Hälfte der 1990er Jahre machten sich in Russland vor dem Hintergrund westlicher Dominanz in weltpolitischen Fragen Anzeichen einer Renationalisierung der Sicherheitspolitik bemerkbar. Einerseits hatte Moskau weiterhin ein vitales Interesse an einem strategischen Bündnis mit Europa und an einer uneingeschränkten Beteiligung an einem gemeinsamen europäischen kollektiven Sicherheitssystem. Andererseits wuchsen die Befürchtungen, in der europäischen wie globalen Politik zunehmend marginalisiert zu werden.«[62]

Zu dieser Sorge beigetragen hat sicherlich auch der Krieg in Jugoslawien in den 1990er Jahren. Der völkerrechtswidrige, von keinem UN-Mandat gedeckte dortige Militäreinsatz der NATO diente, jenseits aller humanitären Erwägungen, der geopolitischen Schwächung Russlands. Richtete er sich doch gegen Serbien, den wichtigsten Verbündeten Moskaus in Mitteleuropa. Der Höhepunkt war die Bombardierung Belgrads 1999 und die vom Westen unterstützte Unabhängigkeitserklärung der serbischen Provinz Kosovo, in der mehrheitlich Albaner leben, gegen den erklärten Willen Serbiens. Diese Intervention markiert gleichzeitig den ersten *Out-of-area*-Einsatz der NATO. Einen Einsatz also, dem kein Bündnisfall zur Landesverteidigung zugrunde lag. In Moskau dürfte die Botschaft in jeder Hinsicht angekommen sein.

Umso mehr, als auf dem NATO-Gipfel in Madrid, im Juli 1997, die NATO-Ukraine-Charta verabschiedet wurde. Damit war die erste Weiche in Richtung auf eine potentielle NATO-Mitgliedschaft der Ukraine gestellt, zunächst in Gestalt gemeinsamer Ausbildungsbereiche und Manöver. Zwar hatte Präsident Jelzin bereits im März 1997 klargestellt, dass eine NATO-Perspektive der Ukraine für Moskau eine rote Linie darstelle, doch wen im Westen hätte es interessiert? Russland war schwach, Jelzin stimmte der Charta schließlich sogar zu und akzeptierte verschiedene Kompensationsangebote, darunter die Einrichtung des zahnlosen NATO-Russland-Rats. »Nicht weil ich es will, sondern weil ich dazu gezwungen werde. Es gibt gegenwärtig keine andere Lösung«, so Jelzin.[63]

Ohne erkennbares Augenmaß bereitete dieser Gipfel in Madrid auch die Aufnahme Polens, Tschechiens und Ungarns vor, die zwei Jahre später der NATO beitraten. 2004 folgten die baltischen Staaten, stets unter Protest des Kreml, der die Grenzen der NATO immer näher an die russischen heranrücken sah. Moskau hatte seine Truppen dagegen nach 1990 zwischen 600 und 1000 Kilometer zurückgezogen.

Ein Weckruf

Gleichwohl suchte auch Wladimir Putin, der im Mai 2000 erstmals russischer Präsident wurde, die Beziehungen zum Westen pragmatisch zu gestalten. Im September 2001 hielt er auf Deutsch eine umjubelte Rede im Bundestag und erklärte, Russland sei zu einer »vollwertigen Zusammenarbeit und Partnerschaft« mit der EU auf allen Ebenen bereit. Putin hatte dieses Angebot in der Folgezeit mehrfach wiederholt, lief damit aber ins Leere. Im Februar 2007 hielt der russische Präsident erneut eine Rede in Deutschland, auf der Münchener Sicherheitskonferenz, und da war sein Tonfall, nach sechs Jahren neokonservativer Präsidentschaft unter George W. Bush, schon deutlich rauer, desillusionierter. Unmissverständlich warf er den USA vor, sie strebten eine »monopolare Weltherrschaft« an, sie hätten »ihre Grenzen in fast allen Bereichen« überschritten. Die NATO warnte er vor »ungezügelter Militäranwendung«. Vor allem kritisierte Putin deren Osterweiterung »bis an unsere Grenzen« heran sowie die geplante Errichtung eines fest installierten Raketenabwehrsystems in Polen und Tschechien. Denn solche Systeme dienen nicht allein der Verteidigung (offiziell sollten sie imaginierte iranische Raketenangriffe abwehren), sie können auch zu Angriffszwecken genutzt werden.

NATO und EU, so Putin, zwängten anderen Ländern ihren Willen auf und setzten auf Gewalt.

Im Rückblick liest sich diese Münchener Rede wie ein Weckruf, aber auch als klare Ansage. Die No-Gos waren nunmehr unmissverständlich benannt. Folgenlos allerdings, denn zu dem Zeitpunkt war Putin unter westlichen Entscheidern längst in Ungnade gefallen. Vordergründig vor allem infolge der brutalen russischen Kriegsführung in Tschetschenien, die Abertausende zivile Opfer forderte und mit großflächigen Zerstörungen einherging. Viel entscheidender jedoch war, dass Moskau seine machtpolitischen Prioritäten im Südkaukasus militärisch durchzusetzen vermochte. Damit wurde Russland erneut zu einem Machtfaktor, der westlichen, in erster Linie US-amerikanischen geostrategischen Interessen nicht allein in Georgien gefährlich werden konnte. Dort kam es 2008 zum Blitzkrieg mit Russland. Nach hiesiger, vorherrschender Lesart war dieser Waffengang ein Ausdruck russischer Aggression, wie etwa der SPD-Vorsitzende Lars Klingbeil noch 2022 in mehreren Interviews anklingen ließ.[64] Versehen mit dem Unterton: Wir hätten damals schon erkennen müssen, wie unberechenbar und gefährlich Russland ist. Er könnte und sollte es besser wissen, denn die OSZE (Organisation für Sicherheit und Zusammenarbeit in Europa, Nachfolgerin der KSZE) macht Georgien für den Kriegsbeginn verantwortlich.[65]

Zwei entscheidende Wendepunkte markieren die Konfliktverschärfung zwischen dem Westen, sprich: den USA, und Russland. Zum einen die Aufkündigung des Rüstungskontrollabkommens ABM 2001 durch Washington (mit Wirkung ab 2002). Und zum anderen der Bukarester NATO-Gipfel im April 2008, auf dem US-Präsident George W. Bush darauf bestand, im Beisein des »Ehrengastes« Putin, sowohl Georgien wie auch der Ukraine eine Beitrittsperspektive für das US-geführte Militärbündnis zu eröffnen. Bundeskanzlerin Angela Merkel wie auch der französische Präsident Nicolas Sarkozy lehnten das ab, um die Spannungen mit

Russland nicht weiter zu verschärfen. Am Ende blieb es bei vagen Absichtserklärungen, doch aufgeschoben bedeutete in diesem Fall keineswegs aufgehoben. Putins Warnungen im Umfeld des Gipfels hätten deutlicher kaum ausfallen können. Für den Fall einer Aufnahme der Ukraine in die NATO drohte er mit der Angliederung der Krim wie auch der Ostukraine.[66] Trägt der Westen tatsächlich keinerlei Mitverantwortung für die Vorgeschichte des Ukraine-Krieges?

»So sind die Russen«

Der US-Diplomat und Historiker George F. Kennan, Mitinitiator des Marschall-Plans und Verfechter einer Eindämmungsstrategie gegenüber der Sowjetunion, beschrieb die Folgen einer Osterweiterung der NATO in der *New York Times* bereits im Februar 1997 wie folgt: »Eine Erweiterung der NATO wäre der verhängnisvollste Fehler der amerikanischen Politik in der gesamten Ära nach dem Kalten Krieg. Es ist zu erwarten, dass eine solche Entscheidung die nationalistischen, antiwestlichen und militaristischen Tendenzen in der russischen Meinung anheizt … Die Russen sind wenig beeindruckt von den amerikanischen Versicherungen, eine Erweiterung der NATO finde ohne feindselige Absichten statt. Sie würden ihr Prestige (das in der russischen Meinung immer an erster Stelle steht) und ihre Sicherheitsinteressen als beeinträchtigt ansehen.«[67]

Im Juni 1997 unterschrieben 50 einflussreiche amerikanische Außenpolitik-Experten einen offenen Brief an Präsident Clinton, darunter auch vormalige Kalte Krieger wie etwa Robert McNamara, US-Verteidigungsminister (1961–1968), sein zeitweiliger Stellvertreter Paul Nitze, CIA-Chef Stansfield Turner (1977–1981). Darin heißt es: »Wir glauben, dass die gegenwärtigen, von den USA ausgehenden Bemühungen, die NATO (in Richtung Osten, M. L.) zu erweitern … eine politische Fehlentscheidung von historischer Größenordnung ist. Sie wird dazu führen, die Sicherheit Europas zu unterminieren.«[68]

Ein Jahr später, 1998, nachdem der US-Senat die erste Runde der NATO-Osterweiterung abgesegnet hatte, räsonierte Kennan fast schon weissagend: »Früher oder später wird Russland darauf reagieren. Die NATO-Osterweiterung wird eine sehr ernste Krise provozieren, und deren Befürworter werden daraufhin erklären: Seht her, wir haben das immer schon gesagt. So sind die Russen.«[69]

Doch Präsident Clinton hielt, wie auch alle seine Nachfolger, am Kurs der NATO-Osterweiterung fest. Möglicherweise hätten sich die Russen zähneknirschend damit abgefunden. Der Rubikon aber war die Ukraine, mehr noch als Georgien, was spätestens seit dem Bukarester NATO-Gipfel 2008 jedem westlichen Politiker klar gewesen sein musste. Die Amerikaner und ihre europäischen Verbündeten setzten jedoch ihre Bemühungen fort, die Ukraine aus dem Einflussbereich Russlands zu lösen.

Geostrategisch ist die Ukraine, über die sowohl Napoleons wie auch Hitlers Truppen gezogen sind, aufgrund ihrer Lage von allergrößter Bedeutung. Wird sie Teil der NATO, kontrolliert der Westen, kontrollieren die USA die für Moskau schwer zu verteidigende, fast 2000 Kilometer lange Südwestgrenze Russlands und hätten die Möglichkeit, durch vorgeschobene Militärbasen den russischen Einfluss im Schwarzen Meer bis nach Zentralasien zurückdrängen. Auch auf die immer wichtiger werdenden Handelswege zwischen China und Europa über die Neue Seidenstraße könnten (und würden) die Amerikaner großen Einfluss nehmen. Aus gutem Grund hat Brzezinski das Bild vom »großen Schachbrett Eurasiens« geprägt.

Eine amerikanische »Urangst«

Ein anderer namhafter US-Geostratege und Sicherheitsexperte, George Friedman, hat das zugrunde liegende amerikanische Kalkül in einem Vortrag vor dem »Chicago Council on Global Affairs« im Februar 2015 mit entwaffnender Klarheit benannt. Die größte Sorge US-amerikanischer Politik sei, seit dem Ersten Weltkrieg bereits, ein möglicher Schulterschluss zwischen Deutschland und Russland. »Vereint sind die beiden Länder die einzige Macht, die uns bedrohen kann, und unser Interesse ist es, dass das nicht geschieht«, so Friedman. »Die USA richten gegenwärtig einen ›Sicherheitsgürtel‹ ein. Das haben die Russen sehr wohl verstanden. Die Frage, die sich ihnen stellt, ist diese: Können sie die Ukraine als Pufferzone zwischen sich und dem Westen erhalten, oder wird der Westen so weit in die Ukraine vordringen, dass die NATO nur 100 Kilometer vor Wolgograd, Stalingrad steht und 500 Kilometer vor Moskau? Für Russland stellt die Lage in der Ukraine eine existenzielle Bedrohung dar. Die Russen können diese Frage nicht einfach auf sich beruhen lassen. Die USA ihrerseits aber können die Ukraine nicht den Russen überlassen. Deswegen richten sie besagten ›Sicherheitsgürtel‹ ein. Und deswegen stationieren wir unsere Eingreiftruppen in den baltischen Staaten, in Polen, Rumänien und Bulgarien. Somit entsteht ein ›Land zwischen den Meeren‹, ein ›Sicherheitsgürtel‹ zwischen der Ostsee und dem Schwarzen Meer. Davon hat schon der polnische General Pilsudski geträumt.«

Der rechtsnationale Josef Pilsudski (1867–1935), Militär, Politiker und autoritärer Staatschef (Marschall der Zweiten Polnischen Republik 1926–1935), suchte eine »Ostföderation« unter polnischer Führung zu verwirklichen, die das Baltikum, die Ukraine und den Kaukasus umfassen sollte – mit dem Ziel, den Einfluss der Sowjetunion zurückzudrängen. Damit hat er Brzezinskis »großes Schachbrett« vorweggenommen und darf gleichzeitig als Ideenlieferant der heutigen, rechtskonservativen polnischen PiS-Regierung unter Mateusz Morawiecki gelten, die neben den baltischen Staaten am liebsten wohl aufseiten der Ukraine in einen Krieg gegen Russland zöge. Geschichte ereignet sich immer zweimal, konstatierte Karl Marx. Das erste Mal als Tragödie, das zweite Mal als Farce.

Friedman weiter: »Die Frage ist, wie wird sich Deutschland hier positionieren? Für die Vereinigten Staaten ist es geradezu eine Urangst, dass sich deutsches Kapital und deutsche Technologien sowie russische Rohstoffe und Arbeitskräfte auf einzigartige Weise verbinden. Wie also kann man erreichen, dass dieses deutsch-russische Junktim verhindert wird?«

Indem man Nord Stream 1 und 2 in die Luft jagt? Indem man am Ziel einer Osterweiterung der NATO wie auch der EU unter Einbeziehung der Ukraine festhält? Indem man Friedensverhandlungen mit Russland so lange wie nur möglich hinauszögert? Indem man hinter den Kulissen dafür Sorge trägt, dass es auf lange, ja, sehr lange Zeit keine normalen Beziehungen mit dem Reich des Bösen mehr geben kann, auch nicht nach Kriegsende? Indem man an Sanktionen festhält, die Deutschland und der EU schaden, deutlich weniger oder gar nicht aber den USA?

Zu guter Letzt noch einmal George Friedman: »Die Karten liegen auf dem Tisch. Die Russen wollen wenigstens eine neutrale Ukraine haben, keine pro-westliche. Wir wollen den ›Sicherheitsgürtel‹. Wer mir sagen kann, wie sich die Deutschen in dieser Frage positionieren, der kann mir auch sagen, wie in den nächsten zwanzig Jahren Geschichte geschrieben werden wird.«[70]

Mittlerweile ist die deutsche Antwort klarer ausgefallen, als es jedem vernunftbegabten Menschen diesseits des Atlantiks lieb sein kann. Aus amerikanischer Sicht ist der Ukraine-Krieg geradezu ein Geschenk Putins. Washington kann ihn nach Belieben fortführen, ohne selbst auch nur einen Mann zu verlieren: »Die USA bekämpfen Russland bis zum letzten Ukrainer«, in den Worten des vormaligen US-Diplomaten Chas Freeman.[71] Die Amerikaner haben ihn jetzt schon gewonnen, insoweit die NATO unter US-Führung gestärkt und die Wirtschaftskraft der EU, insbesondere Deutschlands, dauerhaft geschwächt bleiben dürfte. Europa fällt damit als politisch-wirtschaftlicher Konkurrent auf lange Sicht aus. Mit der Folge, dass sich die Europäer noch abhängiger von den USA machen, als das vor dem Ukraine-Krieg ohnehin schon der Fall war.

Vor diesem Hintergrund ist die allfällige Behauptung, die Ukraine verteidige auch unsere Freiheit, ebenso realitätsfern wie schlichtweg zynisch. Die Ukrainer sterben weniger für ihre oder unsere Freiheit als vielmehr für die Interessen Dritter. Moskau hat den Krieg törichterweise angefangen, Washington profitiert am meisten davon. Den Preis zahlen die Menschen in der Ukraine. Ihr Land ist das Schachbrett, sie selbst sind die Figuren auf diesem Brett, nämlich die Bauern. Die Amerikaner könnten geneigt sein, Russland in der Ukraine eine ähnlich verheerende Niederlage zu bereiten wie in den 1980er Jahren bereits der Sowjetunion in Afghanistan. Das liefe dann auf einen langen Abnutzungskrieg hinaus. Und sollte der Konflikt militärisch eskalieren, werden zunächst die europäischen Anrainer den Preis dafür zahlen. In Gestalt von Tod und Zerstörung. Unsere amerikanischen Wertepartner erst an zweiter Stelle, wenn überhaupt.

Kampf der Gerechten, Teil I:

Trägt der Westen eine Mitschuld am Ukraine-Krieg?

Der US-Politologe John Mearsheimer gilt als einer der wichtigsten Vordenker einer auf Pragmatismus fußenden amerikanischen Realpolitik. Er ist insoweit ein Anti-Brzezinski oder Anti-Kissinger, als er Geostrategie auch aus der Perspektive der anderen Seite betrachtet – nicht um sie niederzuringen, sondern um Kompromisse auszuloten. In der Ausgabe September/Oktober 2014 von *Foreign Affairs*, gewissermaßen das Zentralorgan US-amerikanischer Außenpolitik, hat er nach der russischen Annexion der Krim einen bemerkenswert provokanten Artikel verfasst, unter der Überschrift: »Warum die Krise in der Ukraine die Schuld des Westens ist. Die liberalen Selbsttäuschungen, die Putin provoziert haben.« Da es innerhalb des US-Establishments nicht nur Falken gegenüber Moskau gibt, sondern auch Pragmatiker, die Russland nicht unwiderruflich in die Arme Chinas treiben wollen – der Meinungspluralismus mithin weiter reicht als in Deutschland –, ist seine Positionierung mutig, kommt aber nicht einem beruflichen Selbstmord gleich.

Mearsheimer schreibt: »Die Vereinigten Staaten und ihre europäischen Verbündeten tragen den größten Teil der Verantwortung für die Krise. Die Wurzel des Übels ist die NATO-Erweiterung, das zentrale Element einer umfassenderen Strategie, um die Ukraine aus der Umlaufbahn Russlands herauszuholen und sie in den Westen zu integrieren. Auch die EU-Osterweiterung und die Unterstützung des Westens für die pro-demokratische Bewegung in der Ukraine – beginnend mit der Orangen Revolution im Jahr 2004 – dienten diesem Anliegen. Seit Mitte der 1990er Jahre lehnt die russische Führung die NATO-Erweiterung strikt ab und hat in den letzten Jahren deutlich gemacht, dass sie nicht tatenlos zusehen würde, wie ihr strategisch wichtiger Nachbar zu einer westlichen Bastion wird. Für Putin war der illegale Sturz des demokratisch gewählten und pro-russischen Präsidenten der Ukraine – den er zu Recht als ›Putsch‹ bezeichnet hat – der letzte Tropfen, der das Fass zum Überlaufen gebracht hat.«

Es würde den Rahmen dieses Buches übersteigen, die innenpolitische Entwicklung der Ukraine seit ihrer Unabhängigkeit 1991 nachzuzeichnen.[72] Doch selbst Stichworte genügen, um Mearsheimers Sicht zu bestätigen. Die Ukraine, historisch eng verbunden mit Russland, untergliedert sich grob in zwei Landesteile: einen östlichen, russischsprachigen, bis zum Krieg 2022 stark Russland zuneigenden (ob das heute immer noch der Fall ist, angesichts der massiven Zerstörungen durch die russische Armee, sei dahingestellt), sowie einen Polen- und Europa-affinen Westteil mit dem wirtschaftlichen und kulturellen Zentrum Lemberg (Lwiw). Eine eigene Identität zu finden ist der Ukraine bislang nur unzureichend gelungen, die kulturellen und politischen Unterschiede bleiben groß. Auch daran abzulesen, dass es bei den Präsidentschaftswahlen stets sehr unterschiedliche Ergebnisse in den östlichen wie westlichen Regionen gab.

Je nach Quelle ist die Ukraine das ärmste oder zweitärmste Land Europas. Auf jeden Fall aber gilt es als das korrupteste. Die Macht liegt seit 1991 in den Händen einer überschaubaren Zahl von Oligarchen aus verschiedenen Landesteilen, die hinter den Kulissen oder aber über ihre jeweiligen Parteien im Parlament die Geschicke des Landes bestimmen. Bis Mitte der 2000er Jahre betrieben die jeweiligen ukrainischen Regierungen eine Art Schaukelpolitik zwischen Russland und dem Westen, um von beiden

Seiten alimentiert zu werden und den Staatsbankrott zu verhindern. Die »Orange Revolution«, eine Serie von Protesten und Demonstrationen im Herbst 2004, entzündete sich an offenkundigen Wahlfälschungen bei der Präsidentschaftswahl und markiert den ersten großen Showdown in der Frage, wohin sich die Ukraine orientiert: in Richtung Moskau oder aber in Richtung Westen. Bei der anschließenden Wahlwiederholung gewann der pro-westliche Viktor Juschtschenko, dessen Wahlkampf Washington mit Millionenbeträgen unterstützt hatte.

Schaukelpolitik

Doch die Hoffnung der Ukrainer auf eine verbesserte Wirtschaftslage und ein Ende der Korruption erfüllte sich nicht. Am Ende von Juschtschenkos Amtszeit stand das Land vor dem Staatbankrott. Der Präsident betrieb die Annäherung Kiews an die NATO und die EU, obwohl Ende 2005 einer Umfrage zufolge lediglich 16 Prozent der Ukrainer der NATO beitreten wollten und nur ein Drittel der EU. Die westliche Seite, vor allem die USA, aber auch Deutschland, reagierte mit milliardenschweren Förderprogrammen. Viereinhalb Millionen Ukrainer hatten 2006 eine Petition unterschrieben, um die Bevölkerung über eine Mitgliedschaft in der NATO abstimmen zu lassen. Obwohl laut ukrainischer Verfassung drei Millionen Unterschriften ausgereicht hätten, eine solche Volksabstimmung durchzuführen, ließ Juschtschenko sie nicht zu.

Bei den Präsidentschaftswahlen im Februar 2010 erhielt er nur noch knapp über fünf Prozent der Stimmen. Wahlsieger wurde der pro-russische Viktor Janukowitsch, der dann im März, kurz nach seinem Wahlsieg, die NATO-Beitrittsperspektive der Ukraine offiziell zurücknahm. Er versuchte, im Stil der bewährten Schaukelpolitik gute Beziehungen sowohl in Richtung Moskau wie auch Brüssel aufzubauen, scheiterte aber letztendlich an der Europäischen Union. Die nämlich stellte Janukowitsch vor die Wahl. Entweder entscheide er sich für das EU-Assoziierungsabkommen oder aber für die Eurasische Zollunion mit Russland. Beides zusammen sei nicht zu haben. Diese unkluge, konfrontative Haltung ebnete maßgeblich den Weg in Richtung auf einen weiteren, deutlich gravierenderen Showdown. Der wichtigste Handelspartner der Ukraine war Russland, und für Russland wiederum war die Ukraine der zweitwichtigste Absatzmarkt innerhalb der GUS (Gemeinschaft Unabhängiger Staaten), der Nachfolgestaaten der Sowjetunion. Janukowitsch konnte gar nicht anders, auch infolge russischen Drucks, als sich im November 2013 gegen das EU-Assoziierungsabkommen zu entscheiden.

Angesichts der nun entfallenden Westperspektive und der katastrophalen Wirtschaftslage hatte die Opposition erneut einen Kristallisationspunkt wider die korrupte politische Führung. Der Maidan, ein großflächiger Platz im Zentrum Kiews, wurde zum Zentrum einer über Wochen anhaltenden Protestbewegung. Es dauerte nicht lange, bis es zu blutigen Auseinandersetzungen kam. Mehr als 100 Menschen wurden dabei erschossen. Von wem, ist offen und eine Frage der Lesart. Vieles spricht dafür, dass es Angehörige des »rechten Sektors« waren, ukrainische Paramilitärs, die einen Umsturz planten.[73] Angesichts der immer bedrohlicheren Auseinandersetzungen floh Präsident Janukowitsch am 22. Februar 2014 nach Russland. Das Parlament erklärte ihn noch am selben Tag für abgesetzt, ohne jedoch das dafür erforderliche Prozedere einzuhalten. Insbesondere verfehlte es knapp die für eine Absetzung erforderliche Dreiviertelmehrheit der Abgeordneten. Aus diesem Grund ist es sachlich korrekt, von einem Putsch zu sprechen.

Um es kurz zu machen: Der Westen ließ Janukowitsch sofort fallen; die neue ukrainische Regierung, seit Juni 2014 unter Präsident Petro Poroschenko, schlug erneut einen Westkurs ein und beantragte die Aufnahme in die EU wie auch die NATO. Wenige

Tage nach dem Sturz Janukowitschs besetzten russische Truppen weitgehend unblutig die Krim. In einer fragwürdigen Volksabstimmung entschieden sich 96 Prozent der dortigen Bevölkerung, mehrheitlich ethnische Russen, am 16. März 2014 für die Angliederung an Russland. In Berlin, Brüssel und Washington war die Empörung groß, es folgte eine erste große Sanktionsrunde. Aus dem G8-Club der führenden westlichen Wirtschaftsmächte wurde Russland ausgeschlossen, seither firmiert er wieder als G7.

Die Bedeutung der Krim

Moskaus Motiv war die strategische Bedeutung der Krim, die bis 1954 zu Russland gehört hatte. Dort, in Sewastopol, ist die russische Schwarzmeerflotte stationiert. Zuletzt auf Grundlage eines 1997 mit der Ukraine geschlossenen Sonderabkommens, das allerdings 2017 ausgelaufen und mit an Sicherheit grenzender Wahrscheinlichkeit von keiner pro-westlichen Regierung in Kiew verlängert worden wäre. Wer aber die Krim kontrolliert, der kontrolliert das Schwarze Meer und indirekt den Zugang zum Mittelmeer über den Bosporus. Deswegen haben das Osmanische Reich und Großbritannien die Halbinsel im Krim-Krieg 1853 bis 1856 einzunehmen versucht (ohne Erfolg), ebenso die Wehrmacht in der Schlacht um Sewastopol 1941/42 (mit »Erfolg«, jedenfalls wurde die Stadt vollständig zerstört und die Krim besetzt). Man muss keinerlei Sympathien für die russische Seite hegen, um dennoch zu fragen: Was haben westliche Entscheider denn erwartet? Dass die Russen die Zeichen an der Wand nicht erkennen und Sewastopol klaglos der NATO überlassen? Freudig die Anlegeplätze für US-Kriegsschiffe freimachen? Konnte oder wollte die EU in Brüssel nicht verstehen, dass ihre vorangegangene Politik der wirtschaftlichen Erpressung gegenüber Janukowitsch als Brandbeschleuniger wirkte, wirken musste? Wie ist dieses Unvermögen zu erklären, Entscheidungen vom Ende her zu denken – gestern wie heute? Ist das Herdentrieb in Richtung Washington? Transatlantische Osmose?

In den Worten von John Mearsheimer: »Kein russischer Staatschef würde es dulden, dass ein Militärbündnis, das bis vor kurzem Moskaus Todfeind war, die Ukraine übernimmt. Und kein russischer Staatschef würde tatenlos zusehen, wie der Westen dort eine Regierung einsetzt, die die Ukraine in den Westen integrieren will.« Auch die USA würden es nicht hinnehmen, wenn »entfernte Großmächte irgendwo in der westlichen Hemisphäre ihre Streitkräfte stationieren, geschweige denn an ihren Grenzen. Man stelle sich die Empörung in Washington vor, wollte China ein beeindruckendes Militärbündnis aufbauen und anschließend versuchen, Kanada und Mexiko darin einzubeziehen.«[74]

Zur Erinnerung: Die Kuba-Krise 1962 hätte fast den Dritten Weltkrieg ausgelöst. Damals suchte die sowjetische Führung Atomraketen auf der Karibikinsel zu stationieren, keine 200 Kilometer von Florida entfernt. Nach einem Ultimatum der Regierung Kennedy lenkte Chruschtschow ein und zog die Raketen wieder ab. Was den meisten nicht bewusst ist: Auch die Amerikaner haben Zugeständnisse gemacht und ihre atomwaffenfähigen Interkontinentalraketen in der Türkei deutlich reduziert. Es hat also im Hintergrund intensive politische und diplomatische Kontakte gegeben. Am Ende stand ein Deal, der beiden Seiten eine gesichtswahrende Lösung ermöglichte. Das ist der entscheidende Unterschied zum heutigen Konflikt um die Ukraine. Spätestens seit 2014, seit der »Wiedereingliederung« der Krim, gelten Putin und die russische Regierung auf westlicher Seite als *Outlaws*, die allein die Sprache der Stärke verstünden. Deren legitime Interessen in das eigene Kalkül mit einzubeziehen, erschien unter Werteorientierten endgültig entbehrlich.

Genau darin aber liegt das Problem. Hätte es die Regierung Kennedy damals ähnlich gehalten – keine Gespräche, keine Kompromisse, nur Sanktionen und noch mehr Raketen in der Türkei –, nun, es würde vermutlich nicht allein Deutschland kaum mehr geben. Das Eskalationspotential im Kontext der Ukraine ist nicht zu unterschätzen, weil beide Seiten, endgültig seit Februar 2022, kaum noch miteinander kommunizieren. Werden russische Belange nicht berücksichtigt, wird jedoch die Ukraine auf dem Altar der Machtpolitik geopfert werden. Vom Sturz Janukowitschs und der Annexion der Krim führt eine gerade Linie zum »russisch geführten Angriffskrieg in der Ukraine«. Ein gut gewählter Begriff auch deswegen, weil er suggeriert, dass dieser Krieg keine Vorgeschichte hat, quasi allein dem kranken Hirn Putins entsprungen, wahlweise dem russischen Faschismus zuzuordnen ist – ohne jede westliche Mitverantwortung.

»Njet bedeutet Njet«

Dass dem nicht so ist, sieht ähnlich wie John Mearsheimer auch Günter Verheugen (SPD), zu Beginn der 2000er Jahre immerhin zuständiger Kommissar für die (Ost-)Erweiterung der EU: »Ich vermisse die schonungslose Auseinandersetzung mit der Vorgeschichte (des Ukraine-Krieges, M. L.). Ich bin überzeugt, dass im Jahr 2008 mit dem Angebot an die Ukraine, NATO-Mitglied zu werden, willentlich und wissentlich eine Linie überschritten wurde, und dass dies für Russland wegen seiner Sicherheitsinteressen nicht hinnehmbar war. Obama hat Russland als eine Regionalmacht verspottet. Die EU hat den Beitritt der Ukraine vorangetrieben, ohne mit dem Nachbarn Russland zu reden. Russen und Ukrainer haben aber vielfache kulturelle, wirtschaftliche und soziale Bindungen. Bei der Ost-Erweiterung der EU haben wir Russland kein Mitspracherecht eingeräumt, aber es gab Themen, die wir mit den Russen besprechen mussten – die Frage der russischen Minderheiten in den baltischen Staaten, Kaliningrad –, natürlich haben wir mit den Russen darüber geredet, und zwar mit Erfolg. Die Vereinbarungen mit Russland, die wir geschlossen haben, haben alle gehalten«, so Verheugen im Februar 2023 im Gespräch mit der *Berliner Zeitung.*

William Burns, von 2005 bis 2008 US-Botschafter in Moskau (und heute CIA-Chef) schrieb zum Ende seiner Dienstzeit an Außenministerin Condoleezza Rice: »Eine Mitgliedschaft der Ukraine in der NATO ist die am hellsten aufscheinende rote Linie für die russische Elite (nicht allein für Putin).« Auch unter dessen schärfsten Kritikern habe er niemanden gefunden, der eine Annäherung der Ukraine an die NATO »anders beurteilen würde denn als direkte Herausforderung russischer Interessen«.[75] Erneut auf Besuch in Moskau schickte Burns am 30. Januar 2018 eine als »vertraulich« eingestufte Depesche nach Washington, die von WikiLeaks ins Netz gestellt wurde. Unter der Überschrift »Njet bedeutet Njet: Die Erweiterung der NATO bleibt die rote Linie Russlands« heißt es, dass Russland eine weitere Osterweiterung der NATO unter Einbeziehung der Ukraine und Georgiens als »potenzielle militärische Bedrohung« ansehe. In Moskau gewinne man zunehmend den Eindruck, eingekreist zu werden, und glaube, der Westen wolle den Einfluss Russlands in seiner unmittelbaren Nachbarschaft zurückdrängen.[76]

Es ist also keineswegs so, dass man die Zeichen an der Wand auch an höchster Stelle nicht erkannt hätte – oder hätte erkennen können. Doch gingen die Interessen der Entscheider in Washington offenkundig in eine andere, konfrontative Richtung. Über Jahre und Jahrzehnte hinweg. Um die Öffentlichkeit auf einen kompromisslosen Kurs einzustimmen, haben transatlantische Aficionados in Politik und Medien natürlich nicht die Faktenlage in den Vordergrund gerückt, sondern das vorherrschende Meinungsbild über Russland unter ganz anderen Vorzeichen geprägt: Putin, Putin, Putin – ein totalitärer Dämon.

Es ist ja zweifellos richtig: In den letzten Jahren ist russische

Politik immer repressiver geworden. Die Machtstrukturen weisen teilweise mafiöse Züge auf.[77] Und natürlich gibt es auch auf russischer Seite Geostrategen wie etwa Alexander Dugin, den Antipoden zu Zbigniew Brzezinski, der seinerseits einen »Eurasismus« beschwört. Gemeint ist nicht allein die Zurückdrängung der NATO, sondern auch die Erschaffung eines besonderen Menschentypus, des Eurasiers, der Russland christlich-fundamentalistisch neu erfindet.[78] Schon 1992 erwartete Dugin in *Der Große Krieg der Kontinente* die Auferstehung Eurasiens. Und zwar in der geopolitischen Auseinandersetzung mit den USA und ihren westlichen Werten, was eine Neubesinnung auf russische Traditionen und Kultur ermöglichen würde. Putin selbst hat in den letzten Jahren eine Gedankenwelt offenbart, »in der sich Sowjetpatriotismus, Imperialismus und russischer Ethnonationalismus mit sozialpolitischen, aber auch mit religiösen und homophoben Akzenten mischen«.[79] Auch seine Aussagen am Vorabend des russischen Angriffs, mit denen der Staatschef die Existenzberechtigung der Ukraine infrage stellte, sind nicht vergessen.

Größenwahn

Kurzum, die hinlänglich unter Beweis gestellte Gewaltbereitschaft russischer Politik nach innen wie nach außen und ihre imperiale Ausrichtung sind bittere Realität. Doch ob Putin, Jelzin oder Gorbatschow – kein Präsident in Moskau, gleich welcher Qualität, kann es dulden, dass sich NATO und EU die Ukraine »einverleiben« auf Kosten der geostrategischen und wirtschaftlichen Interessen Russlands. Die Annexion der Krim war Menetekel wie Weckruf zugleich und hätte allen Anlass geboten, die eigene Politik zu überdenken. Trotz mahnender Worte von Kanzlerin Merkel auf der Münchener Sicherheitskonferenz im Februar 2015, der Konflikt mit Russland in der Ukraine sei militärisch nicht zu gewinnen, blieb sich der Westen, blieben sich namentlich die USA auch nach der Einverleibung der Krim treu: kein Zugehen auf Russland, stattdessen weiterhin eine Beitrittsperspektive Kiews für EU und NATO, jetzt erst recht. Helmut Schmidt bezeichnete diese Linie als »Größenwahn« und das Vorgehen Putins auf der Krim als »durchaus verständlich«. Die von der EU und den USA verhängten Sanktionen gegen Russland nannte er »dummes Zeug«, weil sie beiden Seiten wirtschaftlich schadeten und in der Sache nichts erreichten. Man vergleiche diese Klarsicht mit dem Wirken seiner Nachfolger.

Das häufig zu vernehmende Argument, jedes Land habe das Recht, seine Zukunft und seinen Weg selbst zu bestimmen, auch die Ukraine, ist einerseits richtig, übersieht andererseits aber die brutale Wahrheit von Geopolitik. Keine imperiale Großmacht duldet Renegaten an ihren Grenzen. Russland nicht in der Ukraine, China nicht in Taiwan oder Hongkong. Auch Mexiko könnte nicht frei wählen und sich etwa einem Militär- oder sonstigen Bündnis unter Führung Chinas oder Russlands anschließen. Seit der Monroe-Doktrin von 1823 beanspruchen die USA Lateinamerika insgesamt als ihren ureigenen Hinterhof, in dem sie nie eine ausländische Macht geduldet haben, am allerwenigsten die Sowjetunion. Auch deswegen die Kuba-Krise 1962. Die Amerikaner sollten eigentlich am besten verstehen, warum Russland die Ukraine niemals dem Westen überlassen wird. Finden beide Seiten hier keinen Kompromiss, wird die Ukraine als wirtschaftlich nicht lebensfähiger, großflächig zerstörter Rumpfstaat enden – mit dem Fluss Dnjepr als mögliche Grenze zu Russland.

Warum aber gilt es in Deutschland als Putin-Propaganda, an die Vorgeschichte des Ukraine-Krieges zu erinnern? Weil es nicht im Interesse transatlantisch verorteter Macht- und Meinungseliten liegt, wenn die von ihnen maßgeblich zu verantwortende oder mitgetragene Politik infrage gestellt wird. In dem Fall gerieten Glaubensgewissheiten ins Wanken, ebenso Feindbilder –

jenseits aller sachlich gebotenen Kritik am russischen Vorgehen. Die Ukraine verteidigt auch unsere Freiheit: Diese *Storyline* muss genügen. Bis die Karawane weiterzieht und das nächste Ziel ins Visier nimmt: China.

Entsprechend setzt die mediale Berichterstattung bevorzugt auf Emotionen, auf ukrainische Leidensgeschichten – alternativ auf Heldengeschichten: Präsident Selenkij und die ruhmreich kämpfende ukrainische Armee. Vermieden werden dagegen kritische Grundsatzfragen wie die nach den Hintergründen dieses Krieges. Ohne stringent betriebenes Meinungsmanagement bestünde in der Tat die Gefahr, dass wachsende Teile der Bevölkerung der Regierungslinie die Gefolgschaft versagen und schlimmstenfalls eine Protestbewegung entsteht. In der Tradition von »Schwerter zu Pflugscharen«, beispielsweise.

Durfte der vormalige ukrainische Botschafter Andrij Melnyk in deutschen Medien, bevorzugt in Talkshows, auch deswegen monatelang pöbeln und hetzen, um jeder Kriegsmüdigkeit in der hiesigen Bevölkerung vorab entgegenzuwirken? Gewissermaßen als Kronzeuge der Anklage wider jeden »Russlandversteher«, der etwa für Verhandlungen eintritt und nicht für Waffenlieferungen ohne Ende? Zu Fall brachte ihn schließlich seine allzu unverblümte Verehrung des ukrainischen Rechtsextremisten und Partisanenführers Stepan Bandera, dessen Anhänger im Zweiten Weltkrieg mit den deutschen Besatzern kollaborierten und zahlreiche Gräueltaten begingen, darunter Massenerschießungen und anti-jüdische Pogrome. Im Oktober 2022 hat Selenskij seinen Botschafter Melnyk abberufen. Nicht auf deutsches, offenkundig eher auf israelisches Drängen. Heute ist der bärbeißige Demagoge stellvertretender Außenminister.

Am Rande notiert: Den »russischen Faschismus« anzuprangern geht selbstverständlich in Ordnung. Die in der Ukraine ebenfalls reichlich vorhandenen faschistoiden Tendenzen in Geschichte und Gegenwart auch nur zu erwähnen grenzt dagegen in Politik und Medien fast an ein Tabu. Wer es dennoch tut, steht vermeintlich auf der Gehaltsliste Putins.

»Der Ukraine Zeit geben«

Wie erwähnt, ist die Ukraine kein ethnisch homogenes Land. Im Ostteil dominiert die russischsprachige Bevölkerung. Parallel zur »Wiedereingliederung« der Krim intervenierte Russland im Frühjahr 2014 auch im Donbass, entlang der russischen Grenze, und unterstützte in den Regionen Donezk und Luhansk bewaffnete Separatisten. In nachfolgenden Referenden forderten 89 Prozent der Wähler in Donezk und 96 Prozent in Luhansk die Unabhängigkeit von der Ukraine. Die Regierung in Kiew reagierte, indem sie Truppen entsandte. Seither herrscht im Osten der Ukraine (Bürger-)Krieg: 60 000 ukrainische Soldaten standen dort in den letzten Jahren etwa 50 000 bewaffneten Separatisten und russischen Soldaten gegenüber. Den Preis zahlte wie immer die Zivilbevölkerung, etwa 15 000 Menschen kamen dort bis Februar 2022 ums Leben. Um den Konflikt zu entschärfen, unterzeichneten Moskau und Kiew, unter Vermittlung der OSZE, im September 2014 das Protokoll von Minsk (Minsk I). Hauptziel war ein begrenzter Waffenstillstand, der aber nicht erreicht wurde. Daraufhin kam auf Initiative von Deutschland und Frankreich im Februar 2015 ein weiteres, weiter gefasstes Waffenstillstandsabkommen zustande, Minsk II. Je nach Perspektive musste auch Minsk II scheitern, weil a) die Russen kein Interesse an einer Beilegung der Kampfhandlungen hatten – ein Land im Kriegszustand kann nicht Mitglied der NATO werden – oder weil b) die Regierung in Kiew nie die Absicht hatte, den Konflikt politisch zu lösen. Sie vielmehr hoffte, den Aufstand mit US-Waffenhilfe niederzuschlagen und folglich die vorgesehenen Autonomieregelungen für die Ostukraine ignorierte.

Richtig ist, dass die westliche Seite immer wieder Druck auf Moskau ausgeübt hat, die Vereinbarungen von Minsk endlich umzusetzen, nie aber auf Kiew. Im Dezember 2022 erklärte Altkanzlerin Angela Merkel im Interview mit der *Zeit*, das Minsker Abkommen sei der Versuch gewesen, »der Ukraine Zeit zu geben. Sie hat diese Zeit auch genutzt, um stärker zu werden, wie man heute sieht«. 2015 hätte Putin die Ukraine Merkel zufolge leicht überrennen können. »Und ich bezweifle sehr, dass die NATO-Staaten damals so viel hätten tun können wie heute, um der Ukraine zu helfen.«

Putin kommentierte ihre Aussage so: »Ich bin immer davon ausgegangen, dass die Führung der BRD sich uns gegenüber aufrichtig verhält.« Das heißt übersetzt: Ich habe nicht damit gerechnet, dass unsere Verhandlungspartner uns über den Tisch zu ziehen suchen. Man mag einwenden: Einem wie Putin darf man alles erzählen. Das aber ist zu kurz gedacht, denn zum einen räumt Merkel ein, dass die westliche Seite Russland gegenüber nicht ehrlich war und einen Krieg damals schon »eingepreist« hatte – anstatt politisch zu deeskalieren. Wenn sie es tatsächlich so gemeint haben sollte, wie sie es gesagt hat, bestätigt sie damit zum anderen indirekt die russische Sichtweise. Um noch einmal Günter Verheugen zu zitieren: »Das Ergebnis ihrer Aussage ist jedoch, dass die EU, Frankreich und Deutschland als mögliche Vermittler völlig aus dem Spiel genommen wurden. Das wird uns auch weltweit, etwa bei Verhandlungen mit dem Globalen Süden, noch lange schaden.«[80]

Die Bombe lieben lernen

Die RAND Corporation, 1948 gegründet, gilt als einer der einflussreichsten Thinktanks in den USA. RAND ist eng verflochten mit dem »militärisch-industriellen Komplex«. Der Begriff wurde durch eine Rede von US-Präsident Dwight Eisenhower 1961 populär und bezeichnet ein zu enges Interessengeflecht zwischen Politik, Militär und Rüstungsindustrie.

Die RAND Corporation erstellt regelmäßig Grundlagenstudien, die in der Vergangenheit wiederholt US-Regierungen als politische Gebrauchsanweisung gedient haben, Republikanern wie Demokraten. 2019 erstellte diese »Denkfabrik« eine weitere dieser Studien, unter dem Titel »Russland überdehnen – den Wettbewerb vorteilhaft gestalten« (Extending Russia Competeing from Advantageous Grounds).[81] Auf 354 Seiten wird detailliert beschrieben, wie die USA Russland auf den Gebieten Wirtschaft, Geopolitik, Propaganda und Militär »überdehnen« könnten. Anders gesagt: niederringen, unterhalb der Schwelle eines Krieges. Dieser Ansatz ist auf den ersten Blick erstaunlich, denn die Studie bescheinigt Russland, »keine militärische Parität mit den USA anzustreben« und etwa die amerikanische Dominanz auf den Weltmeeren nicht herauszufordern. Demnach hätte Washington eigentlich keinen Grund zur Klage und müsste sich gut mit Russland arrangieren können. Eigentlich. Doch bewegen wir uns hier auf einer Ebene, auf der es längst nicht mehr allein um legitime Sicherheitsinteressen geht. Sondern gleichermaßen und vor allem um die Verteidigung, die Bewahrung der eigenen globalen Hegemonie. Was nahezu zwangsläufig einhergeht auch mit Paranoia und Größenwahn, auf die Spitze getrieben in dem Filmklassiker *Dr. Seltsam oder: Wie ich lernte die Bombe zu lieben* von Stanley Kubrick (1964). Geopolitik interessiert sich immer auch für den Regimewechsel und den Königsmord.

Zu den von der RAND Corporation empfohlenen Maßnahmen gehören unter anderen die folgenden: verstärkte Waffenlieferungen an die Ukraine zur Kriegsführung im Osten. Einen Regimewechsel in Belarus anzustreben. Die Spannungen im Kaukasus zu instrumentalisieren, insbesondere die zwischen Armenien und Aserbaidschan. Den russischen Einfluss in Zentralasien zurückzudrängen. Den Rüstungsetat in den Mitgliedstaaten der NATO »in den nächsten Jahren« auf zwei Prozent des BIP zu erhöhen. Verstärkt Militärmanöver entlang der Grenzen Russlands durchzuführen. Die USA sollten aus dem 1987 geschlossenen INF-Abrüstungsvertrag mit Russland über nukleare Mittelstreckensysteme aussteigen (was in der Tat auch geschah, noch im selben Jahr, 2019). Des Weiteren gelte es, russische Erdölexporte zu behindern, russische Gasexporte zu reduzieren und den weiteren Ausbau von Pipelines zu verhindern, insbesondere Nord Stream 2, sowie weitere Sanktionen gegen Russland zu verhängen und zu verschärfen, im Einklang mit der EU.

Kommt einem diese Agenda in weiten Teilen bekannt vor? Eines muss man den Amerikanern lassen: Sie sind sehr offen darin, ihre Interessen klar zu benennen, ganz im Sinne Machiavellis. Moral? Diese Sauce überlassen wir gerne den Europäern. Wir nehmen uns stattdessen lieber den Braten. Und das Erstaunliche ist: Es funktioniert. Führende EU-Politiker, allen voran die Kommissionspräsidentin, und führende Politiker in Deutschland – sie tun wie ihnen geheißen, anstatt eigene Prioritäten zu setzen. Darin offenbaren sie eine Vasallen-Mentalität, die in Washington bisweilen schenkelklopfende Heiterkeit auslösen dürfte. Wer nun aber darauf verweisen wollte, dass der Westen an diesem furchtbaren Krieg in der Ukraine seinen Anteil hat – der ist selbstverständlich ein Putin-Troll.

Die Präsidentschaftswahlen in der Ukraine im April 2019 verlor der Milliardär Petro Poroschenko krachend. Zu Fall gebracht hatte ihn nicht die Krim oder der Konflikt im Donbass, sondern die alles durchdringende Korruption und die im Volk verhasste Allmacht der Oligarchen. Sein Nachfolger wurde der Schauspieler Wolodymyr Selenskij, der sich durch die Fernsehserie *Diener des Volkes* (gleichzeitig der Name seiner Partei) das Image eines unbestechlichen Robin Hood erworben hatte. Angesichts der ihm heute zuteilwerdenden Heldenverehrung sei zur Erinnerung die *Süddeutsche Zeitung* vom 22. April 2019 zitiert, die unter der Überschrift »Selenskijs Sieg ist Ausdruck eines kranken politischen Systems« schrieb: Selenskijs »kometenhafter Aufstieg« sei »nur möglich« gewesen, »weil ukrainische Medien von Oligarchen dominiert werden, die bestimmen, wer in ihre Fernsehsender kommt – und wer nicht«. Kein Problem für den »Fernseh- und Kabarettstar Selenskij«, weil ihn »der Oligarch Ihor Kolomoisky … mit seinem Fernsehsender 1+1, dem beliebtesten der Ukraine, ins Amt hievte … trotz eines inhaltsfreien Wahlkampfes …«.

Zu Besuch bei Kleptokraten

Der Selenskij deutlich zugeneigte Biograf Sergii Rudenko kommentiert die vorgezogenen Parlamentswahlen vom Juli 2019, bei denen die »Diener des Volkes« 43 Prozent der Stimmen errangen, wie folgt: »Allein dem Präsidenten war es zu verdanken, dass Hochzeitsfotografen, Showsternchen, Arbeitslose, Restaurantbesitzer und andere Personen mit höchst durchschnittlicher Qualifikation und mäßigen Vorkenntnissen einen Sitz im Parlament erhielten. Menschen, die ohne Selenskij nie den Weg in die ukrainische Politik gefunden hätten.«[82] Führungspositionen im Staat vertraute er Jugend- und Weggefährten seiner Schauspielerkarriere an. Schon im August 2019, so Rudenko, war de facto »die gesamte Staatsmacht der Ukraine in die Hände einer einzigen Person übergegangen – in die Wolodymyr Selenskijs«. Das ukrainische Parlament »wurde quasi zu einer Unterabteilung des Büros des Präsidenten«.[83] Korruption und Vetternwirtschaft gediehen unter Selenskij ebenso wie unter seinen Vorgängern. Hätte der russische Präsident nicht die Skrupellosigkeit besessen, die Ukraine im Februar 2022 zu überfallen und dem Land Tod und Zerstörung zu bescheren, wäre Selenskij vermutlich auf bestem Weg, ebenso dem Orkus der Geschichte anheimzufallen wie schon seine Vorgänger.

Ein internationales Recherchenetzwerk belegte 2021 in den »Pandora Papers« die geheimen Finanzdeals und Geschäfte von Prominenten und Politikern mit Briefkastenfirmen und Offshore-Konten. Die Ukraine belegt in diesem Kleptokraten-Ranking einen führenden Platz. Selenskij ist mit Konten in Belize, auf Zypern und den Britischen Jungferninseln vertreten. Kurz vor seiner Wahl übertrug er seinen Anteil an einer Briefkastenfirma einem Geschäftspartner, der bald darauf einer seiner wichtigsten Berater wurde. Dividendenzahlungen flossen demzufolge an eine Firma, die Selenskijs Frau gehört; 41 Millionen US-Dollar soll ihm sein Gönner Ihor Kolomoisky überwiesen haben. Der ukrainische Präsident besitzt mehrere Luxusimmobilien nicht allein in London.[84] Wohlgemerkt: Russische Politiker und Oligarchen sind nicht weniger korrupt als ihre ukrainischen Pendants. Allerdings gilt der Kreml-Chef eben auch nicht als Freiheitskämpfer.

Seit Beginn des Ukraine-Krieges fehlt es nicht an unverbindlichen westlichen Appellen, Kiew möge die Korruption bekämpfen. Da das dortige politische System auf Korruption gebaut ist, erscheinen solche Forderungen, so sie denn ernstgemeint sind, geradezu widersinnig: Sie stellen zwangsläufig die »Geschäftsgrundlage« der Regierung Selenskij infrage. Dennoch bemüht sie sich aus optischen Gründen um Wohlgefallen. Das augenfälligste Beispiel ist die Verhaftung Ihor Kolomoiskys im September 2023, dem Korruption und Steuerhinterziehung vorgeworfen wird. Ein ebenso symbolisches wie medienwirksames Ereignis, das in erster Linie auf machtpolitische Differenzen innerhalb der Oligarchen-Elite zurückzuführen sein dürfte.

War Selenskij anfangs noch bemüht, sich mit Putin ins Benehmen zu setzen, verschärfte sich die Konfrontation erneut mit der Amtsübernahme Joe Bidens im Januar 2021. Kaum war dieser als US-Präsident vereidigt worden, schaltete Selenskij die drei russischsprachigen TV-Stationen aus dem Umfeld von Viktor Medwedtschuk ab. Dieser einflussreiche Oligarch galt als Putins Mann in der Ukraine. Nicht zuletzt wurde Medwedtschuk die Unterstützung »terroristischer Gruppen« im Donbass vorgeworfen. Der eigentliche Grund für den Vorstoß war aber wohl ein anderer. Dessen russlandfreundliche Partei »Oppositionelle Plattform/Für das Leben« war Ende 2020 Umfragen zufolge auf bestem Weg, auch im eher antirussisch eingestellten Westteil der Ukraine zur stärksten Partei zu werden. Aus den bekannten Gründen: katastrophale Wirtschaftslage, Korruption, Hoffnung auf einen »wohlmeinenden Oligarchen«, nicht zuletzt der anhaltende Konflikt im Osten. Anstatt hier zu deeskalieren, forcierte Selenskij eine ultranationalistische Gesetzgebung, unter anderem mit dem Ziel, die russische Sprache aus dem öffentlichen Raum zu verdrängen.

Parallel verstärkte die Ukraine ihre Bemühungen zur Aufnahme in die NATO. Drei Tage nach Amtsantritt Bidens erklärte Selenskij gegenüber der US-Nachrichtenwebsite *Axios*, die Ukraine sei bereit zu einem NATO-Beitritt. Kurz darauf veröffentlichte der ukrainische Außenminister Dmytro Kuleba einen Artikel auf der Homepage des Thinktanks Atlantic Council. Überschrift: »Warum ist die Ukraine noch immer nicht in der NATO?« Um eine Vorstellung davon zu vermitteln, wie das Spiel gespielt wird: Der Atlantic Council ist eine überaus einflussreiche Denkfabrik und Lobbyorganisation, »die von weltweit tätigen Konzernen und ehemaligen ranghohen Regierungsvertretern und Ex-Militärs gesteuert wird. Über letztere stellt die Organisation Kontakte zu den Regierungsspitzen im transatlantischen Bereich her«, so Lobbypedia.

Hinein in die NATO!

Am 5. März 2021 veröffentlichte der Atlantic Council, der sich der Ukraine mit besonderem Nachdruck angenommen hat, eine Reihe von Empfehlungen für die Biden-Administration. Die Ukraine solle demzufolge den Status eines »maßgeblichen Nicht-NATO-Mitglieds« erhalten. Verbunden mit der Drohung in Richtung Russland, man werde einen »NATO-Mitgliedschaftsplan« für die Ukraine entwerfen, sollte sich Moskau im Donbass nicht kooperativer zeigen. Zwischenzeitlich war der dortige Waffenstillstand weitgehend zusammengebrochen. Ende März 2021 suchte Putin das Gespräch mit Berlin und Paris, den beiden Mitarchitekten der Minsker Vereinbarungen, um ihnen seine Sorge über die sich verschärfende Lage mitzuteilen. Emmanuel Macron wie auch Angela Merkel hatten die ukrainische Seite bewusst von dieser Unterredung mit Putin ausgeschlossen, was man durchaus als Kritik am nassforschen Vorgehen Kiews interpretieren darf. Ungeachtet der Tatsache, dass Russland im März und April 2021 umfangreiche Truppenverbände entlang der Ostgrenze der Ukraine zusammenzuziehen begann – was wiederum in Washington und den europäischen Hauptstädten Alarmstimmung auslöste.

Miteinander reden? Deeskalieren? Selenskij ging den entgegengesetzten Weg. Am 24. März trat die »Verordnung des Präsidenten der Ukraine N2117/2021« in Kraft. Unter Berufung auf Artikel 107 der ukrainischen Verfassung erteilt Selenskij darin dem Nationalen Sicherheits- wie auch dem Verteidigungsrat Order, die militärische Rückeroberung der Krim vorzubereiten. Das kommt einer Kriegserklärung an Russland sehr nahe. Natürlich weiß auch die ukrainische Regierung, dass sie eine Machtprobe mit Russland im Alleingang nicht bestehen könnte. Doch wer weiß, welche Absprachen es mit Washington und dem westlichen Militärbündnis gegeben haben mag? Und sollte es tatsächlich Zufall sein, dass zeitgleich das NATO-Manöver »Defender Europe 2021« anlief? Ein Großmanöver mit 30 000 Soldaten aus 26 Ländern, teilweise direkt an den Grenzen Russlands. Darunter auch die Nicht-NATO-Staaten Bosnien-Herzegowina, Kosovo, Moldawien und, last but not least, Georgien und die Ukraine.

Am 6. April 2021 erklärte Selenskij gegenüber NATO-Generalsekretär Jens Stoltenberg, die NATO sei »der einzige Weg, den Krieg im Donbass zu beenden«. Ein »NATO-Mitgliedschaftsplan« sei »ein klares Signal an Russland«. Das in der Tat auch ankam, denn nur wenige Stunden nach dieser Einlassung des ukrainischen Präsidenten befahl der russische Verteidigungsminister Sergej Schoigu »die Erprobung der Kampfbereitschaft« der gesamten russischen Armee, die dann erst am 1. Mai endete.

Die westliche, vor allem amerikanische, Obsession einer NATO-Mitgliedschaft der Ukraine ist Wasser auf die Mühlen der Hardliner in Moskau. Putin jedenfalls wurde und wird dadurch gestärkt, denn er versteht es durchaus geschickt, die bis heute nachwirkenden Traumata des deutschen Überfalls auf die Sowjetunion 1941 für seine Zwecke zu nutzen, weit über seine Anhängerschaft hinaus. Washingtons Ignoranz gegenüber der russischen Geschichte sowie dessen Förderung und Duldung radikaler Nationalisten in Osteuropa, solange sie nur anti-russisch eingestellt sind, macht es dem Kreml leicht, die NATO als Bedrohung Russlands darzustellen.

Die Fronten sind geklärt

Das Jahr 2021 stellte politisch die letzten Weichen in Richtung Ukraine-Krieg. Vor allem zwei Vereinbarungen zwischen Washington und Kiew unterstreichen unmissverständlich, dass die Biden-Administration keinerlei Interesse an Verhandlungen mit Russland hatte, ebenso wenig an einer Konfliktentschärfung. Zum einen das »Joint Statement on the U.S.-Ukraine Strategic Partnership« vom 1. September 2021.[85] Darin betonen beide Seiten, dass »der Erfolg der Ukraine eine zentrale Rolle im globalen Kampf zwischen Demokratie und Autokratie« einnimmt. Das »gemeinsame Statement« bekräftigt das Kommuniqué des NATO-Gipfels vom Juni 2021 in Brüssel, das der Ukraine eine NATO-Perspektive zusagt. Der Konflikt in der Ostukraine wird ausschließlich »russischer Aggression« zugeschrieben, konkrete Lösungsvorschläge gibt es keine – jenseits der Forderung, Russland möge internationale Rechtsnormen befolgen. Natürlich durfte auch die Ablehnung von Nord Stream 2 nicht fehlen.

Und zum anderen die »U.S.-Ukraine Charter on Strategic Partnership« vom 10. November 2021, die quasi die Vereinbarung vom September fortschreibt[86], allerdings deutlich konkreter wird. Insbesondere die militärische Zusammenarbeit auf allen Ebenen wird betont, namentlich im Schwarzen Meer, gemeinsam »mit Alliierten und Partnern«.

Damit waren die Fronten wohl endgültig geklärt. Die Ukraine ist noch nicht in der NATO, aber die NATO längst in der Ukraine. Bereits seit 2008 strömten unaufhörlich amerikanische Waffen nach Kiew, zwei Etagen im dortigen Verteidigungsministerium waren und sind angeblich US-Militärberatern vorbehalten. Russland reagierte mit einem weiteren massiven Truppenaufbau entlang der ukrainischen Grenze, der bei Kriegsbeginn im Februar 2022 100 000 Mann umfasste. Auf seiner Jahrespressekonferenz kurz vor Weihnachten 2021 verlangte Putin Sicherheitsgarantien von der NATO wie auch von den USA. Man erwarte einen Verzicht auf eine weitere NATO-Osterweiterung – der Westen habe Moskau in dieser Frage seit Ende des Kalten Krieges wiederholt getäuscht. Außerdem verlange die russische Seite verbindliche Zusagen, dass die NATO keine Militärstützpunkte in ehemaligen Sowjetrepubliken errichte, die nicht zur NATO gehören (gemeint waren die Ukraine sowie Georgien), und auch keine schweren Waffen dorthin liefere.

Am 8. Januar 2022 verhandelten Russland und die USA auf Vizeaußenminister-Ebene in Genf über die russischen Forderungen, ohne Ergebnis. Daraufhin legte Putin nach und verlangte schriftliche Garantien, dass sich die NATO nicht weiter in Richtung Osten ausdehne und die Lieferung schwerer Waffen in Nicht-NATO-Staaten in der unmittelbaren Nachbarschaft Russlands eingestellt würden. Diesen Forderungen erteilte US-Außenminister Blinken am 26. Januar eine kategorische Absage: »Die Tür der NATO ist offen und bleibt offen. Darin sehen wir unsere Verpflichtung.«

Die Zeitenwende

Einen Monat später, am 24. Februar, marschierten russische Truppen in der Ukraine ein. Der »russisch geführte Angriffskrieg« hatte begonnen, den als vermeidbaren, aber von Washington und der NATO forcierten Waffengang zu bezeichnen sachlich nicht minder gerechtfertigt wäre. Drei Tage darauf, am 27. Februar, verkündete Kanzler Olaf Scholz im Bundestag unter dem tosenden Jubel der Abgeordneten die »Zeitenwende« – eine durchaus gespenstische Szene. Er meinte die Militarisierung deutscher Politik, abzulesen am »Sondervermögen« für die Bundeswehr in Höhe von 100 Milliarden Euro, und den Bruch mit der bisherigen Wirtschafts- und Energiepolitik. Ohne allerdings Alternativen aufzuzeigen oder eine Zielsetzung zu benennen. Doch im geistig-moralischen Konsens der Wohlmeinenden: Wir halten fest an unseren Werten!

Nun trat ein, was die Publizisten Richard David Precht und Harald Welzer sehr treffend als einen »verblüffenden Schuldstolz der politischen Klasse« bezeichnen, »der in der Geschichte der Bundesrepublik seinesgleichen sucht. Das jahrzehntelang gepflegte und lange erfolgreiche Konzept des Wandels durch Annäherung durch Handel«, begründet in der deutschen Ostpolitik vor mehr als einem halben Jahrhundert, »galt plötzlich als der Irrtum unserer Zeit. Mitbeerdigt wurde zugleich die Kultur der Verhandlungen und der Diplomatie sowie die dauerhafte Perspektive einer Friedensordnung unter Einschluss Russlands. All dies stand blitzartig und über Nacht als fürchterlicher Irrtum im Raum.«[87] Und verlangte nach Buße und Reue, nach einem Schulterschluss ohne Wenn und Aber mit der Ukraine. Dazu zählt auch die Aufnahme von rund einer Million ukrainischen Flüchtlingen in Deutschland, die seit Juni 2022 dieselben Sozialleistungen wie Inländer erhalten, ebenso großzügig mit Aufenthaltsstatus, Gesundheitsfürsorge und Unterbringung versorgt sind. Privilegien, die für ausländische Asylbewerber, darunter die rund eine Million Flüchtlinge überwiegend aus Syrien 2015/16, in weiter Ferne liegen. Auf Kosten der Kommunen, die kaum noch wissen, wie sie diesen ihnen seitens der Bundespolitik aufgebürdeten Verpflichtungen nachkommen sollen.

Vor allem aber manifestierte sich innerhalb kürzester Zeit eine von den Medien massiv beförderte hegemoniale Erzählung über den Ukraine-Krieg, die einmal mehr Zuflucht nahm im Kindchen-Schema, der Unterteilung der Welt in Gut und Böse. Mit dem Ergebnis, dass die Vorgeschichte des Krieges weitgehend entsorgt wurde, dass abweichende oder ausgewogene Meinungen Gefahr liefen, als Putin-Propaganda aus dem öffentlichen Raum verbannt zu werden. Der Soundtrack der Berichterstattung mutierte zu einer missionarisch unterlegten Meinungsmache. Und »wer sich zu weit vom Mainstream entfernt, der wird kaltgestellt«, räsonierte der Politikwissenschaftler Johannes Varwick, der eben diese Erfahrung machte.[88] Von wegen »vierte Staatsgewalt«, Korrektiv der Regierenden: Die Medien profilierten sich überwiegend als Kriegstreiber.

Erst die Durchsetzung des Kindchen-Schemas, die Reduzierung komplexer Sachverhalte auf einen binären Code, erlaubte die komplizenhafte Geiselnahme einer entmündigten Öffentlichkeit, die auf allen Kanälen fast ausschließlich Befürworter von mehr und immer mehr Waffenlieferungen an die Ukraine zu hören und zu sehen bekam. Bei gleichzeitiger Dämonisierung Russlands, nicht selten unterlegt von anti-russischen und anti-slawischen Ressentiments. Das Gut-versus-Böse-Schema lässt ein bedrohliches Geschehen einfach und beherrschbar erscheinen, denunziert jedes Abwägen des Kanzlers, etwa beim Thema Waffenlieferungen, als Schwäche, erlaubt keine Zweifel, kein Nachdenken, kein Innehalten, führt schlussendlich zu einer journalistischen Selbstermächtigung. Transatlantisch fixierte Meinungsmacher, meist ohne geostrategische oder militärische Sachkenntnis, setzen die Politik unter Druck, wollen sie nicht länger nur publizistisch begleiten, sondern selbst gestalten. Sie gefallen sich in ihrem moralistischen Habitus, ihrem »Schuldstolz«, was der Kanzler nicht einfach ignorieren kann. Schlimmstenfalls würde er eine gemeinsame Kampagne von Opposition und Medien ob seiner »Führungsschwäche« riskieren oder den politischen Dolchstoß seiner bellizistischen Koalitionspartner respektive Parteifreunde.

Putin muss weg

Keine Kompromisse! Keine Verhandlungen! Denn die ihrer Komplexität entkleideten Rahmendaten sind in Sachen Ukraine gesetzt und sakrosankt: »Demokratie steht gegen Diktatur; der Diktator ist zu allem fähig; sein Expansionsdrang wird nach der Okkupation der Ukraine ungebremst weitergehen; eine militärische Aggression kann nur mit Stärke bekämpft werden; Verhandlungen haben zu nichts geführt und werden auch in Zukunft zu nichts führen; Kriegsverbrechen gehen ausschließlich auf die barbarische Natur des Aggressors zurück, nicht auch auf die Natur des Krieges«, so Precht und Welzer.[89] Wir sind die Guten, und wir stehen aufseiten der Guten! Deswegen gilt im Umgang mit dem Bösen allein die Ächtung. Der Aggressor muss – ja, was? Idealerweise in die Kapitulation getrieben werden, Atomkrieg hin oder her? Oder, in den Worten von Christoph Heusgen, des Leiters der Münchner Sicherheitskonferenz: »Russland braucht die Deputinisierung«. Von ihm auch so formuliert: »Eine Lösung gibt es letztlich nur mit dem Ende des Putin-Regimes.«

Heusgen spricht aus, was westliche Macht- und Meinungseliten nicht allein mehrheitlich, sondern nahezu unisono empfinden. Allerdings lässt er sich von einem Wunschbild leiten, keinem Lagebild auf der Grundlage belastbarer Fakten. Wie gedenkt er Putins Ende herbeizuführen? In wessen Namen glaubt er zu sprechen? Dem der Russen? Mehr als 80 Prozent der russischen Bevölkerung unterstützen den Kurs ihres Präsidenten. Weil sie aus hiesiger Sicht manipuliert wird, gewiss. Gleichwohl: Wie kann man ernsthaft einen Regimewechsel im größten Flächenstaat der Welt einfordern, ohne auch nur einen Gedanken an die möglichen Folgen zu verschwenden? Geschweige denn auf die völkerrechtliche Legitimität dieses Ansinnens?

Dort, wo die Amerikaner in der Vergangenheit Regierungen gestürzt haben – war das für die Betroffenen Fluch oder Segen? Wer übrigens soll diese »Deputinisierung« bewerkstelligen? Die vielbeschworene »Zivilgesellschaft«, die immer dann Furore macht, sobald westliche Entscheider den politischen Wandel in einem »Schurkenstaat« anstreben? In jüngerer Zeit etwa in Syrien, Belarus, Iran? Gibt es ein einziges Beispiel dafür, dass dieses Konzept eines von außen gesteuerten oder unterstützten Regimewechsels aka »Deputinisierung« jemals das gewünschte Ergebnis erzielt hätte? Und welche Schlüsse wären daraus vernünftigerweise zu ziehen?

Zum anderen offenbart sich in den Worten Heusgens eine ausgesprochene Hybris. Hiesige Entscheider glauben vermutlich noch immer, dass sie den nichtwestlichen Teilen der Welt ihren Willen und ihre Vorstellungen aufzwingen könnten. Das aber ist, wie ausgeführt, keineswegs der Fall. Der Globale Süden teilt, von wenigen Ausnahmen abgesehen, die westliche Sichtweise auf den Ukraine-Krieg nicht. Daran ändern übrigens auch die Abstimmungen in der Vollversammlung der Vereinten Nationen nichts, bei denen im Oktober 2022 143 von 193 Staaten den russischen Angriff verurteilten und im Februar 2023 dann erneut 141 von 193 Staaten den Abzug Russlands aus der Ukraine verlangten. Denn diese Resolutionen sind moderat im Tonfall, rechtlich nicht bindend und erlauben es insbesondere ärmeren und auf wirtschaftliche Hilfen angewiesene Staaten, sich ebenso ostentativ wie folgenlos pro-westlich zu zeigen.

Die Meldung der *Tagesschau* vom 24. Februar 2023: »UN-Abstimmung: Russland bleibt isoliert« ist richtig mit Blick auf das Abstimmungsverhalten. Geopolitisch und wirtschaftlich jedoch steht Moskau keineswegs mit dem Rücken zur Wand. Das mag man bedauern, sollte es aber dennoch zur Kenntnis nehmen. Andernfalls ist der Weg zu Trugschlüssen nicht weit.

Im Bunker

Westliche Auguren allerdings halten lieber an ihrer Realitätsverleugnung fest. Bis hin zur Bunker-Mentalität, wie sie auf der Münchener Sicherheitskonferenz im Februar 2023 fast schon zelebriert wurde. Abgesehen vom ranghöchsten Außenpolitiker Chinas war es ein Treffen unter Gleichgesinnten, die sich gegenseitig ihrer selbst versicherten und Russland wie auch den Iran der Einfachheit halber ausgeladen hatten – man wolle ihnen keinen Raum für Propaganda bieten.

Anlass zur Sorge bieten das Gruppendenken, das Fehlen jedweden Selbstzweifels, das vorwiegend militaristische Verständnis von Konfliktlösung. Auf die Frage nach seinem politischen Vermächtnis antwortete Lakhdar Brahimi, der ehemalige UN-Sonderbeauftragte für Afghanistan und den Nahen Osten, im Bundestag, zugeschaltet im Rahmen einer öffentlichen Anhörung der Enquete-Kommission Afghanistan: »Wir müssen mit allen reden. Es ist falsch zu sagen: Da gibt es eine Gruppe, da gibt es einen Staat, mit denen, mit dem wollen wir nicht reden, nicht verhandeln, weil wir sie ablehnen. Mit diesem Ansatz lässt sich kein Konflikt lösen oder beenden.«

Wie recht der hochbetagte Diplomat hat, einst algerischer Außenminister, zeigt nicht zuletzt ein Blick in die Geschichte. Am Vorabend des Ersten Weltkrieges waren die damaligen Eliten alle davon überzeugt, auf der jeweils richtigen Seite der Geschichte zu stehen. Wenige Jahre und Millionen Tote später waren vier der damals mächtigsten Reiche untergegangen. Hätten die Kaiser in Berlin und in Wien, der Zar in St. Petersburg und der Sultan in Istanbul gehandelt, wie sie es taten, wenn sie die möglichen Folgen ihres Tuns konsequent bedacht hätten? Ganz gleich, wie der Waffengang in der Ukraine weiter verläuft: Am Ende werden die Europäer und namentlich Deutschland zu den großen Verlierern dieser Machtprobe zählen.

Ein Jahr nach Kriegsbeginn stehen sich Hunderttausende Soldaten oder Paramilitärs in der Ostukraine gegenüber, mindestens 250 000 Menschen haben ihr Leben verloren, darunter nicht weniger als 150 000 Ukrainer. Genaue Zahlen sind schwer zu ermitteln, da beide Kriegsparteien die Opfer auf der Gegenseite gerne erhöhen, die eigenen dagegen kleinrechnen. Ganze Städte und Landstriche sind zerstört worden. Acht Millionen Ukrainer sind ins europäische Ausland geflüchtet, hinzu kommen fünf Millionen Binnenflüchtlinge. Eine furchtbare Tragödie, zu der es nicht hätte kommen müssen. Denn unmittelbar nach dem russischen Einmarsch begann bereits die Friedenssuche. Eine erste Vermittlerrolle übernahm der damalige israelische Premier Naftali Bennett, der auf Betreiben des ukrainischen Präsidenten Selenskij hinter den Kulissen zwischen Moskau und Kiew zu vermitteln suchte.

In einem Videointerview erklärte Bennett im Februar 2023, dass ein Waffenstillstand bereits nach wenigen Wochen zum Greifen nahe gewesen sei. Russen wie Ukrainer hätten sich zu erheblichen Zugeständnissen bereit erklärt. Bennett wörtlich: »Ich hatte damals den Eindruck, dass beide Seiten großes Interesse an einem Waffenstillstand hatten.« Er habe anschließend Kanzler Scholz, Frankreichs Präsident Macron, den britischen Premier Johnson sowie die US-Regierung über seine Gespräche unterrichtet. Scholz und Macron seien pragmatisch eingestellt gewesen, Johnson hingegen vertrat die Auffassung, dass »man Putin weiter bekämpfen müsse.« In der US-Regierung seien beide Positionen vertreten gewesen. Schlussendlich aber hätten vor allem Großbritannien und die USA die Verhandlungen torpediert und auf eine Fortsetzung des Krieges gedrängt.[90]

Das Böse bekämpfen

Parallel zu Bennetts Vermittlungsbemühungen trafen sich ukrainische und russische Delegationen Ende Februar/Anfang März 2022 insgesamt dreimal in der belarussischen Grenzstadt Gomel. Nach einem Treffen des ukrainischen Außenministers Dmytro Kuleba mit seinem russischen Amtskollegen Sergej Lawrow in Antalya am 10. März wurden die Gespräche in der Türkei fortgesetzt. Verhandelt wurden die Rahmenbedingungen eines Friedensplans: »Russland würde sich auf seine Positionen am 23. Februar zurückziehen, im Gegenzug würde die Ukraine zusichern, keine NATO-Mitgliedschaft anzustreben und dafür ihrerseits Sicherheitsgarantien mehrerer Staaten erhalten«, so *Foreign Affairs*.[91] Die Zukunft der Krim und der beiden Donbass-Regionen Donezk und Luhansk sollte demzufolge in späteren Gesprächen geklärt werden.

Doch der Frieden gelang nicht, ungeachtet weiterer Vermittlungsbemühungen, darunter auch seitens der türkischen und der italienischen Regierung. Warum? Die Antwort fällt, unabhängig von den klaren Worten Bennetts, je nach Standpunkt unterschiedlich aus. Überzeugte Transatlantiker werfen Putin vor, er habe lediglich auf Zeit spielen und militärisch Fakten schaffen wollen, ohne wirkliche Kompromissbereitschaft.[92] Sollte das tatsächlich der entscheidende Grund sein? Der ukrainischen Online-Zeitung *Ukrajinska Prawda* zufolge hatten westliche Vertreter auf der Münchener Sicherheitskonferenz im Februar 2022, die noch vor Kriegsbeginn stattfand, Präsident Selenskij empfohlen, nicht nach Kiew zurückzukehren, sondern ins politische Exil zu gehen. Nachdem aber russische Truppen Kiew nicht erobern konnten, wuchs in westlichen Hauptstädten die Zuversicht, Russland in der Ukraine eine vernichtende Niederlage bereiten zu können. Zwei Gründe hätten am Ende maßgeblich zum Ende der Friedensverhandlungen im Mai 2022 beigetragen: die (mutmaßlichen) Kriegsverbrechen der russischen Armee, beispielsweise in Butscha, und ein Überraschungsbesuch Boris Johnsons am 10. April. Er habe Kiew zu verstehen gegeben, dass man mit Kriegsverbrechern nicht verhandele und jetzt der Zeitpunkt gekommen sei, Druck auf Putin auszuüben. Ob seine Position mit den westlichen Verbündeten abgesprochen war oder nicht, bleibt unklar.[93]

Auf jeden Fall entsprach sie der amerikanischen Regierungslinie. Ebenfalls am 10. April hatte der Nationale Sicherheitsberater Jake Sullivan erklärt, Washington strebe eine »unabhängige Ukraine« an und ein dauerhaft »geschwächtes und isoliertes Russland«. Ganz ähnlich äußerten sich US-Außenminister Blinken und US-Verteidigungsminister Lloyd Austin am 25. April in Kiew. Austin erklärte, die Ukraine sei in der Lage, den Krieg zu gewinnen, sofern sie die dafür erforderlichen Waffen und die entsprechende Unterstützung aus dem Westen erhielte. Das war eine Abkehr von der bisherigen Linie, derzufolge die Ukraine Waffen erhalten müsse, um sich gegen russische Angriffe zu verteidigen. Nunmehr gehe es darum, so Austin weiter, Russland so stark zu schwächen, dass es niemals mehr einen solchen Krieg führen könne.

Das Versagen der Europäer

Wie lässt sich vor diesem Hintergrund ernsthaft behaupten, der Waffengang in der Ukraine sei nicht durch Verhandlungen zu beenden? Sie sind doch nachweislich geführt worden! Und an wem sind sie gescheitert? An Russland? An den USA? An beiden?

Spätestens seit Mai 2022 ist der Krieg in der Ukraine ein Stellvertreterkrieg zwischen Washington und Moskau. Das sollte bedenken, wer mehr und immer mehr schwere deutsche Waffen in die Ukraine zu liefern wünscht, allen voran Panzermodelle mit den Namen von Großkatzen. Die übrigens am Kriegsverlauf nichts ändern werden. Die Ukraine kann militärisch gegen Russland allein deswegen nicht auf Dauer bestehen, weil Moskau im Zweifel mehr als eine Million Soldaten mobilisieren könnte. Kiew dagegen hat jetzt schon Probleme, die eigenen Verluste auszugleichen: Mittlerweile werden schon über Sechzigjährige an die Front geschickt. Die Lieferung von Kriegsgerät an die Ukraine dient einzig und allein dem Zweck, die künftige Verhandlungsposition Kiews zu stärken. Diese Strategie ist nicht frei von Zynismus und durchaus hochriskant. Wenn der Regierung Selenskij das »Kanonenfutter« ausgeht, wird sie die NATO auffordern, Soldaten zu entsenden – oder aber es kommt zu Verhandlungen.

Genau hier, an dieser Schnittstelle, liegt das Versagen der deutschen wie auch der EU-Politik. Anstatt die Friedensbemühungen nicht zuletzt der Türkei und Italiens zu unterstützen, schlossen sich Berlin wie auch Brüssel der amerikanischen Linie an, unbeschadet der Konsequenzen für Europa. Dabei war die Bundesregierung, wie aus Bennetts Ausführungen klar hervorgeht, von Anfang an über die Bemühungen zur Konfliktentschärfung informiert. Warum hat sie diese nicht mitgetragen? Eine ungute Mischung aus Gruppendenken, Ideologie und Nibelungentreue gegenüber Washington veranlasste die Bundesregierung wie auch die EU-Kommission stattdessen, sich der US-Agenda zu verschreiben und auf Konfrontationskurs mit Russland zu gehen. Alle Lehren, die man aus den russischen Reaktionen auf die NATO-Osterweiterung hätte ziehen können, wurden konsequent ignoriert. Zum Schaden der Menschen in der Ukraine.

Die rhetorische Dauerschleife hiesiger Mandatsträger oder Meinungsmacher, es dürfe keinen »Diktatfrieden« (Scholz) geben, allein die angegriffene Ukraine habe das Recht, über ihre Zukunft und den richtigen Zeitpunkt für Friedensverhandlungen zu bestimmen, ist schlichtweg Nonsens. Die eigentlichen Entscheider sitzen anderswo.

Seit dem Rückzug russischer Truppen aus dem Hinterland Kiews hat es eine regelrechte Rallye hochrangiger westlicher Politiker in die ukrainische Hauptstadt gegeben, angefangen mit EU-Kommissionspräsidentin Ursula von der Leyen, die am 8. April 2022 erstmals dorthin reiste und Präsident Selenskij eine EU-Beitrittsperspektive in Aussicht stellte. Damit entsprach sie dessen Antrag vom 28. Februar. Am 23. Juni schließlich bestätigte das EU-Parlament den Kandidatenstatus der Ukraine.

Das mag emotional verständlich sein, politisch und wirtschaftlich liefe es auf einen Selbstmord der EU hinaus, würde Kiew tatsächlich aufgenommen. Einer Modellrechnung zufolge hätte die Ukraine Anspruch auf Zahlungen von 186 Milliarden Euro für den Zeitraum 2022 bis 2030, wäre sie bereits EU-Mitglied. Allein 96,5 Milliarden Euro würden demzufolge auf Agrarsubventionen entfallen.[94] Perspektivisch würde das Brüssel in den Ruin treiben. Im ersten Kriegsjahr hat die Europäische Union die Ukraine mit rund 67 Milliarden Euro an Finanzhilfen unterstützt, für militärische und zivile Zwecke. Diese Gelder sind quasi »Geschenke«. Kiew, sprich: Selenskij, muss sie weder zurückzahlen noch Rechenschaft über deren genaue Verwendung ablegen.

Die Amerikaner sind hier deutlich – professioneller. Sie haben der Ukraine im selben Zeitraum etwa 68 Milliarden US-Dollar an militärischer, finanzieller und humanitärer Hilfe zukommen lassen. Nicht etwa »geschenkt«, sondern überwiegend als Darlehen. Den rechtlichen Rahmen hierfür schafft das sogenannte »Leih- und Pachtgesetz zur Verteidigung der Demokratie in der Ukraine«, das Präsident Biden sicher nicht zufällig am 9. Mai 2022 unterzeichnet hat, dem russischen Jahres- und Feiertag des Sieges über Hitler-Deutschland. Ein ähnliches Gesetz hatte Washington 1941 zur Kriegsfinanzierung Großbritanniens auf den Weg gebracht. Und nach Ende des Zweiten Weltkrieges auf die Rückzahlung inklusive Zins und Zinseszins nicht etwa verzichtet – die letzte Tilgungsrate zahlte London im Dezember 2006. Sollte die Ukraine zahlungsunfähig werden, würden die USA mit Bodenschätzen kompensiert.

Der eigentliche Clou aber ist dieser: Amerikanische Politiker üben auf die EU-Kommission großen Druck aus, damit sie ihren selbstauferlegten Zahlungsverpflichtungen gegenüber Kiew nachkommt. Denn die Regierung Selenskij finanziert mit diesen Geldern erste Rückzahlungen ihrer Ankäufe von US-Waffen im Rahmen des »Leih- und Pachtgesetzes«.[95]

Ein bankrottes Land in die EU aufnehmen?

Die Ukraine in die EU aufzunehmen ist allein aus wirtschaftlichen Gründen schlichtweg unmöglich. Es gibt kaum noch eine funktionierende Ökonomie, das Land ist de facto bankrott. Brüssel hat der Regierung Selenskij für 2023 monatliche Transferzahlungen von 1,5 Milliarden Euro versprochen, angefragt hatte Kiew fünf bis neun Milliarden. Auf dem Korruptionsindex von Transparency International belegt das Land Platz 122 unter 180 Staaten (Russland: Platz 137). Rechtsstaatlichkeit gab es in der Ukraine schon vor Kriegsbeginn nur in Ansätzen. Selenskijs Politik ist repressiv, zwölf Oppositionsparteien wurden 2022 verboten, angeblich waren sie alle pro-russisch. Sämtliche russischsprachigen

Fernseh- und Radiostationen mussten ihren Betrieb einstellen, im öffentlichen Raum werden die russische Sprache und Kultur zurückgedrängt. Hinzu kommen polizeiliche Razzien in mehr als 300 ukrainisch-orthodoxen Klöstern, das geplante Verbot der ukrainisch-orthodoxen Kirche, die in Kiew als pro-russisch gilt, die Beschlagnahme von deren Liegenschaften und die Liquidierung angeblicher Kollaborateure.

Nach Kriegsende hat der russischstämmige Teil der ukrainischen Bevölkerung wenig Gutes zu erwarten. Unabhängig davon sind in keinem anderen europäischen Land die Rechte von Arbeitern und Arbeitnehmern dermaßen umfassend außer Kraft gesetzt worden wie unter Selenskij. Tarifverträge wurden im Zuge gesetzlicher Neuerungen nach Kriegsbeginn faktisch abgeschafft. Die Arbeitszeiten und die Entlohnung von Arbeitern und Angestellten bestimmt der jeweilige Arbeitgeber nach eigenem Ermessen, was den Bestimmungen des Assoziierungsabkommen zwischen der EU und der Ukraine eindeutig widerspricht.

Mit Demokratie hat das alles nichts zu tun. Dissidenten leben in der Ukraine nicht weniger gefährlich als in Russland, von Pressefreiheit kann kaum die Rede sein. Jedes Medienorgan benötigt eine jederzeit zu widerrufende Lizenz der Regierung. 2021 nahm das »Zentrum zur Bekämpfung von Desinformation« seine Arbeit auf, das dem Verteidigungsministerium unterstellt ist. Es soll »der Manipulation der öffentlichen Meinung entgegenwirken«. Im Juli 2022 erstellte dieses Zentrum eine Liste mit Dutzenden ausländischen »Informationsterroristen«, die als pro-russische Propagandisten gelten. Darunter Politiker, Wissenschaftler und Journalisten, teilweise unter Nennung ihrer Anschrift. Der prominenteste Deutsche auf der mittlerweile nicht mehr öffentlich zugänglichen Liste war (oder ist noch immer?) Rolf Mützenich, der Vorsitzende der SPD-Bundestagsfraktion.

Nicht zuletzt vor diesem Hintergrund ist die Aussage, die Ukraine verteidige auch unsere Freiheit, unsere Werte bestenfalls befremdlich. Welche Freiheit, welche Werte sind gemeint? Wäre es sachlich falsch festzuhalten, das politische System in der Ukraine unterscheide sich in Nuancen, nicht aber grundsätzlich von dem in Russland? Ist Selenskij ein Freiheitskämpfer oder ein williger Vollstrecker der machtpolitischen Interessen Dritter, ohne Rücksicht auf Verluste in der eigenen Bevölkerung?

Kosten und Nutzen des Ukraine-Krieges

Es ist müßig, darüber zu spekulieren, wann und wie der Krieg in der Ukraine enden wird. Die Entscheidung darüber treffen im Zweifel die Amerikaner. Sollten sie tatsächlich eines Tages ihr Interesse an der Ukraine verlieren und sich neu positionieren, werden es Europäer und Deutsche als Letzte erfahren – wie schon beim US-Abzug aus Afghanistan.

Wie wir bereits gesehen haben, ist die RAND Corporation eine gute Quelle, um die großen Linien US-amerikanischer Politik zu erkunden. Im Januar 2023 veröffentlichte der einflussreiche Thinktank eine 32-seitige Studie unter dem Titel »Einen langen Krieg vermeiden – Die US-Politik und der Verlauf des Russland-Ukraine-Konflikts« (Avoiding a Long War – U.S. Policy and the Trajectory of the Russia-Ukraine Conflict).[96] Diese Studie ist ein regelrechter *Game Changer*, weil sie alle bisherigen Gewissheiten infrage stellt und eine vollständige Neuorientierung der amerikanischen Ukraine-Politik fordert. Mit bemerkenswerter Klarsicht und ohne Selbstzensur seziert sie den bisherigen Kriegsverlauf, ohne der offiziellen Rhetorik und Propaganda zu folgen. Einige glaubten, so die Autoren, »dass die Erfolge der Ukraine auf dem Schlachtfeld, Stand Dezember 2022, den Eindruck nahelegten, sie könne erfolgreich weiterkämpfen und am Ende das russische Militär aus dem Land drängen«. Das Risiko einer nuklearen Konfrontation Russlands mit der NATO hielten »Vertreter dieser Auffassung« für »kontrollierbar«. Ein gedemütigtes Russland »hätte dann keine andere Wahl als seinen Nachbarn in Ruhe zu lassen – und müsste sogar Entschädigungen für die von ihm angerichteten Schäden zahlen«. Ein solches »optimistisches Szenario« sei aber »unwahrscheinlich«. Vielmehr müsse es darum gehen, die Interessen der USA in den Vordergrund zu rücken, und die seien nicht notwendigerweise dieselben wie die der Ukraine.

So stünden die Kosten des Ukraine-Krieges längst in keinem vernünftigen Verhältnis mehr zu deren Nutzen für die USA. Nichts deute darauf hin, dass Russland vor einer Niederlage stünde oder sich in Moskau ein Machtwechsel abzeichne. Es sei verständlich, dass die Ukraine die von Russland besetzten Gebiete zurückerobern wolle. Aus amerikanischer Sicht aber sei es von untergeordneter Bedeutung, wo die Grenzen zu Russland letztendlich verliefen. Vielmehr gelte es, einen lang anhaltenden Krieg unbedingt zu vermeiden, der die Ressourcen der USA und ihrer Verbündeten dauerhaft belaste. Diese fehlten dann im Kontext anderer Herausforderungen, namentlich der Konkurrenz mit China. Und keineswegs sei die Gefahr zu unterschätzen, dass sich der Krieg in der Ukraine zu einer nuklearen Konfrontation zwischen Russland und der NATO ausweite.

Anders gesagt: Geht es nach den RAND-Autoren, wird die Ukraine weder die Krim noch die mittlerweile von Russland annektierten Regionen Luhansk und Donezk zurückerhalten. Das genaue Gegenteil der offiziellen NATO- und EU-Linie.

Darüber hinaus empfiehlt die Studie, man höre und staune, Sicherheitsgarantien für die Ukraine seitens der westlichen Staaten, ohne sie jedoch in die NATO aufzunehmen. Das liefe darauf hinaus, dass die USA zu eben jener Position zurückkehrten, die sie selbst bei den Friedensverhandlungen im März/April 2022 torpediert haben. Ferner plädieren die Analysten dafür, die Neutralität der Ukraine verbindlich anzuerkennen – also etwaigen künftigen Forderungen Kiews nach einer NATO-Mitgliedschaft eine klare Absage zu erteilen. Das entspräche der von Moskau seit den 1990er Jahren immer wieder erhobenen zentralen Forderung. Schlussendlich verlangt die Studie Bedingungen auszuhandeln, um die Sanktionen gegen Russland eher früher als später zu beenden.

Dieser auf Pragmatismus gründende Kurswechsel ist bemerkenswert, wenngleich er keineswegs der Selbstlosigkeit geschuldet ist. Der zugrunde liegende Ansatz lautet: Solange unsere, die westlichen Kräfte, in der Ukraine gebunden sind, können wir sie nicht in Richtung China bündeln. Einen lang anhaltenden Krieg zu führen, gar eine nukleare Konfrontation zu riskieren, ist dieses »Grenzland« (so die deutsche Bedeutung des altostslawischen Wortes *Ukraina*) nicht wert. Das Plädoyer für Verhandlungen zur Beendigung der Sanktionen ließe sich auch so interpretieren: Verhandeln wir, solange es noch etwas zu verhandeln gibt. Bevor die Russen möglicherweise militärisch Fakten schaffen, die uns keinen oder nur noch wenig Spielraum für eventuelle Deals lassen. Oder wir Moskau endgültig in die Arme Pekings treiben.

Auch für diese RAND-Studie gilt: Die Amerikaner wissen, was sie wollen. Jedenfalls sind die Klügeren unter ihnen in der Lage, eigene Interessen klar und deutlich zu benennen. Die politisch-mediale Rhetorik ist das eine, auf strategischer Ebene jedoch geht es um Klartext, inklusive einer indirekten Selbstkritik. So wie bisher geht es nicht weiter. Wir müssen zum Ende kommen. Uns neu positionieren. Gegen China. Die Autoren selbst versehen ihr Plädoyer mit einer Art Warnhinweis: »Eine dramatische Änderung der US-Politik über Nacht ist politisch unmöglich – sowohl innenpolitisch wie auch gegenüber den Verbündeten – und wäre auf jeden Fall unklug.«

Und wie es der Zufall will: Am 23. März 2023 schloss US-Außenminister Blinken vor einem Parlamentsausschuss in Washington »langfristig Verhandlungen über die künftigen Grenzen der Ukraine« nicht aus. »Ich glaube, dass es Gebiete in der Ukraine gibt, bei denen die Ukrainer entschlossen sind, am Boden darum zu kämpfen. Und eventuell gibt es Gebiete, bei denen sie beschließen, dass sie versuchen wollen, sie auf anderen Wegen wiederzuerlangen«, so Blinken.

Im April 2023 wurden in den USA Geheimdienst-Dokumente geleakt, aus denen hervorgeht, dass Washington seine Verbündeten ausspioniert, darunter Südkorea, Ägypten, die Ukraine. Die Erkenntnis ist nicht wirklich neu – auch deutsche Politiker wurden (und werden?) abgehört: Man erinnere sich an das NSA-gehackte Diensthandy von Angela Merkel zu ihrer Zeit als Kanzlerin. Diese »Pentagon-Leaks«, für die ein 21-jähriger Soldat der Nationalgarde verhaftet wurde, sind brisant. Denn sie offenbaren, welche Erkenntnisse Washington über das russische Militär gewonnen hat, was in Moskau ganz sicher auf reges Interesse gestoßen ist. Ägypten soll erwogen haben, Russland zehntausende Raketen zu liefern. Die Vereinigten Arabischen Emirate haben demzufolge ihre Bereitschaft signalisiert, Geheimdienst-Informationen der USA und Großbritanniens mit russischen Diensten zu teilen. *The West is best* – das war einmal.

Vor allem aber widersprechen die Dokumente der offiziellen westlichen Linie, der zufolge die lange im Voraus verheißene »Frühjahrsoffensive« Kiews die russischen Invasoren ernsthaft bedrängen könnte – woraufhin Moskau einem Waffenstillstand gemäß der Vorstellungen Kiews respektive des Westens zustimmen müsste. Die Realität ist offenbar eine ganz andere. Die Luftabwehr der Ukraine sei »überaus anfällig« und deren Bodentruppen »weit davon entfernt«, einen entscheidenden Sieg zu erringen. Es fehle Kiew an Truppen, Munition und Ausrüstung.

Außen- und Sicherheitsexperten der EU sehen die ukrainische Armee gegenüber der russischen ebenfalls in der Defensive. Das geht aus einem internen Konzeptpapier des Auswärtigen Dienstes hervor, über das als erstes das Online-Magazin *Telepolis* berichtete, ebenfalls im April. Die Brüsseler Diplomaten beurteilen die militärischen Chancen Kiews deutlich zurückhaltender als es die oft genug propagandistisch unterlegte politisch-mediale Darstellung des Ukraine-Krieges vermuten ließe.

Mehr noch, der Auswärtige Dienst unter Josep Borrell stellt Kiew eine Reihe von Bedingungen für die weitere Unterstützung und verbindet künftige Militärhilfen mit einer Ausstiegsklausel. Das bedeutet im Klartext, dass sich der Westen mittelfristig auf eine Verhandlungslösung zur Beendigung des Ukraine-Krieges einstellt, wenigstens aber wohl auf dessen Einfrieren. Deswegen auch erklingen die lautstarken Rufe nach Waffen, Waffen, Waffen für die Ukraine, die nicht allein in Deutschland ein Jahr lang alles andere übertönt hatten, mittlerweile deutlich verhaltener.[97]

Im Herbst 2023 stellte sich die Gefechtslage wie folgt dar: Der im Juni gestarteten ukrainischen Großoffensive im Osten, seit Frühjahr angekündigt und wiederholt verschoben, ist kein nennenswerter Durchbruch entlang der mehr als 1000 Kilometer langen Frontlinie gelungen. Die tief gestaffelten, insgesamt drei russischen Verteidigungslinien erwiesen sich als unüberwindlich. Lediglich an einigen wenigen Stellen entlang der südlichen Frontabschnitte vermochten Kiews Truppen die erste Verteidigungslinie ohne nennenswerte Geländegewinne zu durchbrechen – um den Preis von mehreren zehntausend Gefallenen. Da die Regierung Selenskij wie auch die NATO offiziell an einem »Sieg« über Russland festhalten, verlagerte die ukrainische Seite ihre Kriegsführung zunehmend auf Drohnen- und Raketenangriffe in Richtung Russland und auf die Krim. Das mag psychologische Wirkung erzielen, führt aber militärisch zu keinem Durchbruch. Moskau reagierte mit verstärkten Luftangriffen auf ukrainische Infrastruktur, Dörfer und Städte, insbesondere die Hafenstadt Odessa.

In der zweiten Jahreshälfte 2023 mehrten sich die Anzeichen, dass weder die Republikaner in den USA, auch dem dortigen Präsidentschafts-Wahlkampf geschuldet, noch die Osteuropäer bereit sind, die Ukraine auch weiterhin unbegrenzt zu bewaffnen und zu alimentieren. Bemerkenswert war vor allem die Ankündigung der polnischen Regierung im September, die Waffenlieferungen an Kiew einzustellen – immerhin gehört Warschau zu den größten Scharfmachern wider Moskau.

Kampf der Gerechten, Teil II:

Deutsche Angst und der Showdown mit China

Nach mehr als einem Jahr Krieg in der Ukraine könnte die Lage desaströser kaum sein. Russland sucht seinen Nachbarn mit Tod und Verwüstung heim und entlarvt sich damit als eine weitere imperial gesinnte Hegemonialmacht, die jeden moralischen Kredit verspielt hat. Präsident Putin und die russische Führung haben die Verhältnisse in der Ukraine falsch eingeschätzt. Wahrscheinlich sind sie davon ausgegangen, ihren Nachbarn in kürzester Zeit niederringen zu können, im Stil früherer sowjetischer Panzervorstöße in der DDR (1953), Ungarn (1956) oder der Tschechoslowakei (1968). Das ist nicht allein an westlichen Waffenlieferungen und ukrainischem Widerstand gescheitert, sondern auch am miserablen Zustand der russischen Armee sowie gravierenden strategischen Irrtümern und militärischen Fehlkalkulationen. Dennoch wird die russische Seite ihre Offensiven fortsetzen, bis sie ihre Kriegsziele erreicht: die vollständige Unterwerfung der Ukraine oder aber deren Neutralität und einen Rückzug der NATO. Wie viele Russen oder Ukrainer dabei ums Leben kommen, ist aus dieser Perspektive vollkommen unerheblich.

Das Bittere an diesem Krieg: Er hätte vermieden, er hätte längst beendet werden können. Stattdessen wird er fortgeführt, ungeachtet der Folgen, die weit über das »eurasische Schachbrett« hinausweisen. 1,6 Billionen US-Dollar hat er allein im ersten Jahr die Weltwirtschaft gekostet, die globalen Lieferketten sind brüchig und deutlich teurer geworden. Vor allem die Explosion der Energiepreise hat die Inflation angetrieben und das weltweite Wachstum abgeschwächt. Dem Welternährungsprogramm der Vereinten Nationen zufolge hat der Krieg die globale Ernährungskrise zusätzlich verschärft. Waren im Februar 2022 weltweit 283 Millionen Menschen akut von Hunger betroffen, sind es ein Jahr später 345 Millionen. Grund dafür sind die reduzierten Getreideliefermengen aus der Ukraine und Russland, was den Preisindex für Lebensmittel auf ein Zehnjahreshoch getrieben hat. Ohne die beiden führenden Exportländer für Getreide ist die globale Ernährungskrise nicht in den Griff zu bekommen. Hinzu kommen drastische Preissprünge beim Dünger, der sich seit 2020 um rund 200 Prozent verteuert hat.

Wie der Besuch von Präsident Biden in Kiew am 20. Februar 2023 nahelegt, inklusive des Versprechens weiterer Waffenlieferungen, halten die USA nach außen hin an ihrem bisherigen Kurs fest und streben keine Verhandlungslösung an. Auffallend ist allerdings, dass Biden weder die Lieferung von Kampfflugzeugen noch U-Booten in Aussicht gestellt hat, entgegen den Forderungen Präsident Selenskijs, dessen Strategie wesentlich darauf beruht, die NATO mehr und mehr in diesen Krieg hineinzuziehen. Wäre es gänzlich auszuschließen, dass Biden seinen Amtskollegen hinter verschlossenen Türen auf moderatere Töne eingestimmt hat?

Verliert Amerika den Krieg?

Grundsätzlich verfolgen die USA in der Ukraine drei Ziele. Russland umfassend und dauerhaft zu schwächen, wirtschaftlich, militärisch und geostrategisch. In Kiew ein verlässliches Statthalter-Regime zu etablieren, das amerikanischen Vorstellungen Folge leistet. Und schließlich Europa wirtschaftlich, mittels Energielieferungen, sowie militärisch, über die NATO, eng an sich zu binden, gegebene Abhängigkeiten zu vertiefen und die EU dabei an ihrer Seite zu wissen – auch und gerade im kommenden Konflikt mit China.

In den Worten des französischen Historikers Emmanuel Todd: »Heute wird die Ukraine als angehende Demokratie verklärt. Zu Beginn des Krieges war es ein *failed state* und völlig korrupt. Die Ukraine wird fremdfinanziert, sie ist kein klassischer Staat mehr.« Todd über die Perspektiven des Krieges, den es nicht geben würde, »wenn die NATO darauf verzichtet hätte, die Ukraine zu einem Teil ihres militärischen Dispositivs zu machen«: »Wenn Russland überlebt, den Donbass und die Krim behält, wenn seine Wirtschaft weiterhin funktioniert und es seine Handelsbeziehungen neu gestalten kann, mit China und Indien – dann hat Amerika den Krieg verloren. Und in der Folge wird es seine Alliierten verlieren. Deshalb werden Amerika und die NATO weitermachen. Und darum handelt es sich um einen Weltkrieg, der andauern wird.«[98] Man möchte ergänzen: Die Fokussierung könnte sich noch erweitern – verstärkt in Richtung China.

Zu Recht weist Todd darauf hin, dass sich dieser Krieg nicht zuletzt gegen Deutschland richtet. Denn Deutschland wurde nach der Wiedervereinigung zur führenden Macht in Europa und somit zu einem Rivalen der USA. Wie anhand der Ausführungen des US-Geostrategen George Friedman dargelegt, darf es aus amerikanischer Sicht keine gutnachbarlichen Beziehungen zwischen Deutschland und Russland geben. Insbesondere die Energiepartnerschaft, wie sie sich in Nord Stream 1 und 2 manifestierte, überstieg das für Washington erträgliche Maß bei weitem. Zumal diese Pipelines bewusst durch die Ostsee führten, um Polen und die Ukraine zu umgehen, zwei sehr enge Bündnispartner der USA. Die Sprengung der Pipelines, für die »natürlich die Amerikaner« (Todd) verantwortlich sind, haben Fakten geschaffen und den von Washington erwünschten Cut Deutschlands und der EU mit Russland zementiert.

Gleichzeitig haben die USA damit klargestellt, dass sie auch gegenüber den eigenen Verbündeten keinerlei Skrupel kennen und ihre Interessen mit allen Mitteln, nötigenfalls auch staatsterroristischen, durchzusetzen gewillt sind. Wer unseren Regeln nicht folgt, zahlt einen Preis. Umso possierlicher die Pose: Ausdrücklich dankte Präsident Biden Kanzler Scholz bei dessen Besuch im Weißen Haus im März 2023 dafür, »die Abhängigkeit von russischer Energie« beendet zu haben, dank dessen »starker und beständiger Führung«. Ist das noch Realsatire oder bereits blanker Hohn?

Warum aber sollten die Amerikaner nicht tun, was sie tun? Berlin nimmt diesen Angriff auf die deutsche Souveränität zur Kenntnis, mehr nicht. Der Rest ist Schweigen im Namen des »Staatswohls«. Die Sanktionen gegen Russland treffen Deutschland mehr als jedes andere westliche Land, doch die wirtschaftlichen Folgen für die eigene Bevölkerung werden schöngeredet, relativiert oder »eingepreist«. Ein öffentliches Nachdenken über Sinn und Unsinn dieser staatlich betriebenen Selbstentleibung findet kaum statt, weder in den Medien noch in der Politik. Das hat mehrere Gründe, darunter die übergroße Wirkmacht transatlantischer Thinktanks[99] und Lobbyorganisationen in Politik, Medien und auch Wirtschaft. Auf der Ebene gesellschaftlicher Eliten sind Rituale und Habitus transatlantischer »Werteorientierung« so sehr verinnerlicht, dass allein die Vorstellung, Präsident Biden könne grünes Licht für einen Sabotageakt dieser Größenordnung, die Zerstörung der Pipelines, gegeben haben, absurd erscheinen muss. Das käme einem Anschlag auf tief verinnerlichte Glaubensgewissheiten gleich und ist allein deswegen schon unmöglich. Kein gläubiger Mensch würde Nietzsche zustimmen: Gott ist tot.

»Nützliche Idioten«

Die in Deutschland fröhlich grassierende Realitätsverweigerung setzt sich fort im »verblüffenden Schuldstolz der politischen Klasse« und ihrer medialen Nemesis. Die von Pathos begleitete Überidentifikation mit dem ukrainischen Präsidenten und die auf Dauer nicht zu finanzierenden Transferleistungen, buchstäblich in ein schwarzes Loch hinein, sind Ausdruck blinder Amerikahörigkeit, aber auch eines entfesselten Moralismus. Die Tragik der Deutschen besteht darin, dass sie in ihrer großen Mehrheit subjektiv davon überzeugt sind, es gäbe tatsächlich eine »Wertegemeinschaft« mit den USA, sie seien gar unsere »Schutzmacht«. In Wirklichkeit sind wir aus amerikanischer Sicht geostrategische Verfügungsmasse (»nützliche Idioten« wäre sachlich nicht falsch) und ein wirtschaftlicher Konkurrent, den es einzuhegen gilt. Mit Erfolg, nicht zuletzt den gesprengten Pipelines und den Russland-Sanktionen geschuldet. Der Bundesregierung ist es nicht gegeben, deutsche Eigeninteressen zu benennen und rote Linien aufzuzeigen. Weder im Umgang mit Washington noch mit Kiew. Stattdessen reagiert sie lediglich auf die Forderungen und Vorstellungen anderer, auch bei Art und Umfang der Waffenlieferungen.

Deutschland und Frankreich gelten als die beiden Führungsnationen innerhalb der EU. Doch ist mittlerweile eine neue, NATO-basierte Achse entstanden, die von Washington über London nach Warschau und Kiew reicht. Eine Achse der Bellizisten, die sich indirekt gegen Berlin und Paris richtet. Die Franzosen haben das verstanden, weswegen Präsident Macron wiederholt für Friedensgespräche mit Russland geworben und von »Sicherheitsgarantien« für Moskau gesprochen hat. Die Deutschen haben das nicht verstanden, weswegen sich etwa SPD und CDU regelmäßig »irritiert« über Macrons Vorstöße zeigen.

Die Tragik der Deutschen erweitert sich damit zu einer Tragödie. Sie möchten im Ukraine-Krieg unbedingt auf der richtigen Seite stehen, jener der Guten, begreifen aber nicht, dass diese Seite nicht die der USA sein kann. »Das Gute« kann nur darin bestehen, den Krieg so schnell wie möglich zu beenden. Dafür braucht es Verhandlungen und Friedensgespräche. Geht Deutschland diesen Weg nicht und belässt es bei der Lieferung schwerer Waffen und Sanktionen, noch dazu in Kombination mit »feministischer Außenpolitik«, so wird sich der selbstverschuldete Bedeutungsverlust fortsetzen, bis wir entweder als amerikanisches Protektorat enden oder aber zur Karikatur unserer selbst werden, einer Gutmenschen-Karikatur, belächelt von der Staatenwelt.

Auch die »Infantilisierung der deutschen Außenpolitik« sollte in diesem Zusammenhang nicht unerwähnt bleiben, als welche sie die Website *NachDenkSeiten* bezeichnet. Ein Beispiel ist das ungefilterte Agieren einer Diplomatin als pro-ukrainische Aktivistin. Am 22. März 2023 posierte die deutsche Botschafterin in Kiew, Anka Feldhusen, mit einem Leopard-Panzer aus Plüsch vor ihr auf dem Tisch. Das Foto auf Twitter kommentierte sie mit den Worten: »Am Ende eines langen und arbeitsreichen Tages mit meinem neuen Lieblingsspielzeug, das mir heute von einem wunderbaren Bürgermeister einer Stadt geschenkt wurde, die vor einem Jahr unter russischer Besatzung stand #StandWithUkraine.« Einen Monat zuvor hatte Feldhusen die Präsentation eines abgeschossenen russischen Panzers vor der Russischen Botschaft in Berlin engagiert gewürdigt: »So sollten alle Panzer aussehen, die in die Freiheit eingreifen. Ich bin den Streitkräften der Ukraine dankbar, dass sie Europa beschützen und die Waffen des Angreifers in den dafür geeigneten Zustand bringen!«[100] Dass auch in diesem Panzer Menschen verbrannt sind – egal.

Im August 2023 forderte Außenministerin Baerbock auf dem Jahrestreffen deutscher Botschafter in Berlin, diese sollten künftig in ihren Gastländern offensiver auftreten und damit für die »wertegeleitete Außenpolitik« Berlins werben. Twitter-Diplomatie im

Stil der deutschen Botschafterin in Kiew statt Wahrnehmung außenpolitischer Interessen durch Diskretion und Beharrlichkeit. Nicht nur ist dieses Konzept unklug, erinnert sei an »One Love«, es befördert gleichzeitig die Ideologisierung deutscher Außenpolitik und richtet sich in erster Linie gegen Russland und China. Anzunehmen, die deutschen Botschafter etwa in London oder Washington hätten nunmehr die Rückendeckung Baerbocks, um die juristisch fragwürdige Dauerinhaftierung ohne Anklage von Julian Assange oder *America first* auf Kosten der EU und Deutschlands anzuprangern, wäre gelinde gesagt abwegig.

Deutschland mag Weltmeister der Erinnerungskultur sein, gleichwohl fehlt es offenkundig an historischem Bewusstsein. Den Ersten Weltkrieg haben die Deutschen maßgeblich mitverschuldet, für den Zweiten sind sie verantwortlich. Deutschland und Europa hatten nach 1990 die einmalige Chance, eine neue Friedens- und Sicherheitsordnung zu begründen, die den Interessen und Hoffnungen aller Völker und Nationen dieses Kontinents Rechnung trägt. Auch der Russen, die neben Ukrainern und Belarussen den höchsten Blutzoll für den deutschen Überfall auf die Sowjetunion mit insgesamt 27 Millionen Toten gezahlt und dennoch nie eine Deutschenfeindlichkeit gezeigt haben, die der heutigen Russenfeindlichkeit vergleichbar wäre. Ohne Gorbatschow hätte es die deutsche Wiedervereinigung nicht gegeben. Diese große Vorleistung eines Gewaltverzichts aufseiten eines untergehenden Imperiums ist weder in Europa noch in Deutschland je angemessen gewürdigt worden.

Stattdessen setzte sich parallel zur Osterweiterung der NATO jenes Narrativ durch, das vom früheren KGB-Agenten Putin handelt, der systematisch das europäische Haus zu destabilisieren und zu zerstören sucht, bis hin zu der sich daraus logisch ergebenden Konsequenz des Ukraine-Krieges. Mit dem Ergebnis, dass heute in Deutschland nicht etwa auch diejenigen am Pranger stehen, die ihn mit zu verantworten haben, sondern diejenigen, die sich für Verhandlungen mit Russland zu dessen Beendigung einsetzen.

Einfache Frage: Wie beendet man einen Krieg? Der bisherige Verlauf der Menschheitsgeschichte zeigt, dass es dafür exakt zwei Möglichkeiten gibt. Auf dem Schlachtfeld oder aber am Verhandlungstisch. Wer nicht reden will, muss schießen. Wo soll das enden?

Was fehlt, ist die Balance. Der Ukraine beizustehen in ihrem Widerstand gegen den zerstörerischen und menschenverachtenden russischen Angriff ist das eine. Das andere ist die Bereitschaft, den Krieg auf politischer Ebene zu beenden und abzulassen vom Wunschdenken: Regimewechsel in Moskau, NATO-Mitgliedschaft der Ukraine.

Beschädigtes Denken

Wie aber sollen Pragmatismus, Augenmaß und Diplomatie in einem Umfeld aus machtpolitischen Erwägungen und moralistischen Großtaten bestehen? Wer sich zu den Guten rechnet, wähnt sich im Besitz einer höheren Wahrheit und kann schwerlich nachgeben, das gebietet allein die Selbstachtung. Kommt es dereinst zu Friedensverhandlungen, geraten die Bellizisten in Berlin oder Brüssel in einen Konflikt mit sich selbst. Weniger weil Washington sie in künftige Gespräche mit Moskau gar nicht erst einbeziehen wird. Vielmehr weil es kein Tribunal mit Putin auf der Anklagebank geben dürfte – mit ihm verhandeln und ihn gleichzeitig als Kriegsverbrecher anklagen, das schließt einander aus.

Deswegen ist der unkluge Haftbefehl, den der Internationale Strafgerichtshof in Den Haag auf amerikanisches und britisches Drängen im März 2023 gegen Putin glaubte ausstellen zu müssen, wenig mehr als Pose, unterlegt von Heuchelei – solange nicht auch westliche Kriegsverbrecher auf Regierungsebene unter Anklage gestellt werden. Den Haag hin oder her: Einen krachenden Sieg der Guten über das Böse wird es nicht geben. Stattdessen möglicherweise kritische Fragen seitens der Öffentlichkeit. Wie klug war es, sämtliche Brücken in Richtung Russland abzubrechen? Wem haben die zahlreichen »Sanktionspakete« der EU eigentlich am meisten geschadet? Das kann dann sehr schnell sehr heikel werden. Allen voran für die maßgeblichen Entscheider und Meinungsmacher, die sich vermutlich allein deswegen bereits dem nächsten Feindbild mit der gebotenen Entschlossenheit zugewendet haben: China. So bleiben lieb gewordene Überzeugungen erhalten.

Was bleibt, ist ein beschädigtes Denken. So schreibt die Soziologin Eva Illouz im Februar 2023 in der *Zeit:* »Ich wünsche mir einen totalen und vernichtenden Sieg für die Ukraine, weil die Russen täglich Verbrechen gegen die Menschlichkeit verüben, die nicht ungesühnt bleiben dürfen. Nicht zuletzt wünsche ich mir, dass Russland vernichtend geschlagen wird, weil Putin die ideellen Werte Europas bedroht.«[101] Es mag Zufall sein, dass der Artikel auf den Tag genau achtzig Jahre nach der berüchtigten Wollt-ihr-den-totalen-Krieg-Rede von NS-Propagandaminister Joseph Goebbels im Berliner Sportpalast am 18. Februar 1943 erschienen ist. Dennoch stößt die offenkundige Geschichtsvergessenheit unangenehm auf. Ist sie gar bezeichnend?

Ohne einen einzelnen Beitrag überbewerten zu wollen, wenngleich er dem Zeitgeist umfassend entspricht: Wie kann man ernsthaft einen »totalen Sieg« über die Atommacht Russland mit ihren mehr als 6000 Atomsprengköpfen auch nur in Erwägung ziehen? Gesinnungsethik ersetzt kein geopolitisches Tableau. Und die Menschheit im Zweifel zu vernichten sühnt keine Kriegsverbrechen (die übrigens auch die ukrainische Seite begeht).

Und was, wenn es genau andersherum kommt? Nicht Russland, sondern die Ukraine »vernichtend geschlagen wird«? Im November 2022 pries Mark Milley, Vorsitzender des Vereinigten Generalstabs der Streitkräfte der Vereinigten Staaten und in dieser Funktion der ranghöchste US-Militär, die militärischen Leistungen der ukrainischen Armee, betonte aber, dass deren Sieg über Russland »in unerreichbarer Ferne« liege. Aus diesem Grund empfahl er, der Diplomatie den Vorrang einzuräumen: »Wenn es eine Möglichkeit gibt zu verhandeln, den Frieden zu erreichen, sollte man zugreifen und die Chance nutzen.« Zwar betonte die Biden-Administration anschließend, man werde die ukrainische Regierung nicht zu einem Friedensschluss mit Russland drängen, aber die Ansage steht weiterhin im Raum.

Ebenfalls im November 2022 reiste CIA-Chef William Burns nach Moskau. Zwei Monate später hat er angeblich der Ukraine wie auch Russland einen Friedensplan unterbreitet, den beide Seiten abgelehnt hätten. Die Ukrainer, weil sie die russischen Eroberungen im Osten hätten akzeptieren müssen. Die Russen, weil sie sich militärisch im Vorteil wähnten und die Frage einer NATO-Zugehörigkeit der Ukraine nicht geklärt war.

Dem Vernehmen nach gibt es in Washington zwei Lager. Der Nationale Sicherheitsberater Jake Sullivan und Burns wollen wie auch Präsident Biden einen langen Krieg in der Ukraine vermeiden, um sich stattdessen China zuzuwenden. Außenminister Antony Blinken und Verteidigungsminister Lloyd Austin plädieren stattdessen für eine massive militärische Unterstützung der Ukraine.[102] Welche Linie sich am Ende durchsetzt, ist bei Drucklegung dieses Buches nicht abzusehen. Klar ist aber, dass allen voran die deutsche Politik ein vitales Interesse daran haben müsste, eigene Prioritäten zu setzen, im Geist der RAND-Studie. Was bedeutet, den Krieg so bald wie möglich zu beenden. Denn Deutschland zahlt dafür, man kann es nicht oft genug betonen, den höchsten wirtschaftlichen, politischen und finanziellen Preis in Europa. Auch militärisch, denn die Bestände der Bundeswehr reichen nicht einmal mehr für die eigene Landesverteidigung. Zu viel ist mittlerweile in die Ukraine geliefert worden, vor allem Munition.

Waffen ohne Ende

Nicht Diplomatie, vielfach als »Appeasement« verunglimpft, oder politischer Gestaltungswille dominieren gegenwärtig die internationale Ordnung, sondern Bellizismus. Der russische Angriff auf die Ukraine war für Washington eine Art Gottesgeschenk – auch daran abzulesen, dass die Rüstungsausgaben weltweit steigen, wovon der »militärisch-industrielle Komplex« in den USA am meisten profitiert. Im Jahr vor dem Ukraine-Krieg addierten sich die weltweiten Rüstungsausgaben auf 2113 Milliarden US-Dollar. Der höchste Anteil entfiel 2021 auf die USA (801 Milliarden US-Dollar), das entspricht 38 Prozent der globalen Rüstungsausgaben. Die Vereinigten Staaten geben mehr Geld für Rüstung aus als die neun nachfolgenden Staaten zusammen. Die zweitgrößte Militärmacht ist China (292 Milliarden US-Dollar, 14 Prozent), es folgen Indien, Großbritannien, Russland, Frankreich und Deutschland. Interessant ist der folgende Vergleich: Die NATO-Staaten gaben 2021 1175 Milliarden US-Dollar für Rüstung aus, Russland 63,5 Milliarden. Das entspricht einem Verhältnis von etwa achtzehn zu eins.

Durch den Ukraine-Krieg sind die Ausgaben weltweit erneut deutlich gestiegen: Das veranlagte Militärbudget der USA für 2023 erreicht 858 Milliarden US-Dollar, dasjenige Russlands 84 Milliarden. Erhöhen die NATO-Staaten ihren Verteidigungshaushalt wie geplant auf zwei Prozent des BIP – Verteidigungsminister Boris Pistorius verlangt eine noch größere Anhebung –, bewegen sich die NATO-Ausgaben in Richtung 1500 Milliarden US-Dollar. In Verbindung mit dem anteiligen »Sondervermögen« der Bundeswehr von 100 Milliarden Euro, das auf mehrere Jahre angelegt ist, gibt allein Deutschland 2023 fast so viel Geld für das Militär aus wie Russland. (Am Rande notiert: Erhebliche Summen dieses »Sondervermögens« werden nicht für die bessere Ausstattung der Bundeswehr eingesetzt, sondern für Waffenlieferungen an die Ukraine.) Sehr zur Freude amerikanischer Rüstungskonzerne, die mit 51 Prozent Umsatz den Weltmarkt dominieren. Von den 100 größten Waffenschmieden stammen 40 aus den USA. Russland liegt auf Platz zwei, es folgen China, Großbritannien, Frankreich und Deutschland.[103]

Geschätzt ein Drittel des »Sondervermögens« dient dem Ankauf amerikanischen Kriegsgeräts, vor allem von 35 F-35-Jagdbombern der Rüstungsschmiede Lockheed Martin. Ungeachtet nicht kalkulierbarer Folgekosten bei Unterhalt und Wartung sowie zahlreicher technischer Probleme, weswegen eine F-35 durchschnittlich nur zu 40 Prozent einsatzbereit ist,[104] sodass es in den USA aufgrund erheblicher Mängel zwischenzeitlich ein Startverbot gab. Diese Kampfjets sollen im Kriegsfall Atombomben vom Fliegerhorst Büchel in Rheinland-Pfalz nach Russland transportieren und dort abwerfen. Der Clou: Die Verfügungsgewalt über diese US-Atombomben auf deutschem Boden liegt *ausschließlich* beim US-Präsidenten beziehungsweise dessen Entourage. Sollte Washington deren Einsatz anordnen, mit Bombern, deren Anschaffung der hiesige Steuerzahler zuvor ermöglicht hat, besitzt die Bundesregierung keinerlei Vetorecht. Theoretisch müsste die US-Regierung Berlin nicht einmal von der bevorstehenden Vernichtung Deutschlands durch den zu erwartenden Gegenschlag informieren: das ultimative Finale transatlantischer Werteorientierung.

Im Januar 2023 gab NATO-Generalsekretär Jens Stoltenberg George Orwell die Ehre, als er auf einer Konferenz in Oslo erklärte: »Waffen sind es, die dem Frieden den Weg bereiten.« Derselbe Politiker, der Seymour Hersh zufolge bei der amerikanisch-norwegischen Kooperation zur Sprengung der Nord-Stream-Pipelines seine Hände im Spiel hatte. Und auf der Münchener Sicherheitskonferenz im Folgemonat betonte, es gebe keinen Frieden, solange Unterdrückung und Tyrannei Demokratie und Freiheit bedrohten.

Es ist das Charakterbild dahinter, das Anlass zur Sorge bietet: Wer solche Freunde hat, braucht keine Feinde. Die Kriegstreiber sitzen nicht allein in den jeweiligen »Schurkenstaaten«, sondern auch mitten unter uns. Sie reden von Frieden und Menschenrechten, doch ihre Agenda ist eine ganz andere. Der enorme Anstieg der Militärausgaben ist nicht ernsthaft allein als Antwort auf den »russisch geführten Angriffskrieg« zu begreifen, in dem die Russen unter hohen Verlusten ihrerseits Monate brauchen, um 20 Kilometer Geländegewinn zu erzielen, etwa rund um die strategisch wichtige Industriestadt Bachmut. Im Windschatten der Ukraine rüstet sich die NATO für ganz andere Aufgaben – die Konfrontation mit China und die Verteidigung westlicher Vormachtstellung.

Hilfssheriffs der USA

Wie beschrieben ereignen sich historische Entwicklungen in Wellenbewegungen. Die Umbruchsituation, die wir gegenwärtig durchleben, ist geprägt vom Übergang einer monopolaren zu einer multipolaren Weltordnung. Die USA sind nicht länger die alleinige Weltmacht, China und Russland verlangen ihren Tribut. Andere Länder, darunter Indien und Brasilien, werden folgen.

Mit allen Mitteln wehren sich die Amerikaner gegen ihren Niedergang als globaler Hegemon. Der Krieg in der Ukraine, an dem sie mitverantwortlich sind, hat ihnen dafür ein wichtiges Instrument an die Hand gegeben: eine gestärkte NATO, ergänzt um die beiden Neuzugänge Schweden und Finnland. Die gewaltig gestiegenen Rüstungsausgaben der Europäer entlasten das Militärbudget der USA erheblich. Je weniger Ressourcen Washington in Europa einsetzt, umso mehr stehen für kommende Machtspiele in Fernost zur Verfügung. Vereinfacht gesagt: rund um Taiwan.

Das Ergebnis ist ein bemerkenswertes Paradox. Ohne jeden Zweifel ist es den Vereinigten Staaten gelungen, sich erneut als unumstrittene Führungsmacht des Westens zu positionieren. Vorbei und vergessen die Zeiten des Irak-Krieges, als sich Deutschland und Frankreich 2003 der US-geführten »Koalition der Willigen« verweigerten. Als Präsident Macron die NATO 2019 für »hirntot« erklärte und Präsident Trump im Jahr zuvor erstmals laut darüber nachgedacht hatte, das Bündnis zu verlassen. Heute ist die NATO eine effiziente Waffe in den Händen der USA, die sich in ihren Statuten ausdrücklich auch zu *Out-of-area*-Einsätzen bekennt. Damit haben sich die Europäer erneut zu Hilfssheriffs US-amerikanischer Interessen ernennen lassen und stehen bereit für eine weitere Verwendung im Dienst höherer Werte – zugunsten der Uiguren, der Tibeter, der Taiwanesen, der Zivilgesellschaft: Jeder mache sein Kreuz nach eigenem moralischem Gusto.

Das Paradox besteht nun darin, dass sich der Westen zwar so geeint zeigt wie seit langem nicht, gleichzeitig aber sein globaler Einfluss abnimmt und schwindet. Es entstehen neue Allianzen und Machtzentren, regional und international, die sowohl den Machtverlust der USA, ebenso der EU und Deutschlands, bezeugen als auch die ersten Umrisse einer neuen, auf jeden Fall dezentralen Weltordnung sichtbar werden lassen.

Ein Vasall schert aus

Zur Illustration möge das vielleicht markanteste Beispiel dienen: Saudi-Arabien. Mit Ende des Zweiten Weltkrieges begründeten der Golfstaat und die USA eine klassische Klientel-Beziehung: Riad liefert(e) den Amerikanern Erdöl zu Vorzugsbedingungen, im Gegenzug garantiert(e) Washington die Sicherheit Saudi-Arabiens. Seit den 1970er Jahren werden alle Erdöl- und Erdgasgeschäfte des größten Erdöl-Exporteurs auf Dollarbasis abgewickelt (»Petrodollars«), was wesentlich zur Stabilisierung des US-Dollars als Weltleitwährung beiträgt.

Unter Präsident Obama begann sich die Beziehung zu den USA zu trüben, vor allem wegen des unter ihm geschlossenen Atomabkommens mit dem Iran 2015, das sein Nachfolger Trump 2018 wieder aufkündigte – sehr zur Freude des mit Trumps Schwiegersohn Jared Kushner eng liierten saudischen Kronprinzen und De-facto-Machthabers Mohammed Bin Salman, im englischen Sprachraum MBS genannt. Der Iran und Saudi-Arabien sind die beiden größten Machtzentren innerhalb der islamischen Welt. MBS wiederum fiel aufgrund der von ihm offenkundig in Auftrag gegebenen Ermordung des saudischen Oppositionellen Jamal Khashoggi 2018 in Istanbul bei den amerikanischen Machteliten in Ungnade. Khashoggi war dort gut vernetzt und Kolumnist der *Washington Post*. Im Wahlkampf versprach Joe Biden im November 2019, er werde die Saudis deswegen »zu den Parias (also Aussätzigen, M. L.) machen, die sie sind«. Und er werde ihnen als Präsident »nicht länger das Material verkaufen, mit dem sie (im Jemen, M. L.) Kinder ermorden«.

Aber, wie das so ist mit der Werteorientierung: Auch unter Präsident Biden blieben die Saudis wohlgelitten, Jemen-Krieg hin oder her, ungeachtet ebenso aller Repressionen und Massenhinrichtungen von Oppositionellen in Saudi-Arabien. Sie sind die größten Einkäufer amerikanischer Waffen, das allein ist entscheidend. Im Juli 2022 sah sich Biden veranlasst, MBS im saudischen Dschidda seine Aufwartung zu machen – mit zweierlei Forderungen im Gepäck. Riad möge sich der westlichen Linie gegenüber »dem russisch geführten Angriffskrieg« anschließen und die Erdölförderung erhöhen, um den Preis zu drücken und damit die Einnahmen Russlands zu schmälern. Die Antwort Saudi-Arabiens, des einflussreichsten Mitglieds im Ölkartell OPEC, folgte im Oktober. OPEC+, also die regulären Mitglieder des Kartells plus assoziierte Vertragspartner, darunter auch Russland, beschlossen ganz im Gegenteil die Reduzierung ihrer Fördermengen um zwei Millionen Barrel am Tag. Das war eine schallende Ohrfeige für Joe Biden und symbolisiert den Machtverlust der USA auf geradezu dramatische Weise. Der bisherige Vasall widersetzte sich Forderungen aus Washington und ergriff gleichzeitig Partei für dessen Widersacher Russland. Ausgerechnet MBS offenbarte hier ein Selbstbewusstsein wie es etwa aufseiten der Bundesregierung, unter anderen Vorzeichen, schlichtweg undenkbar wäre.

Biden wird böse

Für ihre Entscheidung hatten die Saudis zwei Gründe. Zum einen bevorzugen sie einen republikanischen Präsidenten, wenigstens einen republikanisch dominierten Kongress, der wie Trump einen harten Kurs gegen Teheran fährt. Deswegen erfolgte die Ankündigung nur wenige Wochen vor den Zwischenwahlen in den USA – steigende Benzinpreise nützen den Republikanern, so das Kalkül. Zum anderen haben die Saudis, anders als Deutsche oder Europäer, die Zeichen der Zeit erkannt: Die USA sind nicht länger der *Master of the Universe*. Folglich richten sie ihre Politik neu aus.

Präsident Biden schäumte und erklärte: »Das, was sie da getan haben, wird Konsequenzen haben!« Die in der Tat dramatisch ausgefallen sind. So griff die Biden-Administration im Dezember 2022 in ein laufendes Gerichtsverfahren ein, das in Washington gegen MBS wegen des Mordes an Khashoggi geführt worden war. Der saudische Kronprinz genieße Immunität, lautete die Order: Das Verfahren wurde daraufhin eingestellt.[105] Theoretisch hätte Biden als Revanche die Waffenlieferungen an Saudi-Arabien aussetzen oder die US-Justiz auf die OPEC ansetzen können, auf der Suche nach möglichen Verstößen gegen Kartellgesetze. Er hat es nicht getan, aus einem ganz einfachen Grund, und der heißt China.

Ebenfalls im Dezember 2022 reiste der chinesische Staatschef Xi Jinping mit großem Gefolge zu einem dreitägigen Staatsbesuch nach Riad. Das war eine ganz andere Dimension als die Stippvisite Bidens ein halbes Jahr zuvor. Beide Länder unterzeichneten Verträge im Wert von 30 Milliarden US-Dollar über eine deutlich vertiefte Zusammenarbeit in den Bereichen Wirtschaft, Energie und Technik, darunter Weltraumforschung sowie der 5G- und 6G-Mobilfunkstandard. Mit anderen Worten: Huawei engagiert sich verstärkt am Golf. Um Washington nicht zu provozieren, wurden zumindest offiziell keine Waffengeschäfte getätigt, doch dürfte das lediglich eine Frage der Zeit sein.

Der Domino-Effekt ist abzusehen: Weitere arabische Länder werden dem saudischen Beispiel folgen. Schon im Juli 2022 erhielt Riad die Einladung, der Shanghai Cooperation Organisation (SCO, Schanghaier Organisation für Zusammenarbeit) mit Sitz in Peking beizutreten. Gegründet wurde sie 2001 von Russland und China, als Gegengewicht zur wachsenden Einflussnahme der USA in Zentralasien. Ihr Anliegen ist die Verbesserung der politischen, wirtschaftlichen und militärischen Zusammenarbeit zwischen den Signatarstaaten Russland, Kasachstan, Kirgistan, Tadschikistan, Usbekistan und China. Weitere Staaten haben sich in den Folgejahren angeschlossen, darunter Indien, der Iran und Pakistan. Die Türkei ist Beitrittskandidat. Die SCO vertritt etwa 40 Prozent der Weltbevölkerung. Im Februar 2023 gab sie bekannt, dass ihre Mitglieder untereinander nicht länger auf Dollarbasis Handel treiben.

Parallel bemüht sich Saudi-Arabien, bemühen sich fünfzehn weitere Staaten um einen Beitritt zum BRICS-Verbund, der wirtschaftlich wichtigsten Staaten des Globalen Südens: Brasilien, Russland, Indien, China und Südafrika. Auf ihrem Gipfel in Johannesburg beschlossen die BRICS-Mitglieder im August 2023 die Aufnahme von Iran, Saudi-Arabien, Ägypten, Äthiopien, Argentinien sowie der Vereinigten Arabischen Emirate in den

BRICS-Verbund zum 1. Januar 2024. Die Zeichen an der Wand sind folglich kaum zu übersehen. Den eigentlichen Joker hat man jedoch noch in der Hinterhand. Laut *Wall Street Journal* überlegt man in Riad offenbar bereits seit März 2022, Energielieferungen an China künftig in Yuan abzurechnen. Tatsächlich geschah das erstmals im Dezember 2022. Aus amerikanischer Sicht liefe das auf eine wirtschaftliche Kriegserklärung hinaus und würde das Ende der Ära des »Petrodollar« einläuten, weswegen Riad wie auch Peking nichts überstürzen. Die Weichen aber sind gestellt, und die Amerikaner wissen das.

Wenn sie nun ihren Einfluss in einem Teil der Welt verlieren – was liegt da näher, als ihn in einem anderen mit Nachdruck zu stärken? Was für eine glückliche Fügung, auch vor diesem Hintergrund, dass Nord Stream 1 und 2 vermutlich dauerhaft außer Dienst gestellt worden sind. Mit dem Ergebnis, dass die Europäer auf lange, sehr lange Sicht darauf angewiesen bleiben, völlig überteuertes Flüssigerdgas aus den USA zu beziehen. Zu verrechnen selbstverständlich auf Dollarbasis.

»Deine Zeit als Schauspieler ist vorbei«

Wie sehr im Gegenzug der Einfluss Europas und Deutschlands im globalen Gefüge abgenommen hat und weiterhin abnehmen wird, zeigt überdeutlich der Besuch von Kanzler Scholz in Brasilien im Januar 2023. Die Russland-Sanktionen haben zur Folge, dass sich die Bundesregierung verstärkt um alternative Handelspartner, Rohstoff- und Energielieferanten bemühen muss, weswegen insbesondere der Kanzler und der Wirtschaftsminister eine rege Reiseaktivität entwickelt haben. Dabei machen sie die Erfahrung, dass die jeweiligen Besuchsländer weder gewillt sind noch Veranlassung haben, wie zu früheren Zeiten deutschen Vorstellungen weitgehend zu entsprechen. Berlin gilt mittlerweile eher als Bittsteller denn als Global Player. In Brasilien nun erlebte der Bundeskanzler ein diplomatisches Waterloo, das zu vermeiden gewesen wäre. Weder Argentinien noch Chile oder Brasilien, die drei Stationen der Kanzler-Reise, liefern Waffen an die Ukraine oder beteiligen sich an den Russland-Sanktionen. Umso erstaunlicher, dass Berlin monatelang Druck auf Brasiliens Regierung auszuüben suchte, damit sie ihre zuvor von Deutschland erworbenen Munitionsvorräte, 300 000 Schuss für deutsche Gepard- und Leopard-Panzer im Besitz der brasilianischen Armee, oder wenigstens einen Teil davon freigibt und der Ukraine liefert.

Wie Brasiliens Präsident Lula da Silva den dortigen Krieg einordnet, hat er bereits im Mai 2022 im Gespräch mit dem US-Wochenmagazin *Time* unmissverständlich klargestellt, damals noch als Präsidentschaftskandidat. Mit scharfen Worten hat er die EU, die USA und Präsident Selenskij kritisiert und sie für den Krieg mitverantwortlich gemacht. US-Präsident Biden habe »nichts getan, um den Krieg zu verhindern ... Biden hätte ins Flugzeug nach Moskau steigen können, um mit Putin zu reden. Das darf man von einem Staatsmann erwarten«. Russland hätte nicht in die Ukraine einmarschieren dürfen, betonte Lula, »aber es ist nicht nur Putin, der schuldig ist. Die USA und die EU tragen ebenfalls Schuld.« Sie hätten der russischen Regierung zusichern müssen, dass die Ukraine nicht der NATO beitreten werde, »das hätte das Problem gelöst«. Selenskij, »dieser Bursche ist genauso verantwortlich für den Krieg wie Putin«. Der ukrainische Präsident habe »den Krieg gewollt«, sonst hätte er »mehr verhandelt« und vorgeschlagen, »über die NATO- und EU-Mitgliedschaft weiter zu diskutieren«.Westliche Politiker jedoch hätten »den Kerl in jeder Hinsicht überhöht«. Bis der dann tatsächlich geglaubt habe, er sei »die Kirsche auf dem Kuchen«. Man hätte ihm besser gesagt: Verhandle hinter verschlossenen Türen, »deine Zeit als Schauspieler ist vorbei«. Die Sanktionen gegen Russland lehnte Lula ab, da sie auch die Wirtschaft in anderen Teilen der Welt in Mitleidenschaft zögen: »Jetzt müssen wir die Rechnung für den Krieg bezahlen … Sie bestrafen nicht Putin. Sie bestrafen viele verschiedene Länder, sie bestrafen die Menschheit.«[106]

Die meisten Präsidenten und Minister im Globalen Süden würden das so oder doch sehr ähnlich unterschreiben. Wenn man nun Lulas Haltung kennt – wie kann ihn die Bundesregierung dann allen Ernstes bedrängen, Panzermunition an die Ukraine zu liefern? Lula muss deswegen sehr verärgert gewesen sein, nutzte er doch ausgerechnet die gemeinsame Abschluss-Pressekonferenz mit Kanzler Scholz zu einer scharfen Replik. Sie unterstreicht, wie gering das politische Gewicht ist, das man nicht nur in Brasilien Deutschland mittlerweile noch beimisst. Pressekonferenzen auf Staatsebene dienen üblicherweise dem Austausch von Freundlichkeiten, nicht der Abrechnung. Alle Forderungen und Vorstellungen der deutschen Seite lehnte Lula ab, darunter die Unterzeichnung eines Freihandelsabkommens der EU mit Mercosur, der Wirtschaftsgemeinschaft im südlichen Lateinamerika, und natürlich die Munitionslieferungen. Im Beisein des Kanzlers wiederholte er seine Positionen zum Ukraine-Krieg und schlug eine internationale Initiative unter Einbeziehung Chinas vor, um ihn zu beenden. Scholz wurde von dieser »Dekonstruktion« westlicher Überzeugungen dermaßen überrascht, dass ein Berater des Kanzlers noch während der Ausführungen Lulas zu ihm auf das Podium eilte und Scholz etwas ins Ohr flüsterte – vielleicht eine gesichtswahrende Antwort?

Dieser Moment in Brasilia markiert eine Zäsur, eine »Zeitenwende« ganz eigener Art. Deutschland wurde damit erstmals für alle sichtbar auf seine reale Macht und Bedeutung geschrumpft. Deutlicher konnte der Kontrast zur westlichen Selbsterhöhung, wie sie etwa auf der Münchener Sicherheitskonferenz im Monat darauf zelebriert wurde, kaum ausfallen.

»Frau, Leben, Freiheit«

Wie gesagt, die Welt sortiert sich im Windschatten des Ukraine-Krieges neu. Das wenigste davon nehmen wir hierzulande wahr, aus Ignoranz, Selbstbezogenheit und Glaubensgewissheit. Diese Haltung ist riskant, weil bereits bestehende Konflikte eine neue Dynamik entwickeln und eskalieren können. Das betrifft insbesondere den Iran.

Nach dem Tod der 22-jährigen Studentin Mahsa Amini im Gewahrsam der staatlichen Religionspolizei im September 2022, angeblich hatte sie ihr gesetzlich vorgeschriebenes Kopftuch zu leger getragen, kam es landesweit zu spontanen Massenprotesten Zehntausender Menschen aller Altersgruppen und sozialen Schichten. Sie setzten sich bis in den Winter fort und wurden meist unter Einsatz brutaler Gewalt beendet, Hunderte Demonstranten und Regimegegner wurden zu langjährigen Gefängnisstrafen, mehrere gar zum Tode verurteilt.

Es war nicht die erste Protestbewegung seit der Islamischen Revolution 1979, wohl aber die langlebigste und am meisten von Frauen geprägte. Der Tod der Studentin war der Auslöser, Ursache der Revolte waren fehlende Freiheiten, die Ablehnung einer Theokratie, in der ältere Männer und Greise das Sagen haben, während mehr als die Hälfte der Bevölkerung jünger ist als zwanzig Jahre. Und natürlich die schwierige Wirtschaftslage, die sich allerdings vor allem den westlichen Sanktionen verdankt, erst an zweiter Stelle der Korruption und dem politischen Unvermögen der Regierenden.

Unter dem Slogan »Frau, Leben, Freiheit« solidarisierten sich Exil-Iranerinnen und -Iraner, aber auch hiesige gesellschaftliche Gruppen mit der Protestbewegung. Die »feministische Außenpolitik« nahm sich des Vorgangs an, und Berlin wie auch Brüssel taten, was sie am besten können: Sie verhängten weitere Sanktionen. Vordergründig wegen der Menschenrechtslage, tatsächlich eher aus machtpolitischen Erwägungen – ein Regimewechsel muss her.

Die Machthaber in Teheran hat das wenig beeindruckt, dieses Vorgehen sind sie gewohnt. Sosehr deren Brutalität zu verurteilen ist, sosehr die Protestbewegung jede Unterstützung verdient, sind die Kräfte der Beharrung nicht zu unterschätzen. Auch aus geopolitischen Gründen nicht. Denn der Iran ist ein enger Verbündeter Russlands und Chinas – nicht unbedingt aus Überzeugung, eher mangels Alternative. Die Aufkündigung des Atomabkommens mit dem Iran durch die Regierung Trump 2018 und die vertragswidrig fortgesetzten und zusätzlich verschärften Wirtschaftssanktionen zwangen die dortige Regierung, sich noch enger an Moskau und Peking zu binden. Gleichzeitig betreibt Teheran die Anreicherung von Uran weit über das vereinbarte Maß hinaus. Da sich die USA auch unter Präsident Biden nicht länger an das Atomabkommen gebunden fühlen, sieht der Iran keine Veranlassung, es seinerseits zu tun. Bislang nicht erkennbar mit der Absicht, heimlich nach der Atombombe zu greifen, vielmehr zur Stärkung der eigenen Position im Rahmen der nur halbherzig geführten Verhandlungen zur Wiederbelegung des Atomabkommens: Beendet die Sanktionen, sonst reichern wir weiterhin an!

Was wiederum Israel auf den Plan ruft, das selbst über Nuklearwaffen verfügt und im Iran die größte Bedrohung seiner Sicherheit und Vormachtstellung sieht. In jüngerer Zeit hatte sich der Konflikt zwischen Israel und dem Iran weiter zugespitzt, parallel zur Verhärtung amerikanischer wie europäischer Positionen gegenüber Teheran: vor allem weil der Iran Russland Drohnen zum Einsatz in der Ukraine liefert.

Die wachsende Annäherung westlicher und israelischer Positionen in der Causa Iran erhöht die Gefahr einer militärischen Eskalation. So hat Israel seine Angriffe auf das iranische Nuklear- und Waffenprogramm seit 2021/22 deutlich gesteigert, wobei das

Spektrum von der Ermordung dortiger Nuklearwissenschaftler über Cyber-Angriffe und Sabotage bis hin zu neuerdings auch Drohnenangriffen reicht. Ziel ist es, das dortige Atomprogramm zu verlangsamen und die Lieferung schlagkräftiger Präzisionswaffen an iranische Stellvertreter im Nahen Osten, allen voran die Hisbollah (Partei Gottes) im Libanon, zu verhindern.

Die Macht der Revolutionsgarde

Diese Eskalation ist auch deswegen gefährlich, weil weder Moskau noch Peking einen Regimewechsel in Teheran zulassen würden, Protestbewegung hin oder her. Darin liegt die Tragik von Demokratie-Aktivisten: Sie haben keine Chance, einen Wandel herbeizuführen, im Iran wie auch anderswo, wenn ihre Forderungen geopolitischen Interessen Dritter zuwiderlaufen. Hinzu kommt, was im Westen gerne übersehen wird: Die Demonstranten und Protestierer vertreten einen Teil der Bevölkerung, den politisch bewussten oder aufgeklärten, doch nicht notwendigerweise die »schweigende Mehrheit«. Die meisten Iraner sind unzufrieden mit den Realitäten der »Islamischen Republik«. Unzufriedenheit ist aber nicht gleichbedeutend mit Aufstand und Revolution. Die mag es eines Tages geben, nichts ist unmöglich. Gegenwärtig aber deutet wenig darauf hin.

Nicht zuletzt deswegen, weil die gegebenen Verhältnisse, gleich in welchem Land, immer auch von ihren jeweiligen Nutznießern und Anhängern getragen werden. Im Iran ist die Wirtschaft teils privat organisiert, teils staatlich gelenkt. Der staatlich kontrollierte Teil liegt maßgeblich in den Händen der »Revolutionsgarde«. Sie ist die militärische Elitetruppe des Regimes und gleichzeitig, in ihrer zivilen Variante, der größte Investor und Arbeitgeber – bekannt für Vetternwirtschaft und Korruption. Diese für unsere Verhältnisse ungewohnte »Partnerschaft« von Militär und Wirtschaft ist im Nahen und Mittleren Osten weit verbreitet, so auch in Ägypten oder Pakistan.

Anders gesagt: Die Revolutionsgarde kontrolliert das mit weitem Abstand größte wirtschaftliche Imperium im Land. Wer aus bescheidenen sozialen Verhältnissen kommt und eine berufliche Perspektive oder auch nur einen Broterwerb für sich und seine Familie sucht, der liegt bei der Revolutionsgarde genau richtig. Gleichzeitig unterhält sie eine Myriade religiöser Stiftungen, die als eine Art soziales Sicherungssystem dienen und den »Armen und Entrechteten«, wie sie im Iran genannt werden, dem Prekariat, das Überleben sichern. Dieses enge Geflecht aus Militär und Wirtschaft erklärt, warum Protestbewegungen, ob im Iran oder in Ägypten, in Algerien oder im Irak, einen sehr, sehr schweren Stand haben.

Zwar ist die Revolutionsgarde die maßgebliche Machtsäule der Islamischen Republik, doch ist ihre Führungsebene nicht notwendigerweise ein Bannerträger des religiösen Establishments. Weniger aus ideologischen, eher aus machtpolitischen Gründen: Die Mullahs sind in vielerlei Hinsicht deren Konkurrenz. Natürlich wissen auch die Machthaber, dass sie Reformen einleiten müssen, wenigstens äußerlich, um den Unmut in der Bevölkerung aufzufangen. Andernfalls drohen jederzeit erneute Proteste. Aus Sicht der Revolutionsgarde bietet es sich an, das bestehende System von innen heraus zu transformieren. Zugunsten ihrer eigenen, eher nationalistischen Ausrichtung und auf Kosten der religiösen Nomenklatur im Umfeld des Revolutionsführers.

Sobald der hochbetagte Khamenei verstirbt, dürfte die Revolutionsgarde dafür sorgen, dass die Karten neu verteilt werden. Mit dem Ziel, nicht etwa das System der Islamischen Republik an sich infrage zu stellen, nicht offiziell jedenfalls, wohl aber die Machtbefugnisse eines künftigen Revolutionsführers deutlich einzuschränken. Vieles spricht dafür, dass sich der Iran künftig weniger religiös orientiert als vielmehr nationalistisch. Ähnlich der Islamischen Republik Pakistan. Im Alltag könnte das den Verzicht auf Bekleidungsvorschriften und größere individuelle wie kulturelle Freiheiten bedeuten – eine Entwicklung vergleichbar der in Saudi-Arabien unter Mohammed Bin Salman. Eiserne Faust, aber in Glacé-Handschuhen.

In den USA wurde die Revolutionsgarde unter Präsident Trump zur Terrororganisation erklärt, maßgeblich auf israelisches und saudisches Betreiben. Ähnliche Bestrebungen gibt es auch in Europa. Juristisch ist das aber aus verschiedenen Gründen kaum möglich (außer in den USA, wo internationale Rechtsnormen wenig gelten): Erklärt man etwa die Armee eines souveränen Staates oder einen Teil davon zu Terroristen, die bekanntlich auch bekämpft werden dürfen – was dann? Im nächsten Schritt erklärt ein anderer Staat beispielsweise die Bundeswehr ebenfalls zur Terrororganisation – und dann?

Seit der Niederschlagung der Protestbewegung ist der Moralin-Anteil in der deutschen Iran-Politik erneut deutlich angestiegen. Auch daran zu ermessen, dass etwa der SPD-Vorsitzende Lars Klingbeil im März 2023 erneut danebengriff, wie schon bei seiner zeitgeschichtlichen Einordung des Georgien-Krieges 2008, und dafür plädierte, die Revolutionsgarde als Terrororganisation zu ächten. Es ist fast schon eine Konstante deutscher Politik, fehlendes Wissen mit Gutmenschentum zu kompensieren. Hilft das den Menschen im Iran, wird Teheran deswegen seinen Kurs ändern?

Garantiert sanktionsfrei

Zur Klarstellung: Die westlichen Sanktionen haben die iranischen Mittelschichten, den Motor eines potentiellen gesellschaftlichen Wandels, in weiten Teilen in den Ruin getrieben. Das hat die Machtbasis der Revolutionsgarde gestärkt und den Befürwortern einer moderaten, pragmatischen, dem Westen zuneigenden Politik, auch innerhalb des bestehenden Systems, den Boden entzogen.

Mit dem Ergebnis, dass im Iran längst ganz andere Fakten geschaffen worden sind. Deutschland war jahrzehntelang der größte westliche Investor und Geschäftspartner der Islamischen Republik, bis Washington bereits in den frühen 2010er Jahren Druck auf die Wertepartner auszuüben begann und der wirtschaftliche Rückzug einsetzte.

Nach der Aufkündigung des Atomabkommens unter Trump 2018 verhängten die USA zusätzliche »Sekundärsanktionen« gegenüber Drittstaaten. Das bedeutet, dass US-Gerichte gegen nichtamerikanische Unternehmen und Personen Anklage erheben können, die sich weiterhin geschäftlich im Iran engagieren. Gleichzeitig droht Washington Staaten zu sanktionieren, die der Order nicht folgen. Da die USA der ungleich wichtigere Handelspartner sind, zogen sich daraufhin die meisten westlichen Investoren und Konzerne aus dem Land zurück, darunter Autohersteller, woraufhin die Wirtschaftsbeziehungen massiv einbrachen.

Berlin wie auch Brüssel fehlte wie üblich der Mut, sich dieser im Übrigen auch völkerrechtswidrigen Anmaßung Washingtons entgegenzustellen. Umso größer die moralische Empörung gegenüber Putin oder den Mullahs: Das stärkt das eigene Selbstwertgefühl und zeugt von aufrechter Gesinnung.

Das ökonomische Vakuum im Iran haben umgehend China und Russland gefüllt, in dieser Reihenfolge. 2021 haben sich Peking und Teheran auf eine »strategische Partnerschaft« verständigt, wirtschaftlich wie auch militärisch. Demzufolge wird China innerhalb der nächsten 25 Jahre 400 Milliarden US-Dollar in alle Bereiche der iranischen Wirtschaft investieren, darunter den Energiesektor, das Bankwesen, Telekommunikation, Häfen, Eisenbahnen und Dutzende weitere Projekte. Im Gegenzug erhält China, ebenfalls für 25 Jahre, zu Vorzugsbedingungen iranisches Erdöl und Erdgas.

Die Chinesen agieren hier sehr diskret, um nicht ihrerseits US-Sanktionen zu provozieren. Der Weg aber ist gewiesen, die Sanktionshybris droht mittelfristig als stumpfes Schwert zu enden. Gleichzeitig verliert namentlich Europa an Einfluss, weil neue Weltmärkte und Handelswege entstehen, die ihrerseits die Vormachtstellung westlicher Volkswirtschaften offen herausfordern. Der größte Verlierer der Russland-Sanktionen ist Deutschland, der größte Verlierer der Iran-Sanktionen ist Deutschland. Doch hiesige Entscheider und Meinungsmacher lernen offenbar nicht hinzu, längst ist auch von China-Sanktionen die Rede.

Sollten übrigens Israel und/oder die USA auf die Idee kommen, den Iran wegen seines Atomprogramms anzugreifen – die Folgen auszumalen verbietet sich. Gemessen daran wäre der Ukraine-Krieg ein überschaubares Scharmützel. Der gesamte Nahe und Mittlere Osten würde in die Luft fliegen. Und China wie auch Russland würden Teheran direkt oder indirekt mit allem versorgen, was es zur Verteidigung benötigt.

Im Juli 2022 haben die russische Gazprom und die National Iranian Oil Company ein »Memorandum of Understanding« im Wert von 40 Milliarden US-Dollar unterzeichnet. Damit wollen die beiden Länder mit den größten Gasreserven der Welt eine Art »Gas OPEC« begründen, um die globale Preisgestaltung in ihrem Sinn zu beeinflussen. Russland verfügt über 48 Billionen Kubikmeter an Gasreserven, der Iran über 38 Billionen. Katar, der weltgrößte LNG-Produzent, besitzt die drittgrößten Gasreserven und erwägt, sich diesem entstehenden Kartell anzuschließen – was angesichts der gemeinsamen Ausbeutung von Gasfeldern im Persischen Golf mit dem Iran nur folgerichtig wäre.

Gleichzeitig haben sich Russland und der Iran auf den Bau von neuen Pipelines und »garantiert sanktionsfreien Handelskorridoren« (Putin) verständigt. Eine geplante Eisenbahn- und Straßenverbindung führt von Russland über Aserbaidschan in den Iran, weiter in Richtung Persischer Golf, eine andere führt parallel zu einer neuen Schifffahrtsroute vom Schwarzen und Asowschen Meer über den Don, den Wolga-Don-Kanal und die Wolga ins Kaspische Meer und weiter bis in den Iran. Auf dem Landweg geht es dann in die iranische Hafenstadt Chabahar am Indischen Ozean und von dort per Schiff in Richtung Indien. Moskau und Teheran wollen in einem ersten Schritt 25 Milliarden US-Dollar in diese Infrastruktur-Projekte investieren. Damit verkürzt Russland seine Handelswege in den Nahen Osten, nach Afrika und Süd- sowie Südostasien. Der Iran wird dabei zur »logistischen Brücke«, nicht allein für Russland, sondern auch für China, im Rahmen der Neuen Seidenstraße.

Hier entsteht ein gewaltiger Verkehrsknotenpunkt und Transitraum innerhalb des Globalen Südens. Etwas Neues, noch lange nicht vollendet und sicherlich von Rückschlägen begleitet – nicht zu vergessen geopolitische Unwägbarkeiten –, nimmt Gestalt an. So ist Aserbaidschan beispielsweise ein enger Verbündeter der USA und Israels – ob sich also die russischen Pläne entlang dieser Trasse tatsächlich verwirklichen lassen, bleibt abzuwarten. Doch ist die langfristige Neupositionierung Russlands und Irans nicht zu übersehen, und den Preis dafür zahlt in erster Linie Europa. Hier mag man russische Tanker oder Pipelines nach Belieben sanktionieren und sich dabei auf der richtigen Seite wähnen. Als Verkehrsraum allerdings macht sich Europa in Teilen obsolet, sanktionieren wir uns am Ende selbst. Weder die EU noch Deutschland verfügen über relevante Mengen an Bodenschätzen oder sonstigen Ressourcen. Wir bleiben angewiesen auf den Globalen Süden, allen voran auf China und auch Russland.

China im Aufwind

Kehren wir zurück auf die ganz große Bühne: Die Welt im Umbruch. Die USA sind noch die führende Weltmacht, doch haben sie, wie erwähnt, ihren historischen Zenit überschritten. Sie wehren sich mit allen Mitteln gegen ihren wirtschaftlichen und politi-

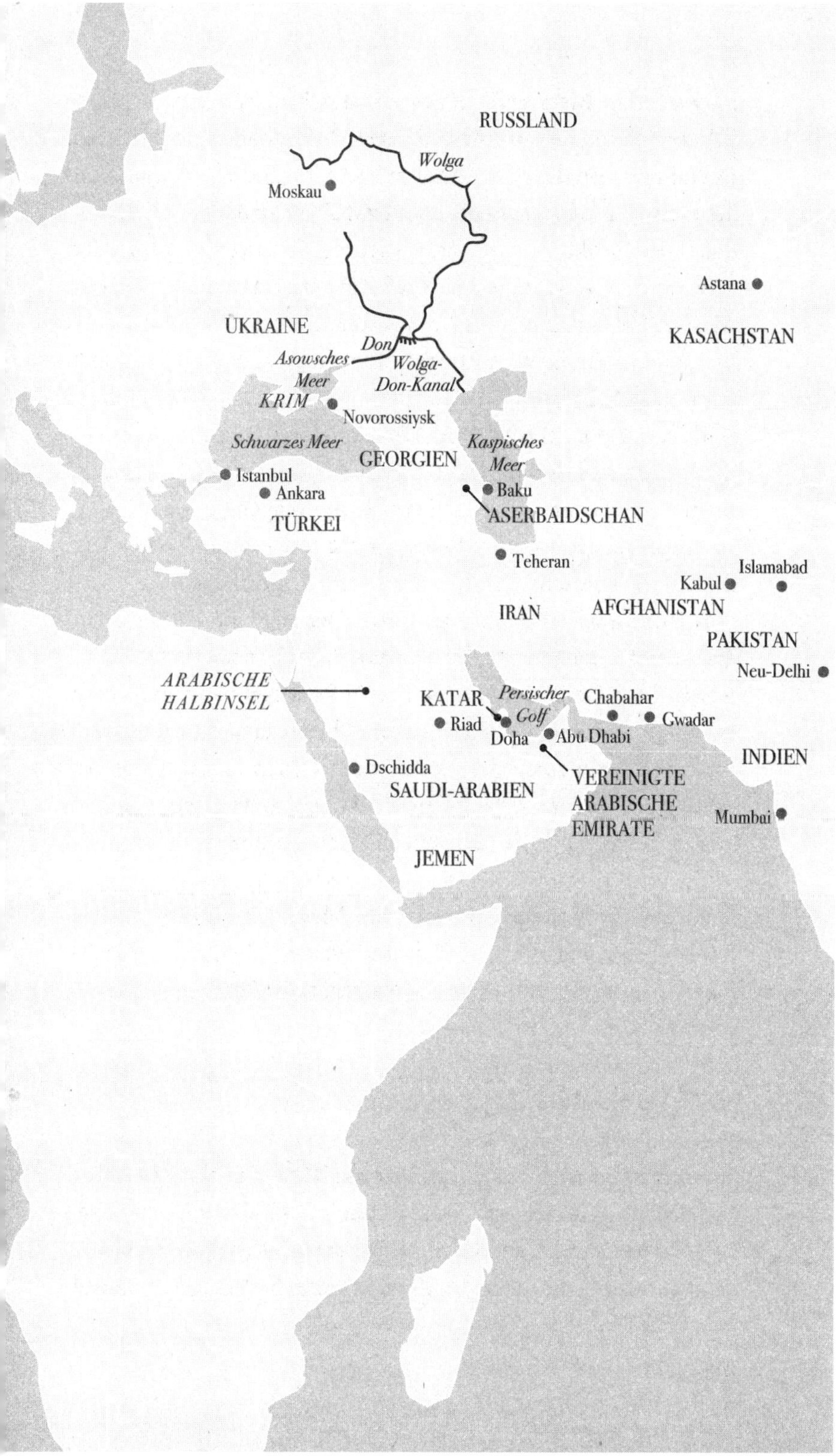

RUSSLAND
Wolga
Moskau
Astana
UKRAINE
KASACHSTAN
Don
Asowsches Meer
Wolga-Don-Kanal
KRIM
Novorossiysk
Schwarzes Meer
Kaspisches Meer
GEORGIEN
Istanbul
Ankara
Baku
ASERBAIDSCHAN
TÜRKEI
Teheran
Islamabad
Kabul
IRAN
AFGHANISTAN
PAKISTAN
Neu-Delhi
ARABISCHE HALBINSEL
KATAR
Persischer Golf
Chabahar
Riad
Doha
Gwadar
Abu Dhabi
INDIEN
Dschidda
SAUDI-ARABIEN
VEREINIGTE ARABISCHE EMIRATE
Mumbai
JEMEN

schen Niedergang, vor allem gegen den Aufstieg Chinas zur kommenden Weltmacht. Der Krieg in der Ukraine und der Konflikt um Taiwan sind die geopolitischen Hotspots der Gegenwart – jederzeit um weitere zu ergänzen, nicht zuletzt im Nahen und Mittleren Osten.

Die vorherrschende politisch-mediale Rhetorik, der zufolge es auch in der Causa China um einen Kampf zwischen Freiheit und Demokratie hier sowie Unfreiheit und Autoritarismus dort geht, spiegelt bestenfalls die Oberfläche. Auch in diesem Kontext geht es um Macht und Einfluss, um Vorherrschaft. Nichts deutet darauf hin, dass die US-Machteliten bereit sein könnten, von einem erneut konfrontativen Kurs auch gegenüber China abzusehen. Im Gegenteil: Washington folgt seiner vertrauten Linie und sucht nicht etwa den Ausgleich mit dem größten Rivalen, sondern die Beibehaltung seiner »full-spectrum dominance«, der »Überlegenheit auf allen Ebenen«, so der Name der übergeordneten US-Militärdoktrin. Gemeint ist die amerikanische Kontrolle zu Lande, zur See und in der Luft, des Weltraums, des Cyberspace und aller begleitenden Ressourcen, darunter Bodenschätze und Energieträger.

Solange China als verlängerte Werkbank westlicher Industrien und als Absatzmarkt westlicher Waren und Dienstleistungen von Nutzen war, erschien die Welt aus Sicht Washingtons, aber auch Brüssels in Ordnung. Doch China entwickelte sich seit den 2000er Jahren zu einer aufstrebenden Wirtschaftsmacht mit überwiegend zweistelligen jährlichen Wachstumsraten und schließlich zu einem Konkurrenten der USA wie auch der EU. Eigenen Erfordernissen Rechnung tragend, begann Peking auf globaler Ebene zu investieren, entweder direkt oder über günstige Kredite an Nehmerländer, und beteiligte sich aktiv am Wettlauf um Energie, Bodenschätze, politischen Einfluss oder die Versorgung mit Nahrungsmitteln.

Unter Berufung auf eine Studie des Pentagon erklärte Präsident Obama im Januar 2012: »Unsere Nation befindet sich in einem

Moment des Übergangs.« Die Welt verändere sich derzeit vor aller Augen, was amerikanische Führungsstärke erfordere, damit »die Vereinigten Staaten die größte Kraft für Freiheit und Sicherheit bleiben, die die Welt jemals erlebt hat«. Folglich müsse sich Washington neu orientieren: »Wir werden uns notgedrungen wiederum zur Asien-Pazifik-Region hin ausrichten«, so Obama. Will heißen: Ein gutes Jahrhundert lang haben sich die USA auf Europa konzentriert – nun gilt es neue Prioritäten zu setzen. Mit dem Ziel, Chinas Aufstieg zur Weltmacht zu verhindern, wenigstens aufzuhalten. Unter Einsatz aller Mittel, nötigenfalls auch militärischer.

Zu einem ähnlichen Ergebnis kommt auch eine Studie des britischen Militärs von 2010. Ihr zufolge durchlebt die Welt derzeit eine Phase der Unruhen und des Wandels. Der Zeitraum bis 2040 »wird eine Zeit des Übergangs« sein. Zu den Herausforderungen, die es bis dahin zu bewältigen gelte, gehöre »die Realität eines sich verändernden Klimas, rasches Bevölkerungswachstum, Knappheit an Rohstoffen, ein Wiederaufleben der Ideologie und Verschiebungen der Macht von West nach Ost«.[107]

Die USA und ihr verlässlicher Juniorpartner Großbritannien haben frühzeitig erkannt, dass sich das globale Machtgefüge in Richtung China zu verschieben droht, und vor allem Washington steuert mit aller Macht dagegen. Unter Zuhilfenahme der bewährten Zutaten: Sanktionen (Sonderzölle); Militarismus; Moralismus/Dämonisierung in Politik und Medien. Tenor: China spielt nicht in derselben Werte-Liga wie wir selbst. Allen voran wegen der Unterdrückung der Uiguren, eines Turkvolkes in der geostrategisch wichtigen nordwestlichen Provinz Xinjiang, über die wichtige Handels- und Verkehrswege nach Zentralasien führen, darunter zwei Gas-Pipelines. Und auch wegen der Aushebelung der Autonomieregelungen für die chinesische Sonderverwaltungszone Hongkong 2019/20, begleitet von umfassender Repression. Diese und andere Übergriffe erlaubten es westlichen Entscheidern, vertraute Töne anzuschlagen: China, ein totalitäres Monster. Damit ist ein verlässlicher Rahmen für weitere Eskalation gesetzt.

Die Neue Seidenstraße

Interessanterweise gilt im Fall Russlands »Putin«, also der Staatschef, als Verkörperung des Bösen schlechthin. Bei China dagegen steht das gesamte Land am Pranger, mindestens aber der »Kommunismus«, in Gestalt der Regierungspartei oder des politischen Systems, weniger Xi Jinping selbst. Diese unterschiedliche Fokussierung innerhalb des hiesigen politisch-medialen Meinungsmanagements offenbart eine unterschiedliche Gewichtung. Im Wettstreit mit Russland geht es idealerweise um »Regimewechsel«, im Wettstreit mit China um das große Ganze schlechthin. Plakativ gesagt: um die »Weltherrschaft«.

Xi Jinping gelangte 2012 an die Macht. Im Jahr darauf verkündete der chinesische Präsident bei einem Staatsbesuch in Kasachstan das ehrgeizigste Entwicklungsprojekt seit Bestehen der Volksrepublik, im Englischen bekannt als »One Belt, one Road«, im Deutschen als Neue Seidenstraße. Dabei handelt es sich um ein gigantisches Handelsrouten- und Infrastrukturprojekt in Asien, Afrika und Europa, in dessen Einzugsbereich rund zwei Drittel der Weltbevölkerung leben. Eine Billion US-Dollar hat Peking bislang in dieses Projekt investiert, das durch und durch kapitalistisch ausgerichtet ist, doch infolge der vom chinesischen Staat äußerst effizient umgesetzten Planwirtschaft in einem Tempo Ergebnisse zeitigt, das jede Marktwirtschaft westlicher Prägung in den Schatten stellt. (Man erinnere sich etwa an die Bauzeit des Berliner Flughafens.) Mittlerweile sind sechs Hauptwirtschaftskorridore entstanden, der wichtigste führt von China über Kasachstan und Russland bis nach Madrid (Neue Eurasische Landbrücke), wobei der größte deutsche Binnenhafen in Duisburg den

Endpunkt in Deutschland markiert. Weitere Landkorridore führen nach Moskau und St. Petersburg, via Teheran nach Istanbul, in die pakistanische Hafenstadt Gwadar, nach Kalkutta und Singapur. Hinzu kommen zwei maritime Seidenstraßen in Richtung Afrika und Europa, dort mit dem Drehkreuz Piräus in Griechenland, und eine weitere in den Südpazifik und nach Lateinamerika.

Das Seidenstraßen-Projekt ist weniger, wie im Westen vielfach wahrgenommen, ein großer und stringent vollzogener Masterplan, vielmehr handelt es sich um ein sehr heterogenes Sammelsurium von Maßnahmen, betrieben von höchst unterschiedlichen Akteuren in den jeweiligen Ländern mit durchaus sehr unterschiedlichen Zielsetzungen und Erwartungen. Da der chinesische Staat unter Führung der Regierung und der Kommunistischen Partei als Großkonzern auftritt, stehen allerdings die Finanzierung wie auch die Durchsetzung geplanter Maßnahmen im In- wie auch im Ausland selten infrage. Zur Finanzierung wurde 2015 eine eigene Kreditanstalt gegründet, die »Asian Infrastructure Investment Bank« (AIIB). Die Investoren kommen nicht allein aus China, auf den Plätzen zwei, drei und vier liegen Indien, Russland und Deutschland.

Die Chinesen haben dabei andere asiatische Wachstums- und Entwicklungsmodelle teilweise übernommen: aus Singapur, Südkorea, Japan und Taiwan. Gemeinsamer Nenner ist die Modernisierung von oben nach unten, autoritär, ohne Rücksicht auf partikulare gesellschaftliche Interessen, in ihren Grundzügen durchdacht und mit langem Atem vollzogen. Peking will damit nach eigenem Bekunden den eurasischen Wirtschaftsraum wiederbeleben, ihn mit Afrika und Südostasien verbinden und einen globalen Wachstumsmotor schaffen. Durch den Aufbau einer entsprechenden Infrastruktur im Verkehrsbereich, eines Netzwerkes von Schlüsselstädten, Kraftwerken, Staudämmen und der Herstellung neuer Handelsbeziehungen.

Das »Malakka-Dilemma«

Die Neue Seidenstraße ist nicht allein ein gigantisches Wirtschaftsprojekt. Fast größer noch ist ihre geopolitische Bedeutung; die Verwirklichung des »eurasischen Schachbretts«, allerdings von Osten her vollzogen. Das heißt, sie richtet sich zwangsläufig auch gegen die noch gegebene Vormachtstellung des Westens. Aufgrund seiner Lage an der östlichen Peripherie Asiens ergibt sich für China ein geografisches Problem: Alle maritimen Handelswege in Richtung Westen führen durch eine schmale und enge Wasserstraße, die Malakka-Straße, gelegen zwischen Singapur/Malaysia auf der einen und Sumatra (Indonesien) auf der anderen Seite. 800 Kilometer lang und an der schmalsten Stelle in Höhe Singapurs keine 50 Kilometer breit. Die Malakka-Straße ist gewissermaßen der fernöstliche Ärmelkanal. Vor allem aber ist sie die Achillesferse in der chinesischen Versorgungskette mit Waren, Gütern und Rohstoffen. Alle Gas- und Öllieferungen aus dem Nahen und Mittleren Osten beispielsweise müssen auf ihrem Weg nach China, aber auch nach Japan, diesen Flaschenhals passieren. Darin liegt für China ein erhebliches Sicherheitsrisiko, das aus Sicht Pekings gar nicht hoch genug veranschlagt werden kann, bekannt als »Malakka-Dilemma«.

Seit der Jahrtausendwende spätestens befassen sich chinesische Analysten mit der Frage, wie sie dieser Falle entgehen können. Einige wenige US- und/oder australische Kriegsschiffe würden ausreichen, die Wasserstraße zu blockieren und damit die chinesische Wirtschaft zu strangulieren. Mittlerweile ist die Antwort gegeben – in Gestalt der Neuen Seidenstraße, die auf mehreren Landwegen die Malakka-Straße umgeht und somit Transportalternativen schafft. Sie ist kein Wunder- oder Allheilmittel, auch die Neue Seidenstraße ist nicht frei von Risiken und Unwägbarkeiten. Angefangen mit politischen Instabilitäten in Zentralasien und höheren Transportkosten auf dem Landweg. Allerdings spielt der Klimawandel China in die Hände: In wenigen Jahren bereits dürfte das Nordpolarmeer entlang der Küsten Sibiriens schiffbar sein.

Spätestens seit der Krim-Krise 2014 war man sich in Moskau bewusst, dass es eines Tages europäische und westliche Boykottmaßnahmen russischer Energielieferungen geben könnte. Die logische Alternative zu Europa als Handelspartner ist China. 2011 floss erstmals russisches Erdöl über eine Rohrleitung dorthin, über dic »Eastern Siberia – Pacific Ocean Pipeline« (ESPO). Damit deckte China 2011 acht Prozent seines Bedarfs, 2021 waren es 16 Prozent, im August 2022 bereits 21 Prozent, Tendenz weiter steigend. Russland dürfte bereits 2023 Saudi-Arabien als wichtigsten Erdöl-Lieferanten Chinas ablösen. Gas wiederum bezieht China seit 2019 aus der russischen Pipeline »Power of Siberia«: zehn Milliarden Kubikmeter waren es 2021, bei ihrer Fertigstellung 2025 sollen es 38 Milliarden Kubikmeter sein. Abgerechnet wird auf Yuan- und Rubel-Basis. Zur Erinnerung und zum Vergleich: Deutschland bezieht als Alternative zu russischem Gas ab 2026/27 amerikanisches LNG in der Größenordnung von rund zehn Millionen Kubikmetern zu langfristig vereinbarten Preisen, was hierzulande als »Energiepartnerschaft« gilt.

Im Februar 2023 gab die russische Regierung bekannt, dass sie, als Alternative zu Nord Stream, knapp 100 Milliarden US-Dollar in weitere Gaspipelines in Richtung China investieren werde, inklusive damit zusammenhängender Industrien in den Bereichen Metallurgie, Zement und Chemie. Wenn man nun die Neue Seidenstraße mit diesen Energieprojekten zusammendenkt, außerdem die künftigen russischen Transitrouten via Iran einbezieht – wie ist da ernsthaft anzunehmen, die westliche Sanktionierung, insbesondere von Öl und Gas, könnte Russland wirtschaftlich in die Knie zwingen?

China und Russland werden sich, allen Gegensätzen und Imponderabilien zum Trotz, zu einem wirtschaftlichen und macht-

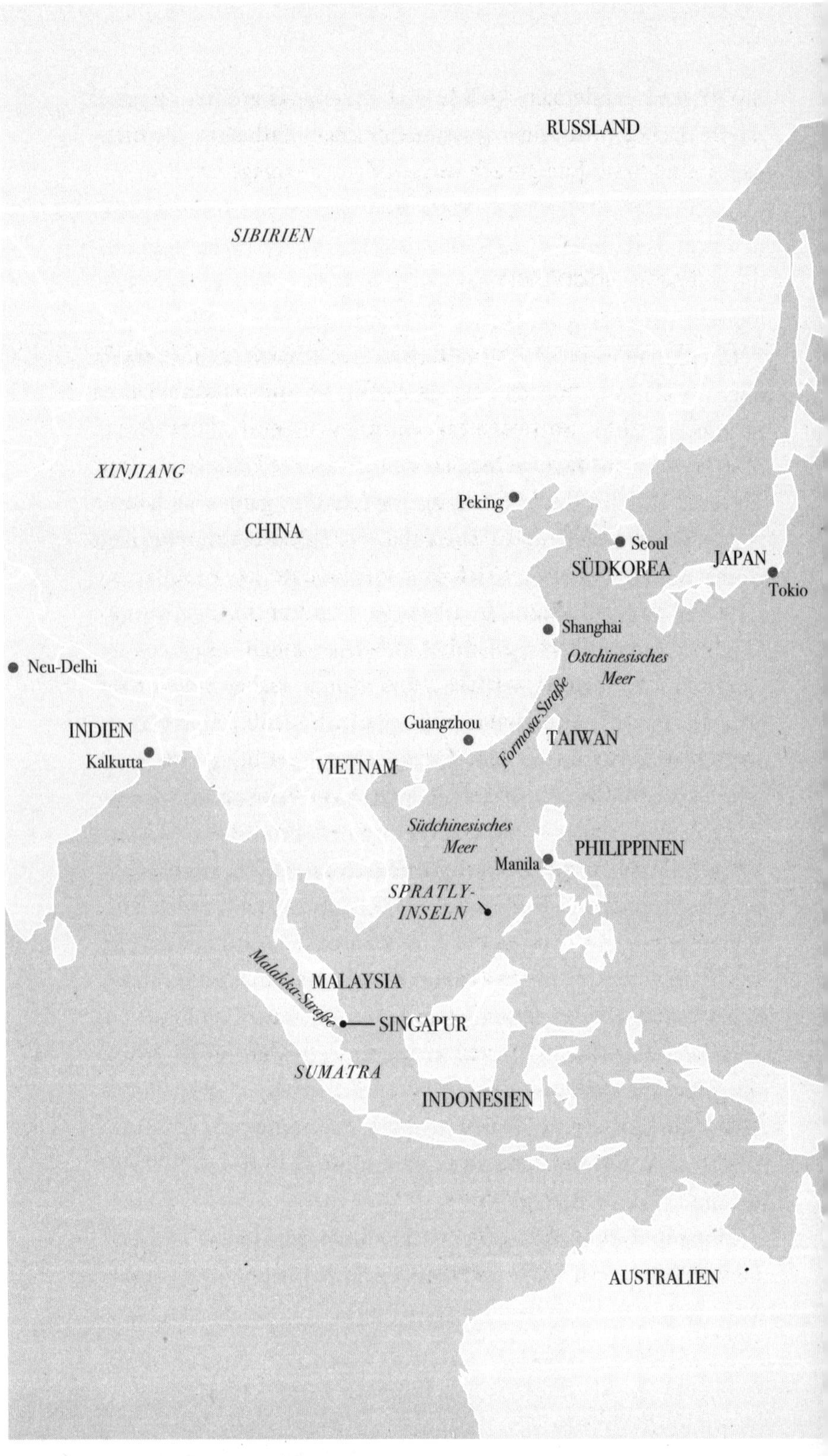
RUSSLAND
SIBIRIEN
XINJIANG
Peking
CHINA
Seoul
SÜDKOREA
JAPAN
Tokio
Shanghai
Ostchinesisches Meer
Neu-Delhi
Formosa-Straße
INDIEN
Guangzhou
TAIWAN
Kalkutta
VIETNAM
Südchinesisches Meer
Manila
PHILIPPINEN
SPRATLY-INSELN
Malakka-Straße
MALAYSIA
SINGAPUR
SUMATRA
INDONESIEN
AUSTRALIEN

politischen Tandem entwickeln, das Europa als großen Verlierer zurücklassen wird. Allen voran die deutsche Industrie, die mangels bezahlbarer Energie schwersten Zeiten entgegensieht.

Feindliche Nachbarn

Nicht allein das Leben kann ungerecht sein, auch die Geografie. Die USA haben zwei Ozeane als Nachbarn und müssen keinen Angriff aus ihrer Nachbarschaft befürchten – einmal unterstellt, dass weder Kanada noch Mexiko entsprechende Pläne hegen. Für China stellt sich die Gefechtslage anders dar, ganz unabhängig vom »Malakka-Dilemma«. Die gesamte Pazifikküste Chinas liegt im Einflussbereich potentiell feindlicher Mächte: Japan, Südkorea, Taiwan, die Philippinen. In all diesen Ländern unterhalten die USA größere Militärbasen, mit Ausnahme – noch – Taiwans.

Hinzu kommen territoriale Streitigkeiten, insbesondere rund um die Spratly-Inseln, eine Inselgruppe im Südchinesischen Meer zwischen Vietnam und den Philippinen. China beansprucht die Spratly-Inseln für sich, ungeachtet der Ansprüche auch von Vietnam, Brunei, Malaysia und den Philippinen. Um Fakten zu schaffen, hat China die meist winzigen Inseln und Atolle in den 2010er Jahren an mehreren Stellen zu Militärstützpunkten und -flughäfen ausgebaut. Im Westen gilt dieses Vorgehen als Ausdruck der imperialen Bestrebungen Chinas. Dafür gibt es allerdings, aus Sicht Pekings, einen guten Grund: Der gesamte Schiffsverkehr von China in Richtung Westen, also über die Malakka-Straße, und umgekehrt in Richtung China passiert die Spratly-Inseln. Wer sie kontrolliert, kontrolliert die wichtigste maritime Ein- und Ausfahrt von und nach China. In ihrer strategischen Bedeutung sind sie daher durchaus vergleichbar mit der Krim.

Der eigentliche geopolitische Brennpunkt aber ist Taiwan. Hier suchen die USA die Machtprobe mit China. Der Konflikt im Zeitraffer: Nach dem Sieg der Kommunistischen Partei im chinesischen Bürgerkrieg 1949 zogen sich die unterlegenen »Kuomintang«, nationalistisch orientierte Chinesen, auf die Insel Taiwan zurück. Für die Volksrepublik China gilt sie seither als »abtrünnige Provinz«, während sich die Republik China auf Taiwan als souverän betrachtet. Wiederholt kam es in der Folgezeit zu militärischen Scharmützeln beider Seiten in der maritimen Taiwan-Straße (auch Formosa-Straße genannt), zwischen China und Taiwan gelegen, die das Ostchinesische mit dem Südchinesischen Meer verbindet. Die Volksrepublik macht für sich einen Alleinvertretungsanspruch geltend (»Ein-China-Politik«). Seit den 1980er Jahren verfolgten beide Seiten, Peking wie Taipeh, einen pragmatischen Kurs auf der Grundlage gemeinsamer wirtschaftlicher Interessen. Das brutale Vorgehen Pekings gegenüber den Uiguren und der Demokratie-Bewegung in Hongkong, aber auch die unter Xi Jinping angestrebte »Wiedervereinigung« noch während seiner Amtszeit haben zum Wahlsieg der ultranationalistischen taiwanesischen Präsidentin Tsai Ing-wen nicht unerheblich beigetragen.

Hinzu kommt, dass vor allem jüngere Taiwanesen eine ganz eigene (nationale) Identität entwickelt haben, in Freiheit leben wollen und keinerlei Wert darauf legen, mit der Volksrepublik »wiedervereint« zu werden – zu der Taiwan im Übrigen nie gehört hat. Tsai ist seit 2016 an der Macht, ihre »Demokratische Fortschrittspartei« verfolgt einen ebenso selbstbewussten wie teilweise aggressiven Unabhängigkeitskurs gegenüber Peking, darin unterstützt von den USA und zunehmend auch der EU. Seither sind die politischen und militärischen Spannungen zwischen China und Taiwan, aber auch zwischen China und den USA massiv eskaliert.

Zu Besuch bei Mao

1972 besuchte US-Präsident Richard Nixon den chinesischen Staats-und Parteichef Mao Zedong in Peking. Den Besuch hatte Sicherheitsberater Henry Kissinger in geheimer Mission vorbereitet, mit dem Ziel, einen Keil zwischen die kommunistischen Mächte China und Sowjetunion zu treiben. Indem die USA dem schwächeren Teil dieses losen Bündnisses, China, die Hand zur politischen und wirtschaftlichen Zusammenarbeit reichten. Dafür akzeptierten Nixon und Kissinger die »Ein-China-Politik« und ließen Taiwan fallen. Bis zur Aufnahme diplomatischer Beziehungen zwischen Washington und Peking sollte es aber noch bis 1979 dauern. Die Chinesen bestanden darauf, dass die USA zuvor ihre Militärbasen auf Taiwan schlossen, wo immerhin Atombomben gelagert und Bomberstaffeln stationiert waren. Die Amerikaner zogen ihre Truppen sämtlich aus Taiwan ab, bis auf ein symbolisches Kontingent von einigen Dutzend Militärs. Ebenso erklärten sie sich bereit, ihr Verteidigungsabkommen mit Taiwan aufzukündigen. Stets mit dem erklärten Ziel vor Augen, dadurch die Sowjetunion zu schwächen.

Doch die Machtverhältnisse zwischen China und Russland haben sich umgekehrt: Anders als damals ist Moskau heute der Juniorpartner im Tandem mit Peking. Entsprechend haben die Amerikaner ihre Haltung neu ausgerichtet: gegen China. Theoretisch hätten sie auch versuchen können, Russland ins westliche Lager zu holen und damit die Tandem-Lösung zu verhindern. Sollte es solche Pläne gegeben haben, sind sie an der NATO-Osterweiterung gescheitert.

Im Grunde erleben wir hier ein Déjà-vu. Nach außen hin geben sich die USA werteorientiert, tatsächlich verfolgen sie eine knallharte, zynisch umrandete Machtpolitik, die jeden Rivalen auszuschalten sucht. In Europa zieht sich die Konfliktlinie mit Russland durch die Ukraine, in Ostasien zeichnet sich die kommende

Konfrontation mit China rund um Taiwan ab. Und diese Konfrontation ist weitaus gefährlicher noch als der Krieg in Europa. Die USA instrumentalisieren die Entfremdung zwischen China und Taiwan für ihre Zwecke. Die Taiwanesen laufen dabei Gefahr, ebenso als Bauern auf einem geopolitischen Schachbrett zu enden wie vor ihnen bereits die Ukrainer.

Die amerikanische Kehrtwende erfolgte in den 2010er Jahren, parallel zum wirtschaftlichen Aufstieg Chinas. 2014/15, unter Präsident Obama, verkauften die USA Taiwan erstmals Waffen in großem Umfang, im Wert von knapp zwei Milliarden US-Dollar, darunter Fregatten und Amphibienfahrzeuge. Seither haben die Vereinigten Staaten ihre Waffenexporte nach Taiwan in jedem Jahr gesteigert, auch mit Blick auf deren Schlagkraft und Reichweite. Diese Aufrüstung Taiwans – und parallel Südkoreas und Japans – zog ihrerseits den massiven Anstieg der Rüstungsausgaben Pekings nach sich, die sich zwischen 2012 und 2022 verdoppelt haben.

Im Mai 2022 änderte Washington seine bisherige Linie der »strategischen Ambiguität«. Sie bestand darin, China im Unklaren darüber zu lassen, ob die USA Taiwan im Fall eines Angriffs militärisch beistehen würden. Nunmehr erklärte Biden, man werde Taiwan »verteidigen«, sollte es »zu einer Invasion Chinas« kommen. Im Nachhinein ruderte er zurück, doch war der Rahmen gesetzt – oder der Schaden angerichtet, je nach Perspektive. Im August 2022 schließlich reiste Nancy Pelosi, Sprecherin des US-Repräsentantenhauses, mit einer Delegation des Kongresses nach Taipeh, worauf China mit den größten Militärmanövern in der Taiwan-Straße seit 1995 reagierte, mehrfach mit Kampfjets in die von Taiwan beanspruchte »Luftsicherheitszone« eindrang, Raketen über Taiwan hinweg abfeuerte und mehrere Wirtschaftsabkommen mit der Insel aussetzte.

Zu Besuch in Taiwan

Der Besuch Pelosis, »in jeder Hinsicht rücksichtslos, gefährlich und verantwortungslos«, so Thomas Friedman in der *New York Times*, markiert einen gefährlichen Höhepunkt in der bewusst und vorsätzlich auf Provokation angelegten Strategie der Biden-Administration gegenüber China. Friedman, einer der einflussreichsten liberal-konservativen Kolumnisten in den USA, schrieb im Vorfeld ihrer Reise: »Das Timing könnte schlimmer kaum sein. Der Krieg in der Ukraine ist noch nicht vorbei … Es gehört zum kleinen Einmaleins in der Geopolitik, dass man nicht einen Zwei-Fronten-Krieg mit den beiden anderen Supermächten zur selben Zeit in Erwägung zieht.« Xi habe Biden in einem Telefonat vor Pelosis Besuch signalisiert: »Wer mit dem Feuer spielt, kommt darin um.« Es stehe zu befürchten, dass »in Xis China die Überzeugung wächst, wonach die Taiwan-Frage nur militärisch gelöst werden kann«.[108]

Dessen ungeachtet sind Republikaner und Demokraten im Kongress geeint in ihrer konfrontativen Haltung gegenüber China, reisten im Anschluss an Pelosi weitere US-Politiker und Militärs nach Taiwan. Härte gegenüber China erschien vermutlich auch angesichts der Zwischenwahlen im November 2022 geboten – das kommt gut an bei den Wählern. Einer Umfrage von Gallup zufolge, einem der größten Meinungsforschungsinstitute in den USA, sahen 45 Prozent der Amerikaner 2021 in China »den größten Feind«. Im Jahr zuvor war diese Quote nicht einmal halb so hoch ausgefallen.[109]

Das Thema Taiwan ist deswegen so brisant, weil es in der ideologischen und legitimatorischen Textur der Kommunistischen Partei Chinas, der Staats- wie der Parteiführung, eine ganz entscheidende Rolle spielt. Chinesische Politik ist geprägt von Pragmatismus. Auch im Umgang mit Taiwan. Indem Washington jedoch die Taiwan-Frage ohne Not politisiert hat, greift sie den

Gründungsmythos der Volksrepublik China an und stellt indirekt die Machtfrage. Die Botschaft lautet: Aus unserer Sicht gibt es nicht länger »ein China«. Es gibt zwei Chinas. Und das genau ist die rote Linie für Peking, vergleichbar einer NATO-Mitgliedschaft der Ukraine für Moskau.

Man gebe sich hier keinen Illusionen hin: Sollten die Amerikaner an ihrem Kurs festhalten, Taiwan scheibchenweise mehr und mehr anerkennen und gleichzeitig die Aufrüstung des Landes fortsetzen, wird Peking früher oder später reagieren, auch militärisch. Täte es die Regierung Xi nicht, riskierte sie einen Volksaufstand. Das Thema »Taiwan« ist in China emotional hochgradig besetzt, sehr viel mehr noch als der Gefühlskosmos »deutsche Wiedervereinigung« vor 1989 hierzulande.

Einmal angenommen, Washington hätte die wachsende Entfremdung Taiwans gegenüber China nicht für seine Zwecke instrumentalisiert. In dem Fall hätten beiden Seiten die Möglichkeit gehabt, weiterhin pragmatisch miteinander umzugehen und das Thema »Wiedervereinigung« auf die lange Bank zu schieben oder neu zu fassen, etwa in einem kulturellen Kontext. Diese Option ist nunmehr entfallen, jetzt geht es um Gesichtswahrung, vor allem für Peking. Mehr noch: Die Glaubwürdigkeit der KP Chinas steht auf dem Spiel.

Natürlich geht es Washington nicht ernsthaft um die Freiheit Taiwans. Die zugrunde liegende Frage lautet: Wie können wir unseren größten Rivalen China ausbremsen? Taiwan ist der Hebel, um Spannungen zu schüren, um den wachsenden militärischen Aufmarsch der USA wie auch der NATO und ihrer regionalen Suballianzen vor den Küsten Chinas zu rechtfertigen. Darunter zuletzt etwa QUAD, ein 2017 geschlossenes loses Militärbündnis zwischen den USA, Australien, Indien und Japan. Oder AUKUS, 2021 eingerichtet von den USA, Australien und Großbritannien. Regelmäßig führen diese Allianzen, verstärkt seit 2016, teils wochenlange Manöver im Südchinesischen Meer durch, nicht selten in Sichtweite der chinesischen Küste oder in unmittelbarer Nähe der Spratly-Inseln. Gerne mit der Begründung, man verteidige die Freiheit der Seewege. China seinerseits reagiert mit eigenen Seemanövern, bevorzugt in der Taiwan-Straße oder im Ostchinesischen Meer unweit Südkoreas und Japans, zum Teil gemeinsam mit Russland.

Das Virus aus China

Um die westliche Öffentlichkeit für die Agenda »Demokratie versus Autoritarismus« zu gewinnen, einschließlich der mentalen Vorbereitung auf einen Krieg gegen China, über den unter amerikanischen Machteliten längst offen diskutiert wird[110], bedarf es eines begleitenden Meinungsmanagements. Den Auftakt setzte eine umfassende Berichterstattung über das Leid der Uiguren und die Niederschlagung der Demokratiebewegung in Hongkong.

Zum regelrechten Woodstock der erfolgreichen Dämonisierung Chinas jedoch wurde in den Vereinigten Staaten das Thema Corona. Infolge der Inkompetenz der Regierung Trump wurde das Land wie kaum ein zweites von der Pandemie heimgesucht, mit insgesamt mehr als einer Million Toten. Trump erklärte die Krise zum Krieg und sich selbst zum Kriegspräsidenten. Der Gegner war jedoch nicht das Virus, sondern in erster Linie China. Am 30. April 2020 erklärte der US-Präsident, es gebe »starke Beweise«, dass der Erreger des Corona-Virus aus einem chinesischen Labor in der Stadt Wuhan stamme. Damit stellte er sich gegen die Erkenntnisse der Weltgesundheitsorganisation WHO wie auch seiner eigenen Geheimdienste. Wenige Tage später gab Außenminister Mike Pompeo dem *Wall Street Journal* ein Interview, das die bis dato umfangreichste Propaganda-Offensive gegen China einleitete. Darin sprach er von »enormen Beweisen«, dass Covid-19 aus einem Labor in Wuhan stamme – die er selbstverständlich ebenso wenig vorlegte wie vor ihm Trump. Doch war damit die Jagdsaison eröffnet: Alle führenden Medien in den USA stürzten sich nunmehr auf das »China-Virus«.

Das sehr schnell auch auf Deutschland übergriff, vom Meister auf den Lehrling. Als der chinesische Volkskongress Ende Mai 2020 beschloss, über den Umweg des »Sicherheitsgesetzes« die Autonomie Hongkongs deutlich einzuschränken, ertönte auch in Deutschland verstärkt der Ruf nach Sanktionen gegen China. Zuvor bereits waren zahlreiche Artikel erschienen, deren Spektrum von »Wuhan« (die Behörden haben die Pandemie vertuscht und Kritiker der von Peking vorgegebenen Virusbekämpfung mundtot gemacht) bis »Hongkong« reichte (Freiheit für die Demokratiebewegung!). Ebenso wenig fehlte es an Warnungen, die EU und Deutschland könnten vor China »kuschen«. Die China-Expertin eines hiesigen Thinktank mahnte, unter der Überschrift »China-Versteher machen alles noch schlimmer«: Es gebe in Politik und Medien »eine Tendenz«, Kritik an Peking zu beschwichtigen. Doch damit schade man all jenen in China, die sich mutig dem Regimediktat widersetzten.[111]

Es ist immer wieder dasselbe Spiel: hier die Guten, da die Bösen. Und das Erstaunliche ist, dass es jedes Mal aufs Neue funktioniert. Gibt die hiesige, transatlantisch verortete Politik eine entsprechende Richtung vor, setzen sich Leitmedien wie »Denkfabriken« in Bewegung und versorgen die Öffentlichkeit mit gut gesetzten Duftmarken, neudeutsch »Framing« genannt. Bis hin zum hart gesetzten Strahl in Richtung Regimewechsel beispielsweise. Im Fall Chinas allerdings ist dem deutschen Gutmenschentum eine bemerkenswerte Pirouette gelungen. In Gestalt eines »vorauseilenden Schuldstolzes«, einer nicht gegebenen Realität, die aber theoretisch eintreten könnte, was allein aufgrund dieser Möglichkeitsform nach vorausschauendem Handeln verlangt.

Klare Kante zeigen

Die Logik ist die folgende: Russland hat die Ukraine überfallen. Damit hat sich die gesamte Ostpolitik im Nachhinein als historischer Irrtum erwiesen, ebenso die jahrzehntelange Energiepartnerschaft mit Russland, dito jede Form der Diplomatie. Die nachfolgende Selbstgeißelung, dieser »erstaunliche Schuldstolz der politischen Klasse«, so Precht und Welzer, verlangte den vollständigen Cut mit Moskau auf allen Ebenen, von jetzt auf gleich, bis hin zur russischen Sprache und Kultur. China hat Taiwan nicht angegriffen. Aber wer wollte das ein für alle Mal ausschließen? Sollte das geschehen, hätte die wertegeleitete Politik Deutschlands, des Westens allgemein, gar keine andere Wahl, als auch China mit umfassenden Sanktionen zu überziehen – ungeachtet der in dem Fall sicher dramatischen wirtschaftlichen Folgen. Um sich den Zeitplan für diesen Cut nicht von Peking diktieren zu lassen und erneut fassungslos vor vollendete Tatsachen gestellt zu werden, gilt es jetzt schon, klare Kante zu zeigen. Im festen Glauben an die Untat, die man selbstverständlich, sollte sie eintreten, allein »dem kommunistischen Regime« zuschreiben wird. Nicht etwa dem provokanten Auftreten der USA.

Das bedeutet konkret einen erneuten Schub an Moralismus, einmal mehr deutsche Unterwürfigkeit gegenüber Washington und schließlich die propagierte, aber nur schwer zu verwirklichende Reduzierung der Handelsbeziehungen zu China, um nicht erst am Tag X reagieren zu müssen. Im Juni 2022 erklärte Außenministerin Baerbock anlässlich der Haushaltsdebatte im Bundestag: »Ich unterscheide nicht zwischen Uiguren in China, Ukrainerinnen und verfolgten russischen Journalisten, zwischen Jesiden oder Kurden … Deutschland übernimmt außenpolitische Verantwortung auf Basis von Werten und Entschlossenheit.« Theoretisch hätte sie beispielsweise auch Palästinenser oder Bootsflüchtlinge erwähnen können, von Julian Assange ganz zu schweigen, was sie wohlweislich nicht getan hat. In zahlreichen Interviews betont Baerbock seither, Deutschland müsse seine wirtschaftliche Abhängigkeit von China unbedingt verringern.[112] Ganz auf einer Linie mit Wirtschaftsminister Habeck und Finanzminister Lindner, die ähnlich argumentieren.

Kanzler Scholz allerdings reiste im November 2022 nach Peking und stellte damit unter Beweis, dass er weiter denkt als andere in seinem Kabinett. Wie im Verhältnis zu den USA ist Deutschland auch gegenüber China der Kellner, nicht der Koch. Das verlangt nach Realitätssinn. China war 2022 erneut Deutschlands wichtigster Handelspartner, noch vor den USA. (Der Außenhandel mit China beläuft sich auf 298 Milliarden Euro, der mit den USA auf 247,8 Milliarden Euro.) Dabei legten die Importe aus China deutlich stärker zu als die Exporte aus Deutschland. Die Einfuhren aus China stiegen im Vergleich zum Vorjahr um 33,6 Prozent auf einen neuen Höchstwert von 191,1 Milliarden Euro. Die Ausfuhren nach China hingegen legten lediglich 3,1 Prozent auf 106,8 Milliarden Euro zu. Daraus ergibt sich ein deutsches Rekord-Handelsdefizit gegenüber China von 84,3 Milliarden Euro. Neben den stark gestiegenen Kosten für Energieimporte als Folge der Russland-Sanktionen ist dieses Defizit der wesentliche Grund dafür, dass die deutsche Wirtschaft 2022 den niedrigsten Exportüberschuss seit mehr als zwanzig Jahren verzeichnete.

Wir mögen Moralweltmeister sein – als Exportweltmeister verabschieden wir uns gerade. Und das ist erst der Anfang.

Es passt ins Bild, dass die Europäische Union nach sieben Jahren Verhandlungen die bevorstehende Ratifizierung des Investitionsabkommens mit China, das für deutsche Investoren große Erleichterungen bedeutet hätte, im Mai 2021 auf unbestimmte Zeit ausgesetzt hat. Nach massivem Druck aus Washington und selbstverständlich unter Verweis auf die Menschenrechtslage. Zwei Monate zuvor, im März, hatte sich die EU veranlasst gesehen, gegen mehrere chinesische Politiker Sanktionen wegen der Unterdrückung der Uiguren zu verhängen. Peking reagierte umgehend mit Gegensanktionen wider mehrere Scharfmacher im EU-Parlament, darunter Reinhard Bütikofer (Grüne), den Vorsitzenden der »Delegation für die Beziehungen zur Volksrepublik China«. Daraufhin erklärte der Vizepräsident der EU-Kommission, Valdis Dombrovskis, angesichts gegenseitiger Sanktionen sei das Umfeld »für eine Ratifizierung derzeit nicht günstig«.

Man schafft also selber ein Problem, das es anschließend zu lösen gilt, indem man sich ein weiteres Mal ins Bein schießt, ohne damit auch nur einem einzigen Uiguren zu helfen. Im festen Glauben, damit China mehr zu schaden als sich selbst – wir können ohne die, die aber nicht ohne uns. Ein teurer Irrtum, wie allein die Entwicklung der deutschen Handelsbilanz mit China zeigt.

Schafe weisen den Weg

Was folgt daraus? Im August 2022 hielt Außenministerin Baerbock eine Rede an der mit Deutschland eng verbundenen Universität »The New School« in New York. Darin kritisierte sie Chinas übergriffige Haltung gegenüber Taiwan – amerikanische Übergriffigkeiten wie den Besuch Pelosis in Taipeh ließ sie unerwähnt. Stattdessen plädierte sie für eine deutsche »Führungspartnerschaft« an der Seite der USA. »Wir erarbeiten zum ersten Mal in meinem Ministerium eine eigene Chinastrategie, die nächstes Jahr veröffentlicht wird und die strategischen Überlegungen hier in den Vereinigten Staaten umfassend berücksichtigt«, so die Ministerin. Will heißen: Wir bekennen uns auch weiterhin zu unserer Rolle als Juniorpartner vornehmlich amerikanischer Interessen, werten die allerdings sprachlich auf. Sollte es also zu einem Krieg zwischen den USA und China kommen, wird Deutschland folglich – neutral bleiben?

In einem Interview mit dem Deutschlandfunk warnte Michael Roth (SPD), Vorsitzender des Auswärtigen Ausschusses im Bundestag, im August 2022 davor, sich die außenpolitische Agenda von autoritären Regimen diktieren zu lassen. Die Aufregung um den Besuch Pelosis in Taiwan verstehe er nicht. Was sei daran zu kritisieren, wenn eine verdiente Demokratin für Menschenrechte eintrete? Roth empfahl, weniger auf den Handel mit China zu setzen, als vielmehr das wirtschaftliche Potential von Australien und Neuseeland zu entdecken. Nun ist China die kommende Weltmacht und Deutschlands wichtigster Handelspartner. Dass dieses Land mit 1,4 Milliarden Menschen ein ungleich größeres Gewicht darstellt als Australien (26 Millionen Einwohner) oder Neuseeland (fünf Millionen plus 27 Millionen Schafe) dürfte jedem intelligenten Zehntklässler spontan einleuchten. Und genau darin zeigt sich ein grundlegendes Problem hiesiger (Außen-)Politik: ihr Mangel an Tiefe und Reflexionsvermögen.

Deeskalation? Wozu? Im Oktober 2022 reisten gleich zwei Bundestagsdelegationen hintereinander nach Taipeh, im Januar 2023 folgte die nächste, jeweils begleitet von scharfer Kritik aus Peking und der Chinesischen Botschaft in Berlin. Im Vorfeld dieser letztgenannten Reise brachte Delegationsleiter Johannes Vogel (FDP) das Anliegen der Parlamentarier *pars pro toto* auf den Punkt. In einem Zeitungsartikel schrieb er, nach dem russischen Überfall auf die Ukraine könnte auch das kommunistische China versucht sein, die sogenannte »Wiedervereinigung« militärisch zu erzwingen.

Im März 2023 reiste erstmals seit 1997 wieder ein deutscher Bundesminister nach Taipeh, Bildungsministerin Bettina Stark-Watzinger (FDP), ebenfalls begleitet von harscher Replik aus Peking. Weitere hochrangige Besuche werden mit Sicherheit folgen – erneut erweist sich Berlin als williger Vollstrecker der Vorgaben aus Washington, unbeschadet der möglichen Folgen.

Im Grunde wiederholt sich hier das konfrontative Handlungsmuster der Ukraine-Krise, allerdings mit deutlich höherer Taktzahl. Da gibt es geopolitische Konflikte, hier zwischen den USA und Russland, dort zwischen den USA und China. Die Ukraine und Taiwan sind die jeweiligen »Austragungsorte«. Anstatt die Vogelperspektive einzunehmen und auf Diplomatie zu setzen, gegebene Konflikte zu entschärfen, als Mittler aufzutreten, gießen hiesige Mandatsträger wie auch Meinungsmanager lieber noch Öl ins Feuer.

Dieser deutsche Moralismus kann uns allen noch zum Verhängnis werden. Als »Führungspartner« der USA in Sachen Taiwan wird auch Deutschland schlimmstenfalls zum Kombattanten. Während es der Regierung Biden um Macht und Einfluss auf globaler Ebene geht, agieren deutsche Gutmenschen meist bauchgesteuert und ohne Verständnis für das größere Ganze. Sie wähnen sich im transatlantischen Umfeld mental gut aufgehoben und verzichten darauf, eigene Interessen zu benennen, geschweige denn ihnen zu folgen.

Gewiss ist das chinesische Vorgehen gegenüber Taiwan kritikwürdig und beileibe nicht frei von Aggressivität. Das gilt aber auch für das amerikanische gegenüber China. Keine Weltmacht duldet das Vordringen von Rivalen in den ureigenen Hinterhof. Die USA nicht in Lateinamerika, Russland nicht in der Ukraine, China nicht in Hongkong oder Taiwan. Ob das nun gutzuheißen ist oder nicht, ist eine ganz andere Frage, die aber nichts an diesem Grundsatz ändert.

Sonderzölle und Spionage

Der von Washington geschürte Konflikt mit China schlägt sich nicht allein in Politik, Militär und Propaganda nieder, sondern, wie kaum anders zu erwarten, mit besonderem Nachdruck auch in der Wirtschaft. Präsident Trump machte China verantwortlich für den Verlust an industriellen Arbeitsplätzen in den USA und reagierte mit Sonderzöllen auf chinesische Importe, die zwischen 2018 und 2020 von 3,1 auf 21 Prozent erhöht wurden. Damit sollte das chinesische Wirtschaftswachstum ausgebremst werden, was aber nicht geschah. Der daraus resultierende Handelskrieg zwischen den USA und China, das seinerseits mit Sonderzöllen auf US-Produkte reagierte, wurde erst 2021 mit der Unterzeichnung eines Handels-Teilabkommens eingehegt.

Unter Präsident Biden verschärften sich die Spannungen. Nicht allein mit Blick auf die immer zahlreicheren Militärmanöver vor den Küsten Chinas und die Unterzeichnung des »Taiwan Policy Act 2022«. Dieses Gesetz sieht Militärhilfen für Taiwan in Höhe von 4,5 Milliarden US-Dollar verteilt auf vier Jahre vor, droht China mit »schweren Sanktionen« für den Fall »feindlicher Taten« gegenüber Taiwan und bezeichnet Taiwan als »Nicht-NATO-Verbündeten von größter Bedeutung«. Das ist nahezu eine Eins-zu-eins-Kopie des Vorgehens in der Ukraine vor dem Krieg: Ohne Rücksicht auf die Gegenseite werden Maßnahmen getroffen, die früher oder später nach einer Antwort verlangen. Vor allem die Assoziierung mit der NATO ist ein Spiel mit dem Feuer, wie das Beispiel Ukraine jedem gezeigt hat, der Augen hat zu sehen. Die USA haben also keineswegs vor, ihren Konflikt mit China militärisch allein auszutragen.

Schon 2012 kam das US-Repräsentantenhaus zu dem Schluss, dass man den chinesischen Hightech-Giganten Huawei und ZTE »nicht vertrauen« dürfe, da sie dem »staatlichen Einfluss« Chinas unterlägen und somit die »nationale Sicherheit« der USA bedrohten. Ein interessantes Votum angesichts der Edward Snowden zu verdankenden Enthüllung, dass die NSA, der größte Auslandsgeheimdienst der USA, 2009 ein verdecktes Programm namens »Operation Shotgiant« ins Leben gerufen hatte, »um die Server von Huawei zu infiltrieren und zu hacken«.[113] Unter anderem mit dem Ergebnis übrigens, dass Huawei in keine nachrichtendienstlichen Aktivitäten involviert sei – was sich für die im Silicon Valley angesiedelten Giganten wie Apple oder Google beim besten Willen nicht behaupten lässt. Grundsätzlich gilt natürlich: Alles, was mit Internet zu tun hat, lässt sich hacken und ausspionieren, lädt ein zur Datensammlung. Das gilt in China ebenso wie in den USA. Anderes anzunehmen wäre naiv.

Unter Obama und Trump geriet der chinesische Konzern Huawei jedoch verstärkt ins Visier von Politik und Finanzbehörden. 2018 wurde eine leitende Managerin von Huawei auf Betreiben der USA in Vancouver verhaftet, weil sie angeblich bestehende Iran-Sanktionen unterlaufen hatte. Sie verbrachte fast drei Jahre im Gefängnis, bevor sie nach langen Verhandlungen zwischen Washington (teilweise über den Umweg der kanadischen Regierung) und Peking wieder freikam – ein weiterer Tiefpunkt in den bilateralen Beziehungen.

Unter Biden schließlich wurde der Verkauf und Import von Huawei- und ZTE-Produkten in den USA im November 2022 verboten, unter Verweis, kaum verwunderlich, auf die »nationale Sicherheit«. Ähnlich im Visier steht die chinesische Videoplattform TikTok, deren generelles Verbot die USA wie auch die EU anstreben. In erster Linie geht es darum, den größten Konkurrenten der USA auszuschalten: China steht im Bereich der Telekommunikation an vorderster Stelle, Huawei insbesondere hat in den letzten Jahren eine wichtige Rolle bei der Entwicklung von Mobilfunk-Technologien und dem Ausbau von Glasfasernetzen gespielt.

Eine Frage der Sicherheit

Nicht allein im Globalen Süden, auch in den USA und der EU ist Huawei ein führender Anbieter – oder war es jedenfalls, was den Westen betrifft. Da Brüssel wie auch Berlin Empfehlungen aus Washington gerne folgen, wird Huawei in der EU und Deutschland zunehmend ausgebremst. So gab die Bundesregierung im März 2023 bekannt, dass man chinesische Technologie aus deutschen Mobilfunknetzen weitgehend verbannen werde. Aus Gründen der »Sicherheitsrelevanz«.

Das dürfte gravierende Konsequenzen für das Verhältnis Deutschlands zu China haben, aber auch für die Pläne deutscher Netzbetreiber beim Ausbau des Mobilfunkstandards 5G. Bereits eingebaute Huawei- oder ZTE-Komponenten müssen aus Anlagen, die zur kritischen Infrastruktur rechnen, wieder ausgebaut werden, was die Konzerne ein Vermögen kosten dürfte. Huawei ist deutlich günstiger als US-Anbieter, die von dieser Entscheidung am meisten profitieren.

Seit 2013/14 ist übrigens bekannt, dass die NSA und der britische Geheimdienst GCHQ wiederholt Cyberangriffe auf Einrichtungen der EU durchgeführt haben.[114] Darüber hinaus lässt die NSA Spionage-Software bereits ab Werk in Computern, Routern und Festplatten installieren. Das zur NSA gehörende »Office of Tailored Access Operation« (Büro für maßgeschneiderte Zugangsoperationen), kurz TAO, ist eine Art Cyber-Klempnertruppe. Sie hat sich weltweit Zugriff auf digitale Schnittstellen von strategischer Bedeutung verschafft, vorzugsweise im Bereich Energieversorgung und Kommunikation.[115] Vielfach wurden diese Schnittstellen mit Schadsoftware versehen. Sollte eine US-Regierung es darauf anlegen, könnte sie jederzeit elementare Bereiche der Infrastruktur etwa in Deutschland via Cyberangriff lahmlegen oder ausschalten. Maßnahmen der Bundesregierung, der »Sicherheitsrelevanz« in diesem Bereich Rechnung zu tragen, sind nicht bekannt.

Nicht allein Huawei befindet sich im Visier amerikanischer Sanktionsbestrebungen, die es ja de facto sind. Unter Präsident Biden rückte der technologische Wettbewerb insgesamt in den Fokus der China-Politik, deutlich stärker noch als unter Trump und Obama, versehen mit dem Label »Techno-Demokratien« versus »Techno-Autokratien«. Konkret geht es darum, China den Zugang zur Chips- und Halbleiterindustrie zu erschweren, zwei Technologie-Bereiche, in denen der Westen und pro-westliche Asiaten (noch) führend sind. So ist Taiwans Halbleiterhersteller

TSMC der drittgrößte der Welt, nach Intel (USA) und Samsung (Südkorea). Noch ein Grund, warum sich die USA so sehr für Taiwan interessieren.

Im Oktober 2022 erließ die Biden-Administration ein weitgehendes Exportverbot nach China: für Halbleiter und solche Materialien, die für die Herstellung von Computerchips benötigt werden. Davon betroffen sind auch europäische Firmen, insbesondere in Großbritannien und Deutschland, die ihre Geschäfte mit China reduzieren oder einstellen mussten. Allein die Niederlande weigern sich bislang, dem Exportverbot Folge zu leisten, ungeachtet eines Besuchs von Premierminister Mark Rutte im Weißen Haus im Januar 2023.[116] Holland gehört zu den wenigen Ländern weltweit, die eine eigene »Halbleiter-Wertschöpfungskette« aufgebaut haben und gilt als der wichtigste Produktionsstandort in Europa.

China führt

Die Halbleiter- und Chips-Sanktionen werden China nur vorübergehend treffen: 100 Milliarden US-Dollar hat das Land seit 2015 in diesem Bereich investiert, mehr als doppelt so viel wie die USA. Allen amerikanischen Bremsversuchen zum Trotz ist China auf dem besten Weg zur Technologie-Supermacht. In 37 von 44 Schlüsseltechnologien nimmt das Reich der Mitte bereits einen globalen Spitzenplatz ein, so der Befund des Thinktank »Australian Strategic Policy Institute« (ASPI). In den Bereichen Verteidigung (darunter Drohnen), Cyberspace, Robotik, Umwelt, Energie, Biotechnologie, künstliche Intelligenz und Quantenelektronik sei China jetzt schon die Nummer eins, ebenso bei der Herstellung von Elektrobatterien und Photovoltaik-Anlagen. »Langfristig bedeutet Chinas herausragende Stellung in der Forschung, dass es nicht allein in fast allen maßgeblichen Technologie-Bereichen der Gegenwart führend ist, sondern perspektivisch auch bei solchen Technologien, die noch gar nicht existieren«, so das ASPI.[117]

Doch damit des Unglücks – aus amerikanischer Sicht – nicht genug: Im Ranking der 20 Länder mit dem größten Bruttoinlandsprodukt 2021 stehen die USA mit 23 Billionen US-Dollar zwar an erster Stelle, gefolgt von China mit knapp 18 Billionen (Deutschland: 4,3 Billionen, Platz vier hinter Japan). Legt man aber das kaufkraftbereinigte globale BIP zugrunde, hat China die USA bereits 2017 überholt.[118]

Zum Jahrestag des russischen Angriffs auf die Ukraine am 24. Februar 2023 stellte das Außenministerium in Peking einen Zwölf-Punkte-Plan zur Beendigung des Krieges vor, unter dem Titel »Die Position Chinas zur politischen Beilegung der Krise«. Um die Trauben nicht zu hoch zu hängen, wurden Begriffe wie »Verhandlungen« oder »Waffenstillstand« gemieden. Aus diesem Grund auch wurde die Invasion nicht beim Namen genannt. Stattdessen fordert dieser Plan unter anderem »Respekt für die Souveränität aller Staaten« – also kein Beifall für den russische Einmarsch. Weiter heißt es: »Kalter-Krieg-Mentalität aufgeben: Die Sicherheit eines Landes sollte nicht angestrebt werden auf Kosten anderer« – gemeint ist Russland, aber auch das Vorgehen der USA etwa in der Ukraine oder Taiwan. »Wiederaufnahme von Friedensgesprächen« – nur so sei die Ukraine-Krise zu lösen. Des Weiteren gelte es die humanitäre Krise zu beenden, Getreideexporte über das Schwarze Meer zu erleichtern, Nuklearwaffen nicht einzusetzen (womit Russland wiederholt gedroht hatte) und auf einseitige Sanktionen zu verzichten: Die »können das Problem nicht lösen und erzeugen nur neue Probleme«.[119]

Es versteht sich von selbst, dass die westliche Seite diesen chinesischen Plan überwiegend ablehnte, mit wechselnden, aber ähnlich polemisierenden Begründungen wie jener Bidens: »Russlands Präsident Wladimir Putin klatscht Beifall dafür, wie kann der Plan da gut sein?« Um jedes Nachdenken in die falsche Richtung zu unterbinden, erschienen noch am Tag der chinesischen Präsentation zahlreiche Beiträge in US- und auch deutschen Medien, die gewissermaßen die Niedertracht Chinas in den Vordergrund rückten – sie reden vom Frieden, wollen aber Russland Waffen liefern! »Geheimdienstberichten zufolge will China Russland Drohnen liefern« (CNN). »Chinesischer Konzern erwägt Drohnen an Russland zu verkaufen« (Reuters). »Drohnen und Munition für Russland: China verhandelt offenbar mit Kreml bereits über Umfang und Preis der Lieferung« *(Tagesspiegel).* Man beachte die Konjunktive.

Interessant auch das Messen mit zweierlei Maß: Die USA drohen China mit Sanktionen, falls es Waffen an Russland liefert, was bis zur Drucklegung dieses Buches nicht geschehen ist. Dass die Regierung Biden ihrerseits die Ukraine mit Waffen versorgt und unmittelbar nach der Präsentation von Chinas Friedensplan weiteren Waffenverkäufen an Taiwan im Wert von 619 Millionen US-Dollar grünes Licht erteilte, geht selbstverständlich in Ordnung.

Eine klare Ansage

Keine drei Wochen später, am 10. März 2023, verkündete die chinesische Führung einen bemerkenswerten politischen Durchbruch. Nach zweijährigen Verhandlungen unter chinesischer Vermittlung verständigten sich die beiden verfeindeten Nachbarn Saudi-Arabien und Iran in Peking darauf, ihre 2016 abgebrochenen diplomatischen Beziehungen wieder aufzunehmen. Dadurch ergeben sich für den Nahen und Mittleren Osten gänzlich neue Perspektiven, etwa zur Beendigung des saudisch-iranischen Stellvertreterkrieges im Jemen. China hat durch diesen Erfolg international an Prestige gewonnen und sich als verantwortungsbewusster Global Player präsentiert. In einem Teil der Welt, der traditionell zum Einflussbereich der USA gehört(e). Die dortigen geopolitischen Koordinaten verschieben sich mit Nachdruck, auch als Folge des Ukraine-Krieges. Ohne

China, Russland und den Iran einzubeziehen, geht im Nahen und Mittleren Osten (bald) nichts mehr. Moskau hat hinter den Kulissen die Wiederannäherung zwischen dem syrischen Assad-Regime und Riad wie auch Abu Dhabi maßgeblich vorangetrieben. Wer immer noch glaubt, man könne den Iran isolieren, etwa durch Sanktionen, oder Israel sei das Maß aller Dinge, der hat den Schuss nicht gehört.

Parallel hat China hinter den Kulissen seine Vermittlungsbemühungen im Ukraine-Krieg fortgesetzt. Mitte März tauchten erste Meldungen auf, denen zufolge sich Xi in Moskau zunächst mit Putin und anschließend in Kiew mit Selenskij treffen wolle. Die chinesische Führung setzt also ihre diplomatischen Initiativen hinter den Kulissen fort und signalisiert damit, dass sie bereit ist, international Verantwortung zu übernehmen. Sollten die Chinesen damit Erfolg haben, wäre der »werteorientierte Westen« ins Mark getroffen.

Um genau das zu verhindern, geschah zweierlei. Am 20. März 2023 traf Xi zu einem dreitägigen Staatsbesuch in Moskau ein. Nur drei Tage zuvor, am 17. März, hatte der Internationale Strafgerichtshof seinen Haftbefehl für Putin ausgestellt. Das Timing war selbstverständlich kein Zufall. Es half bei der politisch-medialen Einordnung: Chinesischer Diktator reicht gesuchtem Kriegsverbrecher die Hand. Logisch, dass der Friedensplan Pekings allein vor diesem Hintergrund nichts taugt – er verurteilt ja nicht einmal die russische Invasion! Teilt nicht die westliche Sicht auf den Krieg!

Inwieweit es tatsächlich konkrete Pläne der chinesischen Führung gab, sich mit dem ukrainischen Präsidenten auszutauschen, ist nicht bekannt. Allerdings dürften Selenskijs westliche Finanziers und Waffenlieferanten ihm recht unmissverständlich vermittelt haben, wo die roten Linien verlaufen.

Und wieder folgte ein wohlfeiles Timing: Am 21. März 2023, also einen Tag nach Xis Eintreffen in Moskau, reiste Japans Premierminister Fumio Kishida »überraschend« nach Kiew. Damit waren die Chinesen erst einmal ausgebremst, jedenfalls im Umfeld von Xis Besuch in Moskau.

Anfang März 2023 kritisierte der chinesische Präsident im Nationalen Volkskongress (Parlament) offen die Politik Washingtons und des Westens, was nur sehr selten geschieht: »Insbesondere westliche Länder, angeführt von den Vereinigten Staaten, verfolgen eine umfassende Eindämmung, Einkreisung und Unterdrückung Chinas, was nie dagewesene, schwere Herausforderungen für die Entwicklung Chinas nach sich zieht.« China müsse angesichts »tiefgreifender und komplexer Veränderungen sowohl in der nationalen (gemeint ist Taiwan, M. L.) wie auch der internationalen Landschaft den Mut haben zu kämpfen«. Man sollte diese Worte als das verstehen, was sie sind: eine klare Ansage.

Am 4. Februar 2023 wurde ein mysteriöser chinesischer »Spionage-Ballon« vor der Küste South Carolinas abgeschossen, der westliche Medien tagelang in Atem gehalten hatte – das erste von mehreren unbekannten Flugobjekten, die teilweise auch Außerirdischen zugeschrieben und im Verlauf der nachfolgenden Tage ebenfalls abgeschossen wurden. Das US-Repräsentantenhaus verurteilte die »chinesische Spionage« einstimmig: 419 zu null. Präsident Biden lobte die Geschlossenheit von Demokraten und Republikanern: »Wir sind heute so stark wie seit Jahrzehnten nicht, um mit China oder wem auch immer weltweit zu konkurrieren … Der Wettbewerb mit China sollte uns alle einen.«

Vom selben Geist durchdrungen haben die Republikaner mit ihrer Mehrheit im US-Repräsentantenhaus im März 2023 einen Covid-Untersuchungsausschuss eingerichtet, der ihre Lieblingstheorie aus der Trump-Zeit in den Vordergrund rückt: den angeblichen Ursprung der Pandemie in einem Labor im chinesischen Wuhan. Das Thema »chinesische Bedrohung« wird ohne Zweifel auch eine wichtige Rolle bei den US-Präsidentschaftswahlen 2024 spielen – Demokraten wie Republikaner dürften geneigt sein, sich gegenseitig in ihrer jeweils zur Schau gestellten Härte gegenüber China zu überbieten.

Dessen ungeachtet reichen sich ausländische, auch westliche

Besucher in Peking die Klinke in die Hand. Im April 2023 reiste Frankreichs Präsident Emmanuel Macron nach China, begleitet von einer großen Wirtschaftsdelegation sowie der EU-Kommissionspräsidentin Ursula von der Leyen. Während die Deutsche von der chinesischen Führung nahezu abgekanzelt wurde, als Reaktion wohl auf die Aussetzung des Assoziierungsabkommens der EU mit China und die scharfen Worte, mit denen sie Peking vor Waffenlieferungen an Russland und »Militäraktionen« gegenüber Taiwan gewarnt hatte, wurde Macron während des dreitägigen Besuchs mit allen Ehren empfangen. Sicher auch deswegen, weil er sich mit Belehrungen Chinas grundsätzlich zurückhält. Mehr noch, auf dem Rückflug erklärte Macron in einem Interview, Europa dürfe in der Taiwan-Frage kein »Mitläufer« sein. Mit einem Staat verbündet zu sein, gemeint waren die USA, bedeute nicht, dessen »Vasall« zu sein. Das Schlimmste wäre eine Situation, in der Europa ausschließlich anderen folge und sich »dem amerikanischen Rhythmus und einer chinesischen Überreaktion« anpassen müsste. Will heißen: Europa kann kein Interesse daran haben, sich in einen fernöstlichen Krieg hineinziehen zu lassen. Vielmehr blieben den Europäern nur noch »ein paar Jahre Zeit«, um der »dritte Pol« in der neuen, sich abzeichnenden Weltordnung zu werden: neben den USA hier und China/Russland dort.

Macrons Aussagen lösten in Berlin, quer durch die Regierungsparteien, den jetzigen wie auch den vorherigen, einen Sturm der Entrüstung aus. Ebenso in den Kommentarspalten. Als »Vasallen« wahrgenommen zu werden, das geht hiesigen Transatlantikern, dankbaren Juniorpartnern der USA, dann doch zu weit. Das mag deren scharfen Tonfall vis-a-vis Macron erklären – den sie sich gegenüber einem US-Präsidenten niemals erlauben würden. Am weitesten lehnte sich Michael Roth (SPD) aus dem Fenster, der Vorsitzende des Auswärtigen Ausschusses im Bundestag: Macron werde für seine Ansichten »einen hohen Preis bezahlen«, er bediene »anti-amerikanische Ressentiments«.

Im Gegensatz zu wertegeleiteten Politikern oder Meinungsmachern in Deutschland hat der gelernte Investmentbanker Macron begriffen, was da auf die Europäer zukommt – mit Blick auf Chinas Wirtschaftsmacht sowie das Kräftemessen zwischen Washington und Peking. Und er weiß, dass die Entschlossenheit Xis, die politische Ernte für den ökonomischen Erfolg Chinas einzufahren, nach einer westlichen Antwort verlangt, die über (angedrohte) Sanktionen und Säbelrasseln hinausweist. Macron plädiert für eine »strategische Autonomie«: Europa sollte ihm zufolge Teil einer globalen Sicherheitsarchitektur werden, die China miteinbezieht, wirtschaftlich wie auch politisch, und sich nicht länger allein auf die USA verlässt.

Das ist mit Deutschland selbstverständlich nicht zu machen – allein der Gedanke, aus dem Windschatten der Amerikaner herauszutreten, grenzt hierzulande an Blasphemie. Aber auch die Osteuropäer, allen voran Polen und die baltischen Staaten, wären für eine eigenständige europäische Politik im Sinne Macrons kaum zu gewinnen. Diese Verweigerungshaltung dürfte insbesondere für Deutschland gravierende Konsequenzen haben. Die angeschlagene Weltmacht USA wird ihren Konfrontationskurs gegenüber China ohne Rücksicht auf Verluste fortsetzen. Das schließt die wirtschaftliche »Entkoppelung« ausdrücklich mit ein. Die Amerikaner können sich diesen Kurs vorerst auch leisten, ihr BIP ist nur zu einem Viertel vom Außenhandel abhängig, das deutsche dagegen zur Hälfte. Die USA verfügen über Rohstoffe und Energie sowie einen substantiellen Binnenmarkt – im Gegensatz zum import- wie energieabhängigen Europa, das sich überdies mit wachsender Verarmung konfrontiert sieht. Die Annahme, Washington würde bei der Verteidigung seiner hegemonialen Ansprüche gegenüber China auf europäische Interessen Rücksicht nehmen, wäre nicht allein naiv, sondern Ausdruck sträflicher Dummheit.

Wie groß die »mentale Kluft« zwischen Frankreich und Deutschland mittlerweile ist, bezeugt der Besuch von Außenministerin Baerbock in Peking, unmittelbar im Anschluss an die Visite Macrons.

Sie reiste ohne begleitende Wirtschaftsdelegation und erklärte ihren Gastgebern die Welt – vorwiegend aus der Sicht Washingtons. Sie forderte Peking auf, keine Waffen an Russland zu liefern, kritisierte, dass China den »Aggressor Russland« im Sicherheitsrat der Vereinten Nationen nicht aufgefordert habe, »diesen Krieg zu stoppen«, mahnte die Gastgeber zur »Einhaltung der Menschenrechte« und warnte die Volksrepublik vor einer »Eskalation im Taiwan-Konflikt«. Die Antwort von Chinas Außenminister Qin Gang fiel ebenso deutlich wie kühl aus: »Was China am wenigsten braucht, ist ein Lehrmeister aus dem Westen.« Wie erwähnt: Peking liefert bislang keine Waffen an Moskau. Den Zwölf-Punkte-Plan Chinas zur Beilegung des Ukraine-Krieges hat Deutschland ebenso ignoriert wie der Westen insgesamt. Dessen ungeachtet suchte Berlins Chefdiplomatin die chinesische Führung ohne Rücksicht auf deren Interessen mit ihrer Moralkeule zu beeindrucken. Vor heimischer Klientel mag Baerbock damit gepunktet haben – den Preis für diese krude Mischung aus Überheblichkeit und (kultureller) Ignoranz wird Deutschland mit Sicherheit noch zu entrichten haben.

China ist böse

Im Juli 2023 geißelte der NATO-Gipfel in Vilnius China einmal mehr als »systemischen Rivalen« und größte Herausforderung für die NATO neben Russland. In der Abschlusserklärung heißt es, die Volksrepublik »strebt danach, die regelbasierte internationale Ordnung umzustürzen«. Weiterhin wirft die NATO China »böswillige Hybrid- und Cyberoperationen« vor; Peking suche »die Kontrolle wichtiger Technologie- und Industriesektoren, kritischer Infrastruktur sowie strategischer Materialien und Lieferketten« zu erlangen.

In Vilnius ebenfalls beschlossen wurde ein neues »Partnerschaftsabkommen« mit Japan, in Ergänzung zu den bereits bestehenden US-geführten Militärallianzen in Fernost. Wie erwähnt folgt diese NATO-Expansion entlang der Grenzen Chinas der Blaupause ihrer Osterweiterung in Europa – das Ergebnis ist bekannt. Die Bereitschaft, russische oder chinesische (Sicherheits-) Interessen mit jenen des Westens abzugleichen, ist auf NATO-Ebene auch weiterhin nicht einmal im Ansatz gegeben. Wer sich westlichen hegemonialen Ansprüchen nicht unterwirft, gilt als zu bekämpfender Widersacher oder Feind.

Unmittelbar nach diesem Gipfel in Vilnius stellte Außenministerin Baerbock die lange angekündigte neue »China-Strategie« der Bundesregierung vor. Die Volksrepublik, so das Fazit, sei gleichzeitig »Partner, Wettbewerber und systemischer Rivale«. Dieser Widerspruch in sich selbst suchte offenbar den bellizistischen Geist der NATO mit den wirtschaftlichen Erfordernissen Deutschlands in Einklang zu bringen. Die entsprechende Zauberformel lautet neudeutsch »De-Risking«, also die Reduzierung von Risiken. Konkret sollen bestehende Abhängigkeiten etwa bei Halbleitern oder der Versorgung mit Arzneimitteln verringert werden.

In Berlin wie auch Brüssel stehen die Weichen auch weiterhin auf Konfrontation mit Peking. Zwei Beispiele mögen das abschließend illustrieren. Im September 2023 kündigte EU-Kommissionspräsidentin von der Leyen an, preisgünstige chinesische E-Autos, deren Marktanteile in Europa rasante Zuwächse verzeichnen, wegen staatlicher »Subventionen« und »Marktverzerrung« mit Sonderzöllen belegen zu wollen. (Wie gut, möchte man ergänzen, dass deutsche Autobauer selbstverständlich nie steuerliche Vergünstigungen oder Subventionen erhalten haben.) Sollte das tatsächlich geschehen, dürfte China umgehend mit Gegenmaßnahmen reagieren. Da VW, BMW oder Mercedes ein Drittel bis die Hälfte ihrer Umsätze in der Volksrepublik erzielen, liegt es auf der Hand, wer am Ende den höheren Preis bezahlt.

Wie sehr europäische und deutsche Politik den Vorgaben oder Anregungen aus Washington folgt, unterstrich einmal mehr Außenministerin Baerbock bei einem Besuch in den USA im September 2023. Ausgerechnet im ultrarechten und Trump nahestehenden, auf Krawall und Fake News abonnierten TV-Sender *Fox News* bezeichnete sie Chinas Staats- und Parteichef Xi als »Diktator«, was scharfe Reaktionen in Peking auslöste. Kritik an ihrer Aussage auch in Deutschland wies sie zurück: »Ich habe mich da geäußert, wie ich mich geäußert habe. Das ist ein kommunistisches Einparteiensystem«, erklärte sie in einer Talkshow. Dass sich eine Chefdiplomatin idealerweise einer anderen Sprache bedienen sollte als beispielsweise eine trotzig auftretende Schülersprecherin, ist »Werteorientierten« offenbar nicht zu vermitteln. Ob zum Schaden oder zum Nutzen der hiesigen Wirtschaft dürfte sich sehr bald schon erweisen.

Ausblick:

Entweder Transatlantiker oder Pro-Europäer – Plädoyer für das Eigeninteresse

> »Mein eigener Erfolg war, mit dazu beigetragen zu haben, dass der Name unseres Landes und der Begriff des Friedens wieder in einem Atemzug genannt werden können.«
>
> *Willy Brandt, 1988*

Der Spanisch-Amerikanische Krieg von 1898 markiert den Beginn des Aufstiegs der USA zur Weltmacht. Kriegsziel Washingtons war die Eroberung der Überseegebiete Spaniens im Hinterhof der USA und der Zugang zu den asiatischen Märkten. Im Verlauf des Krieges eroberten die US-Amerikaner Kuba, Puerto Rico, Guam und die Philippinen. Seither gibt es zwei Konstanten US-amerikanischer Politik: Sie ist grundsätzlich auf Vorherrschaft ausgerichtet, und sie duldet keine Herausforderung ihrer hegemonialen Machtansprüche.

Mit einem solchen, allzu imperialen Image allerdings wäre auf Dauer kein Staat zu machen, das liefe hinaus auf Freibeuterei. Es bedarf folglich einer überzeugenden Außendarstellung, der Seligsprechung des eigenen Wirkens im Umfeld höherer Werte.

Angefangen mit dem »Krieg, um alle Kriege zu beenden«, so das Credo von US-Präsident Woodrow Wilson bei Eintritt der USA in den Ersten Weltkrieg 1917, bis hin zur heutigen, transatlantisch kolorierten »Wertegemeinschaft«.

Wo immer auf einem Kontinent oder gar auf globaler Ebene den Vereinigten Staaten ein potentieller Rivale erwächst, wird er bekämpft: politisch, wirtschaftlich, militärisch. Heute unter dem Label Demokratie versus Autoritarismus. Daher haben die USA im Ersten Weltkrieg Position gegen das Deutsche Kaiserreich bezogen, im Zweiten Weltkrieg gegen das Dritte Reich, im Kalten Krieg gegen die Sowjetunion. Gestern wie heute gegen Russland und künftig mit aller Kraft wider China.

Verhandlungen auf Augenhöhe, politische Kompromisse, friedliche Koexistenz gehörten nach 1945 nicht zum bevorzugten Werkzeugkasten der Amerikaner. Stattdessen drehte sich unaufhörlich die Rüstungsspirale, die erstmals in den 1980er Jahren ihre Grenzen erfuhr: Ronald Reagans militärische Pläne für den Weltraum (»Star Wars«) erwiesen sich als technisch nicht machbar und schlichtweg zu teuer.

Auch dieses Beispiel unterstreicht, dass es den USA niemals allein um Landesverteidigung geht, sondern zuvörderst um globale Hegemonie – ganz gleich, wie viele Völker oder Nationen den Preis dafür bezahlen. Vor diesem Hintergrund verwundert kaum, dass etwa die deutsche Ostpolitik der 1960er und 1970er Jahre in Washington als Traumtänzerei galt und gerade noch geduldet wurde.

Diese von Egon Bahr maßgeblich mitgestaltete Ostpolitik würden allerdings auch heutige Sozialdemokraten am liebsten auf dem Müllhaufen der Geschichte entsorgen – sie verträgt sich nicht mit ihrem »Schuldstolz«. Es ist schon bemerkenswert, wenn sich der SPD-Vorsitzende Lars Klingbeil in Warschau im März 2023 ohne jede Differenzierung für die zurückliegende Ostpolitik seiner Partei entschuldigt, weil sie Russland falsch eingeschätzt habe.[120] Ausgerechnet in Polen zeigte er sich zerknirscht, obwohl doch eben jene, nunmehr gebrandmarkte Politik überhaupt erst die Voraussetzung für die westdeutsche Anerkennung der Oder-Neiße-Grenze geschaffen hatte. Der allgewaltige Moralismus, die

Geißel unserer Zeit, zerstört nicht allein jede »diskursive Ethik« und Realpolitik, er vernebelt offenbar auch jedes historische Bewusstsein. Eines Willy Brandt können sich die Genossen schwerlich entledigen, ihre Parteizentrale trägt seinen Namen. Egon Bahr dagegen gilt in ihren Reihen fast schon als Untoter. Doch dürfte sein auf Augenmaß und gegenseitigem Respekt fußender Ansatz spätestens dann wiederentdeckt werden, wenn die Politik der Konfrontation unübersehbar in einer Sackgasse endet oder schlichtweg nicht länger zu finanzieren ist.

Egon Bahr hatte richtig erkannt, dass man entweder Transatlantiker sei oder aber Pro-Europäer. Beides zusammen gehe nicht. Bahr war mitnichten anti-amerikanisch eingestellt, doch war ihm bewusst, dass die Interessen der USA nicht notwendigerweise auch die Deutschlands und Europas sein müssen. Während des Kalten Krieges mochte die Waffenbrüderschaft zwischen den USA und Westeuropa im Rahmen der NATO »alternativlos« gewesen sein. Dennoch hatte Bahr ein sicheres Gespür für die Notwendigkeit, sich auch mit der Sowjetunion zu verständigen, Gesprächskontakte auf allen politischen Ebenen zu pflegen und im Umgang mit Osteuropa einschließlich der DDR auf Pragmatismus zu setzen. Ohne jene Ostpolitik hätte es wahrscheinlich weder die deutsche Wiedervereinigung noch ein zumindest theoretisch geeintes Europa gegeben.

Die um Ausgleich und Deeskalation bemühte Ostpolitik war ein notwendiges Korrektiv zum Blockdenken der damaligen Zeit, das auf amerikanischer wie sowjetischer Seite vorwiegend militärisch und machtpolitisch verstanden wurde. Das große Versäumnis europäischer wie deutscher Politik nach 1990 liegt darin, keine neue Sicherheitsarchitektur geschaffen zu haben, die Russland mit einbezieht und parallel die eigene Verteidigungsfähigkeit organisiert – ohne US-Dominanz. Dieses Versäumnis, das an Versagen grenzt, verdankt sich wesentlich deutscher Amerikahörigkeit.

Frankreich hingegen ist seit Charles de Gaulle um militärische und politische Eigenständigkeit gegenüber den USA bemüht. Alle Versuche seitens Paris, Deutschland nach der Wiedervereinigung für eine auch militärische Tandem-Führung innerhalb Europas zu gewinnen, unter Berücksichtigung des nuklearen französischen Schutzschirms und gemeinsamer Rüstungsprojekte, sind stets an den jeweiligen Bundesregierungen gescheitert. Aus dem Windschatten der USA herauszutreten: Diese Vorstellung ist deutschen Machteliten nicht gegeben. Zu wirkmächtig ist die Illusion einer »Wertepartnerschaft« mit den USA.

Doch sind die Amerikaner keine »Wertepartner«. Sie verfolgen vor allem und in der Regel rücksichtslos ihre eigenen Interessen. Das illustriert nicht zuletzt der »Inflation Reduction Act«, von der Biden-Regierung im August 2022 verabschiedet. Dieses Gesetz gibt sich fortschrittlich, will den Umweltschutz fördern und die Inflation bekämpfen. Tatsächlich aber ist es eine Kriegserklärung an die hiesigen Volkswirtschaften. Denn Washington lockt europäische Unternehmen mit Milliarden-Subventionen, sofern sie ihren Produktionsstandort in die USA verlegen. Vor allem deutsche Firmenlenker folgen zunehmend diesem Lockruf – allein wegen der unkalkulierbaren und viel zu hohen Energiepreise hierzulande.

Letztendlich, eine bittere Ironie, kann man den Amerikanern nur Respekt zollen. Sie sind mitverantwortlich für den Krieg in der Ukraine. Doch als Reaktion auf den »russisch geführten Angriffskrieg« beenden namentlich die Deutschen ihre Energiepartnerschaft mit Russland von jetzt auf gleich und machen sich auf Jahre hinaus abhängig von völlig überteuertem und umweltschädigendem Fracking-Gas aus den USA. Dem zuverlässig keine russischen Gaslieferungen länger die Preise verderben: Nord Stream 1 und 2 gibt es nicht mehr. Im nächsten Schritt reichen unsere Wertepartner dann europäischen Unternehmen die Hand und locken sie mit Subventionen und deutlich geringeren Energiekosten. Das ist, mit Machiavelli gesprochen, »Staatsräson« der feinsten Sorte, durchzogen von einem Geist, dessen Zynismus, man muss es neidlos anerkennen, nachgerade brillante Züge trägt.

Der Verlauf des EU-Anteils am weltweiten, kaufkraftbereinigten BIP kennt seit 1980 nur eine Richtung: steil nach unten. Von knapp 26 Prozent damals auf 14,46 Prozent im Jahr 2022, Tendenz weiter fallend. Schon 2030 dürfte dieser Anteil bei nur noch etwa zehn Prozent liegen.[121] Allein China und Indien werden in wenigen Jahren rund die Hälfte des weltweiten BIP erwirtschaften. Hiesige Auguren haben jedoch, so scheint es, nicht ansatzweise verstanden, was die Stunde geschlagen hat. Sie leben in einer Scheinwelt rund um Werteorientierung und Waffenlieferungen an die Ukraine. Wann hätte es Vergleichbares in der Geschichte schon einmal gegeben? Diese Inbrunst, mit der sich Europa und namentlich Deutschland selber zerstören, im Dienst einer vermeintlich höheren Moral, zum Nutzen allerdings vorwiegend der USA? Ist dieses Phänomen allein mit den Mitteln der politischen Analyse zu erklären, oder bewegen wir uns hier bereits auf der Ebene von Tiefenpsychologie?

Die Amerikaner verlangen von den Europäern, insbesondere von uns Deutschen, zweierlei. Dass wir die Rüstungsausgaben dauerhaft erhöhen und einen Großteil der Kriegskosten in der Ukraine inklusive der Folgekosten übernehmen, allen voran für den Wiederaufbau und die Dauersubventionierung des dortigen Staatshaushaltes. Und dass wir Gewehr bei Fuß stehen, sollte es zum Krieg zwischen den USA und China kommen. So gestaltet sich die Gefechtslage – jenseits wohlfeiler Rhetorik.

Nüchtern betrachtet gibt es zwei Möglichkeiten. Entweder es kommt tatsächlich zum Dritten Weltkrieg und die Menschheit vernichtet sich selbst. Oder aber die Vereinigten Staaten korrigieren ihren Kurs. Nicht aus Gründen der Vernunft, sondern weil sie erkennen, dass sie ihre Kräfte überdehnen, ihren gewaltigen Militärapparat nicht länger unterhalten können.

Noch ist der US-Dollar weltweit die Leitwährung – noch. Und

die Amerikaner agieren, im Gegensatz zu uns, ebenso pragmatisch wie egoman. Weltanschauungen bis hin zum Gutmenschentum interessieren sie nicht. Sollte der nächste US-Präsident ein Republikaner sein, möglicherweise erneut der »Deal-Macher«, dann könnten sich die Dinge auf globaler Ebene sehr schnell neu sortieren. Nicht dass die Welt danach eine bessere wäre, aber Mafia-Bosse von ähnlicher Mentalität können sich untereinander eher auf die Abgrenzung ihrer jeweiligen Reviere verständigen, als das etwa im Rahmen irgendwelcher »Führungspartnerschaften« der Fall wäre. Ein Joe Biden erweckt den unzutreffenden Eindruck, er sei der bessere Amerikaner. Bei einem wie Donald Trump begreift auch der orthodoxeste Transatlantiker, dass es da irgendwo ein Problem gibt, ganz grundsätzlich und generell, mit den Werten.

Egon Bahr neu entdecken: Man ist entweder Transatlantiker oder Pro-Europäer. Es liegt nicht im nationalen Interesse der Deutschen, den Amerikanern auch weiterhin untertänigst dienlich zu sein. Allein schon deswegen, weil sie uns jederzeit fallen lassen würden, sollten wir für sie nicht länger von Nutzen sein. Doch ist das hierzulande vorherrschende Weltbild ein anderes. Deswegen dürfte sich am bestehenden Kurs auch wenig ändern, obwohl er den eigenen wirtschaftlichen Abstieg beschleunigt.

Was aber, wenn das Geld fehlt für Ausgleichszahlungen der Sorte »Doppel-Wumms«? Droht dann erneut eine autoritäre Herrschaft? Erste Vorboten deuten sich an. Die Lust und auch die Vehemenz etwa, mit der selbsternannte Hohepriester der politischen Korrektheit diejenigen an den Pranger stellen, die deren Selbstgefälligkeit samt Säbelrasseln nicht teilen, verheißt nichts Gutes.

Pro-europäisch sein, das bedeutet auch, sich grundsätzlichen Fragen zu stellen: Wie umgehen mit Russland nach diesem furchtbaren Krieg in der Ukraine? Wie mit der Ukraine verfahren, einem Land, das endgültig als *failed state* enden könnte, voller Waffen und Warlords? Antworten zu geben, die den Menschen helfen und die Kriegstreiber außen vor lassen, ist eine gewaltige Herausforderung. Und es setzt voraus, dass wir zurückfinden zu einer Kultur des gegenseitigen Respekts und der angstfreien Kommunikation, jenseits von Gut hier und Böse dort.

Pro-europäisch sein, das bedeutet auch, nationale Interessen selbstbewusst wahrzunehmen. Diese Interessen sind in erster Linie ökonomische. Die Selbstzerstörung der eigenen Volkswirtschaft willentlich und wissentlich in Kauf zu nehmen, im Namen hochfliegender Phraseologie, zeugt von sträflicher Dummheit und Verantwortungslosigkeit. Hiesige Volksvertreter sind in erster Linie der eigenen Bevölkerung Rechenschaft schuldig. Nicht den Amerikanern und auch nicht, bei aller Wertschätzung, den Ukrainern. Den eigenen Wohlstand auf dem Altar des Moralismus zu opfern, ist keine Politik, sondern ein Offenbarungseid. Die politisch-mediale Echokammer nicht allein in Deutschland ist getragen von einer virtuellen Realität, geprägt von einer Endlosschleife wohlklingender, meist inhaltsleerer rhetorischer Versatzstücke, von den immergleichen Evergreens, vergleichbar der Fahrstuhl-Musik in den Aufzügen besserer Hotels. Auch so lässt sich eine lebendige Demokratie beerdigen.

Pro-europäisch sein, das bedeutet auch, sich keinen Illusionen hinzugeben. Europa ist keine politische Einheit und wird es auch nie sein. Ebenso wenig wird es je eine Europäische Union geben, die tatsächlich eine solche wäre. Parallel zu deren wirtschaftlichem Niedergang, parallel zu den wachsenden Spannungen auf globaler Ebene, werden sich auch die Europäer neu sortieren. Die einen, allen voran die Briten, die Balten, die Polen, die meisten Osteuropäer, die Skandinavier und natürlich wir Deutschen, werden auch weiterhin den Amerikanern mehr oder weniger blinde Gefolgschaft leisten. Die anderen, allen voran die romanischen Südstaaten, aber auch Ungarn und Griechenland, werden genau das eher nicht tun und ihren eigenen Weg suchen.

Die bitterste Einsicht aber steht vielen noch bevor: Die Tage des Westens sind gezählt. Die künftige Welt wird eine multipolare sein, in der die Europäer nur noch eine untergeordnete Rolle spielen. Allein deswegen wird die in Brüssel wie Berlin so sehr geschätzte Sanktionspolitik eines nicht mehr fernen Tages wie ein Bumerang zu uns zurückkehren. Russland oder gar China dauerhaft zu isolieren ist schlichtweg unmöglich – und mit Blick etwa auf die Bekämpfung des Klimawandels auch nicht zu empfehlen. Hiesige Gutmenschen sollten aufpassen, dass sich ihnen die eigene Hybris nicht wie eine Schlinge um den Hals legt. Die Zukunft jedenfalls gehört China, nicht den USA, und eher früher als später wird uns Peking die *Terms of Trade* diktieren.

Wollen wir unsere Demokratie bewahren, wird die Gesellschaft, wird jeder Einzelne sie den eigenen Möglichkeiten entsprechend mit Leben zu erfüllen haben. Angefangen damit, den falschen Propheten zu entsagen und Widerständigkeit zu erlernen. Eine Haltung, die viele Formen annehmen kann.

Eine sei abschließend hervorgehoben, aus Respekt vor Antje Vollmer (1943–2023). Die Grünen-Politikerin der ersten Stunde, lange Jahre Vizepräsidentin des Bundestages, war ähnlich wie Egon Bahr eine Persönlichkeit getragen von Überzeugungen: humanistischen und vor allem friedensorientierten. Mit ihrer Partei hatte sie lange schon gebrochen, ebenso wie diese mit ihr. Vollmer gehörte der 2020 entstandenen Gruppe »Neubeginn« an, einem Kreis linksliberaler Intellektueller, Schriftsteller und Politiker aus Ost und West. Kurz vor ihrem Tod gehörte sie zu den Mitunterzeichnern eines offenen Briefes dieser Gruppe an die Friedens- und Ökologie-Bewegung. Darin heißt es:

»Eine Zivilisation verdient diesen Namen nur, wenn sie in der Lage ist, Konflikte zivil zu lösen. Frieden schaffen ohne Waffen – das Motto der Friedensbewegung ist Jahrzehnte alt. Zigtausende Demonstranten haben diese Forderung in jüngster Zeit couragiert verteidigt. Wir müssen noch mehr werden, denn es steht mehr auf dem Spiel. Die Grenzen des Wachstums – sie sind ebenfalls seit

Jahrzehnten bewusst, aber bisher nicht bewusst genug, um unser Leben grundlegend zu verändern.

Der Krieg in der Ukraine macht diese Fragen dringlicher denn je. Er ist der jüngste Kulminationspunkt in den Jahrzehnte währenden imperialen Machtkämpfen, die zugleich ein fortgesetzter Krieg gegen die Natur sind. Wenn die Regierungen weder in der Lage sind, Krieg zu verhindern, noch diese durch humane Erwägungen und durch größtmögliche Vermittlungsbemühungen zu einem baldigen Ende zu führen, dann müssen Bewegungen aus der Zivilgesellschaft mehr Druck machen. Lassen wir uns nicht in einen noch größeren Krieg führen! …

Deeskalation wird nicht gelingen, wenn sie nicht von den Medien unterstützt wird. Eine vereinte Aktion für Frieden und Umwelt müsste aus unserer Sicht auch ein Ende der Feindbilder einfordern, eine allseitige Besinnung auf das Friedensgebot der UN-Charta und die 1990er-Charta von Paris. Wir vermissen Friedensinitiativen europäischer Regierungen, wie sie auf anderen Kontinenten eingefordert werden.

Stattdessen erleben wir allerorten eine latente oder offene Bereitschaft zur zerstörerischen wie selbstzerstörerischen Eskalation. Ob in der militanten Machtlogik vieler Politiker, in dem Streben von Konzernen und Banken, die auf Wachstumswirtschaft und Gewinnmaximierung nicht verzichten können, bis zum munteren Konsum-Kartell, dessen Treibstoff die erpressten Dukaten der Entwicklungsländer sind, was immer mehr Menschen zur Flucht zwingt. Auf der UN-Vollversammlung warnte António Guterres: »Die Welt schlafwandelt nicht in einen größeren Krieg hinein – ich befürchte, sie tut dies mit weit geöffneten Augen.« So viel selbstverschuldeter Unmündigkeit muss ziviler Widerstand der vereinten Friedens- und Klima-Bewegung entgegengesetzt werden. Nur vereint sind wir stark.[122]

Dem ist nichts hinzuzufügen!

Anmerkungen

Hinweis: Zitate von Politikern und Amtsträgern, die den Tagesmedien entnommen wurden, sind in der Regel nicht belegt.

1 Vgl. https://www.tagesspiegel.de/politik/zank-um-spritsicherheit-geringe-auslastung-in-schwedt-birgt-gefahr-fur-den-norden-und-osten-9167907.html
2 Vgl. https://www.faz.net/aktuell/politik/ausland/polen-bezieht-weiter-oel-aus-russland-warschau-rechtfertigt-sich-18683738.html
3 Vgl. https://theintercept.com/2023/08/09/imran-khan-pakistan-cypher-ukraine-russia/
4 Vgl. *Le Monde diplomatique*, Mars 2022: Le conflit ukrainien entre sanctions et guerre, S. 22
5 Vgl. etwa https://www.bss-basel.ch/images/stories/bss-basel/downloads/bss.-studie_wirtschaftssanktionen_apartheid.pdf
6 Vgl. *Le Monde diplomatique*, a.a.O.
7 Ebenda
8 Vgl. https://www.ihk.de/blueprint/servlet/resource/blob/4978198/5ed8077229fa36561337b443b82a386c/ifo-studie-zu-den-russland-sanktionen-data.pdf
9 Vgl. https://finanzmarktwelt.de/china-verkauft-us-staatsanleihen-erwartet-konflikt-mit-usa-240713/
10 Vgl. etwa https://www.investmentmonitor.ai/special-focus/ukraine-crisis/yale-naive-lazy-imf-assessment-russian-economy
11 Vgl. https://www.bloomberg.com/news/articles/2023-02-05/oil-s-new-map-how-india-turns-russia-crude-into-the-west-s-fuel#xj4y7vzkg
12 Vgl. https://www.bloomberg.com/news/articles/2023-02-24/what-we-know-of-the-shadow-fleet-handling-putin-s-oil-quicktake#xj4y7vzkg

13 Vgl. https://www.nytimes.com/2023/01/31/business/economy/russia-sanctions-trade-china.turkey.html

14 Vgl. etwa den Artikel »Aserbaidschan-Affäre« bei Wikipedia.

15 Vgl. https://www.premier.vic.gov.au/gas-proposal-ruled-out-due-environmental-impacts

16 Vgl. https://www.highnorthnews.com/en/western-sanctions-could-inadvertently-redirect-russian-lng-europe-novatek-faces-shortage-lng

17 https://www.berliner-zeitung.de/politik-gesellschaft/nordstream-anschlag-sahra-wagenknecht-zweifelt-an-aufklaerungswillen-der-regierung-li.297432

18 https://www.youtube.com/watch?v=ESG14_DsUIA

19 https://www.youtube.com/watch?v=zCGhwm69GCA

20 https://seymourhersh.substack.com/p/how-america-took-out-the-nord-stream

21 https://www.youtube.com/watch?v=kO_McII15YA

22 https://www.sueddeutsche.de/meinung/seymour-hersh-verschwoerung-nordstream-pipeline-1.5748427

23 Vgl. https://theintercept.com/2023/03/25/nord-stream-russia-investigation-seymour-hersh/?utm_medium=email&utm_source=The%20Intercept%20Newsletter

24 Zit. nach https://www.rnd.de/wirtschaft/nord-stream-sabotage-bundestagsabgeordnete-vermuten-urheberschaft-in-russland-6KO6KWMUGZDAVGF24W7SLOV7HA.html

25 https://www.berliner-zeitung.de/politik-gesellschaft/seymour-hersh-im-interview-joe-biden-sprengte-nord-stream-weil-er-deutschland-nicht-traut-li.317700

26 Vgl. https://www.nytimes.com/2023/03/07/us/politics/nord-stream-pipeline-sabotage-ukraine.html

27 https://www.zeit.de/politik/ausland/2023-03/nordstream-2-ukraine-anschlag

28 Vgl. etwa https://www.n-tv.de/politik/Nord-Stream-Explosionen-Von-belastbarer-Spur-in-die-Ukraine-kann-derzeit-keine-Rede-sein-article23970220.html; https://www.nzz.ch/wirtschaft/pipeline-projekt-nord-stream-2-die-neusten-entwicklungen-ld.1483495

29 Vgl. etwa https://rmx.news/poland/thank-you-usa-outrage-after-former-polish-defense-minister-claims-us-destroyed-nord-stream-pipelines/

30 Vgl. etwa https://www.berliner-zeitung.de/politik-gesellschaft/nord-stream-polnischer-praesident-freut-sich-ueber-zerstoerung-li.325664

31 Zit. nach https://www.berliner-zeitung.de/politik-gesellschaft/nach-den-pipeline-anschlaegen-nord-stream-recherche-von-zeit-und-ard-experten-aeussern-erhebliche-zweifel-und-welche-rolle-spielt-der-oeltanker-minerva-julie-li.326321
32 https://seymourhersh.substack.com/p/the-cover-up
33 Eigenrecherchen des Autors.
34 https://monde-diplomatique.de/artikel/!5844528
35 https://www.bloomberg.com/news/articles/2022-12-18/europe-s-1-trillion-energy-bill-only-marks-start-of-the-crisis
36 *Manager Magazin*, November 2022: Kulturkampf bei BASF, S. 26f.
37 Vgl. https://www.process.vogel.de/vci-sieht-chemiestandort-deutschland-in-gefahr-gal-896727363c44434f56b331bdff5c6a2b/
38 https://www.focus.de/finanzen/news/7-gruende-machen-mut-grosse-rezession-faellt-aus-panik-ist-vorbei-jetzt-kommt-das-sommermaerchen_id_183989608.html
39 Vgl. https://www.berliner-zeitung.de/wirtschaft-verantwortung/deindustrialisierung-kommt-in-der-deutschen-wirtschaft-eine-kuendigungswelle-li.325313
40 https://www.mckinsey.de/branchen/chemie-energie-rohstoffe/energiewende-index
41 Ausführlich dargelegt in Michael Lüders: *Armageddon im Orient. Wie die Saudi-Connection den Iran ins Visier nimmt*, München 2018, S. 141 ff.
42 Vgl. https://www.haaretz.com/israel-news/2023-01-16/ty-article/.premium/israels-far-right-finance-minister-im-a-fascist-homophobe-but-i-wont-stone-gays/00000185-b921-de59-a98f-ff7f47c70000?utm_source=mailchimp&utm_medium=Content&utm_campaign=haaretz-most-read&utm_content=413a475538
43 Vgl. https://www.german-foreign-policy.com/news/detail/9102
44 Vgl. Michael Lüders: *Hybris am Hindukusch. Wie der Westen in Afghanistan scheiterte*, München 2022, S. 177 ff.
45 Vgl. https://crsreports.congress.gov/product/pdf/R/R42738
46 Vgl. https://deutsche-wirtschafts-nachrichten.de/514378/20-Millionen-Tote-Lafontaine-nennt-USA-Weltterrorist-Nummer-1
47 *Frankfurter Allgemeine Sonntagszeitung*, 30. März 2003: »Gewalt kann Frieden schaffen«, S. 13
48 Norbert Bolz: *Keine Macht der Moral! Politik jenseits von Gut und Böse*, Berlin 2021, S. 13 f.
49 Ebenda, S. 15 f.

50 https://www.zdf.de/nachrichten/politik/baerbock-erklaerung-krieg-russland-propaganda-ukraine-100.html

51 https://taz.de/Annalena-Baerbock-und-der-Ukraine-Krieg/!5911609/

52 Vgl. https://www.ipg-journal.de/rubriken/aussen-und-sicherheitspolitik/artikel/gruene-moralfalken-6059/

53 Vgl. https://www.nzz.ch/international/energiewende-michael-shellenberger-kritisiert-den-alarmismus-ld.1694286

54 Vgl. https://www.sciencedirect.com/science/article/pii/S0305750X22002169

55 Vgl. etwa https://www.rnd.de/politik/panzer-fuer-die-ukraine-mehrheit-der-deutschen-sieht-lieferung-skeptisch-CXTHU2IZI5FVRMB45UHWP66Z5I.html

56 Vgl. Horst Teltschik: *Russisches Roulette. Vom Kalten Krieg zum Kalten Frieden*, München 2019, S. 107

57 Vgl. https://www.tagesspiegel.de/politik/heinrich-august-winkler-putin-ist-kein-zweiter-hitler-9236622.html

58 Vgl. https://www.spiegel.de/ausland/ukraine-krieg-warum-faellt-es-deutschland-so-schwer-von-einem-faschistischen-russland-zu-sprechen-a-6511c1ca-e90b-4497-a88f-76d7453a244d

59 Teltschik, a. a. O., S. 89

60 Vgl. https://nsarchive.gwu.edu/briefing-book/russia-programs/2017-12-12/nato-expansion-what-gorbachev-heard-western-leaders-early

61 https://www.spiegel.de/ausland/nato-osterweiterung-aktenfund-stuetzt-russische-version-a-1613d467-bd72-4f02-8e16-2cd6d3285295

62 Teltschik, a .a .O., S. 109 f.

63 Zit. nach ebenda, S. 117

64 Vgl. etwa Deutschlandfunk: Interview der Woche mit Lars Klingbeil, 23. Oktober 2022

65 Vgl. etwa https://www.spiegel.de/politik/ausland/kaukasus-konflikt-osze-beobachter-machen-georgien-schwere-vorwuerfe-a-575396.html Zu den Hintergründen des Georgien-Krieges 2008 ausführlich Gabriele Krone-Schmalz: *Eiszeit. Wie Russland dämonisiert wird und warum das so gefährlich ist*, München 2017, S. 55 ff.

66 Vgl. Michael Müller et al.: *Selbstvernichtung oder gemeinsame Sicherheit?*, Frankfurt am Main 2022, S. 54

67 https://www.nytimes.com/1997/02/05/opinion/a-fateful-error.html

68 https://www.armscontrol.org/act/1997-06/arms-control-today/opposition-nato-expansion

69 Zit. nach https://www.ipg-journal.de/rubriken/aussen-und-sicherheitspolitik/artikel/kubakrise-viel-schlimmer-982/

70 https://www.youtube.com/watch?v=lr3UiQkW7o8

71 Zit. nach https://davidsperorn.medium.com/fight-to-the-last-ukrainian-371eec1e6ea0

72 Dazu etwa Andreas Kappeler: *Kleine Geschichte der Ukraine*, München 2014, S. 246 ff.

73 Unbedingt sehenswert in dem Zusammenhang ist der Dokumentarfilm *Ukraine on Fire* von Oliver Stone (2016), der sich mit den Hintergründen der Maidan-Proteste 2013/14 befasst. Zu denen er ausdrücklich auch die Beteiligung der USA und der NATO am Staatsstreich gegen Janukowitsch im Februar 2014 rechnet. Er ist, mal on, mal off, auf YouTube zu sehen. Äußerst bemerkenswert ist auch die Berichterstattung des ARD-Politikmagazins »Monitor« von 2014, die auf den »rechten Sektor« verweist und die Osterweiterung der NATO in scharfen Worten kritisiert – heute undenkbar. Ein Zusammenschnitt ist hier zu sehen: https://www.youtube.com/watch?v=LXdxGQkX9i4

74 https://www.mearsheimer.com/wp-content/uploads/2019/06/Why-the-Ukraine-Crisis-Is.pdf

75 Zit. nach https://theconversation.com/ukraine-war-follows-decades-of-warnings-that-nato-expansion-into-eastern-europe-could-provoke-russia-177999

76 https://wikileaks.org/plusd/cables/08MOSCOW265_a.html

77 Detailliert beschrieben etwa von Catherine Belton: *Putins Netz. Wie sich der KGB Russland zurückholte und dann den Westen ins Auge fasste*, Hamburg 2022

78 Dazu ausführlich Michel Eltchaninoff: *In Putins Kopf. Logik und Willkür eines Autokraten, Stuttgart 2022*, hier S. 106 ff.

79 Müller et al., a. a. O., S. 55

80 Zit. nach https://www.berliner-zeitung.de/politik-gesellschaft/guenter-verheugen-willentlich-und-wissentlich-eine-linie-ueberschritten-li.316010

81 https://www.rand.org/pubs/research_reports/RR3063.html

82 Sergii Rudenko: *Selenskyj: Eine politische Biografie*, München 2022, S. 37

83 Ebenda, S. 39

84 Vgl. etwa https://weltwoche.ch/daily/vom-kleptokraten-zum-heldenpraesidenten-es-ist-nicht-lange-her-dass-die-pandora-papers-die-korruption-von-wolodymyr-selenskyj-offenlegten/; https://orf.at/stories/3231055/

85 Hier nachzulesen: https://www.whitehouse.gov/briefing-room/statements-releases/2021/09/01/joint-statement-on-the-u-s-ukraine-strategic-partnership/

86 Hier nachzulesen: https://www.state.gov/u-s-ukraine-charter-on-strategic-partnership/

87 Richard David Precht, Harald Welzer: *Die Vierte Gewalt. Wie Mehrheitsmeinung gemacht wird, auch wenn sie keine ist*, Frankfurt am Main 2022, S. 25 f.

88 https://www.berliner-zeitung.de/politik-gesellschaft/gastbeitrag-politikwissenschaftler-johannes-varwick-warum-realpolitik-im-ukraine-krieg-mich-ins-abseits-manoevriert-hat-li.303282

89 Precht, Welzer, a. a. O., S. 27 f.

90 https://www.youtube.com/watch?v=qK9tLDeWBzs

91 Ausgabe September/October 2022, S. 118 f.

92 Vgl. etwa https://www.swp-berlin.org/publikation/friedensverhandlungen-im-krieg-zwischen-russland-und-der-ukraine-mission-impossible

93 Vgl. https://www.pravda.com.ua/eng/articles/2022/05/5/7344096/

94 Vgl. https://www.berliner-zeitung.de/wirtschaft-verantwortung/neuer-bericht-ukraine-hat-nach-eu-beitritt-anspruch-auf-186-milliarden-euro-li.1405416

95 Vgl. https://berliner-zeitung.de/politik-gesellschaft/ein-jahr-ukraine-krieg-die-welt-im-alarmzustand-li.318384

96 https://www.rand.org/pubs/perspectives/PEA2510-1.html

97 Vgl. https://www.washingtonpost.com/national-security/2023/04/12/discord-leaked-documents/; https://www.aljazeera.com/news/2023/4/12/purported-us-intel-leaks-embarrass-ukraine-and-other-allies sowie https://www.berliner-zeitung.de/politik-gesellschaft/ukraine-krieg-internes-papier-eu-diplomaten-behalten-sich-ende-der-militaerhilfe-fuer-kiew-vor-risiken-und-vorteile-weiterer-waffenlieferungen-li.337260

98 https://weltwoche.de/story/in-diesem-krieg-geht-es-um-deutschland/

99 Zu Geschichte, Werdegang und Wirken transatlantischer Netzwerke vgl. Michael Lüders: *Die scheinheilige Supermacht. Warum wir aus dem Schatten der USA heraustreten müssen*, München 2021, S. 136 ff.

100 Vgl. https://www.nachdenkseiten.de/wp-print.php?p=95404

101 https://www.zeit.de/2023/08/ukraine-krieg-ende-russland-niederlage

102 Vgl. etwa https://www.berliner-zeitung.de/politik-gesellschaft/bericht-us-praesident-joe-biden-bot-wladimir-putin-20-prozent-der-ukraine-im-gegenzug-fuer-frieden-an-li.313482

103 Alle Angaben gemäß dem schwedischen Friedensforschungsinstitut SIPRI.

104 Vgl. https://www.telepolis.de/features/Milliardengrab-Kampfjet-F-35-auch-fuer-Deutschland-7339496.html?seite=all

105 Vgl. https://theintercept.com/2022/12/14/biden-saudi-arabia-mbs/

106 https://time.com/6172611/brazil-president-lula-interview/

107 https://assets.publishing.service.gov.uk/government/uploads/system/uploads/attachment_data/file/654717/GST4_v9_Feb10_archived.pdf

108 https://www.nytimes.com/2022/08/01/opinion/nancy-pelosi-taiwan-china.html

109 Vgl. etwa https://www.aljazeera.com/news/2022/8/26/explainer-why-is-taiwan-now-so-important-to-us-politicians

110 Vgl. etwa https://www.cato.org/commentary/what-would-us-war-china-look#

111 Vgl. https://www.zeit.de/politik/ausland/2020-04/coronavirus-ausbruch-china-kritik-regierung-verantwortung

112 Vgl. etwa https://www.welt.de/politik/ausland/article241570203/Baerbock-warnt-vor-wirtschaftlicher-Abhaengigkeit-von-China.html

113 Vgl. Peter Frankopan: *Licht aus dem Osten. Eine neue Geschichte der Welt*, Reinbek 2017, S. 739

114 Vgl. https://www.spiegel.de/international/europe/nsa-spied-on-european-union-offices-a-908590.html; sowie https://theintercept.com/2014/11/24/secret-regin-malware-belgacom-nsa.gchq/

115 Vgl. https://magazin.spiegel.de/SP/2014/1/124188114

116 Vgl. https://www.voanews.com/a/biden-urges-netherlands-to-back-restrictions-on-exporting-chip-tech-to-china-/6922293.html

117 Vgl. https://www.aljazeera.com/economy/2023/3/3/china-beating-west-in-race-for-critical-technologies-report-says

118 Vgl. https://de.statista.com/infografik/27680/anteil-am-kaufkraftbereinigten-globalen-bruttoinlandsprodukt/

119 Vollständig hier nachzulesen: https://www.fmprc.gov.cn/mfa_eng/zxxx_662805/202302/t20230224_11030713.html

120 Vgl. https://www.nd-aktuell.de/artikel/1171556.lars-klingbeil-spd-ostpolitik-weniger-willy-brandt-wagen.html

121 https://de.statista.com/statistik/daten/studie/249045/umfrage/anteil-der-europaeischen-union-eu-am-globalen-bruttoinlandsprodukt-bip/

122 Vollständig hier nachzulesen: https://www.berliner-zeitung.de/politik-gesellschaft/antje-vollmer-und-andere-klima-frieden-schaffen-ohne-waffen-li.328351